精益思想丛书
低成本 零缺陷 持续改善

GEMBA KAIZEN

A Commonsense Approach to
a Continuous Improvement Strategy

2nd Edition

现场改善

低成本管理方法的常识

（原书第2版）

珍藏版

[日] 今井正明 著
周 健 等译

机械工业出版社
CHINA MACHINE PRESS

图书在版编目（CIP）数据

现场改善：低成本管理方法的常识（原书第2版）（珍藏版）/（日）今井正明著；周健等译．—北京：机械工业出版社，2016.8（2025.10重印）
（精益思想丛书）
书名原文：Gemba Kaizen: A Commonsense Approach to a Continuous Improvement Strategy

ISBN 978-7-111-54395-4

Ⅰ．现…　Ⅱ．①今…　②周…　Ⅲ．企业管理－生产管理　Ⅳ．F273

中国版本图书馆CIP数据核字（2016）第166616号

北京市版权局著作权合同登记　图字：01-2012-7568号。

Masaaki Imai.Gemba Kaizen: A Commonsense Approach to a Continuous Improvement Strategy, 2nd Edition.

ISBN 0-07-179035-7

现场改善

低成本管理方法的常识（原书第2版）（珍藏版）

出版发行：机械工业出版社（北京市西城区百万庄大街22号　邮政编码：100037）

责任编辑：董凤凤　　责任校对：董纪丽

印　　刷：北京铭成印刷有限公司　　版　　次：2025年10月第1版第24次印刷

开　　本：170mm×242mm　1/16　　印　　张：23.5

书　　号：ISBN 978-7-111-54395-4　　定　　价：99.00元

客服电话：（010）88361066　68326294

看到《现场改善》这本经典之作出了第2版，真是太让人激动了，它分享了世界各地医疗保健机构实施改善的多个案例。作为一名真正的改善大师，今井正明先生无私分享了他一生的经验，告诉我们如何让所有人都参与到流程的改进和彻底重新设计中来，这对于所有利益相关者都至关重要。书中提供的方法将帮助你改进质量和安全，减少等待次数，改进企业的长期盈利能力。强烈推荐！

——马克·格雷班

《精益医院》作者、《医疗改善》合著者

任何行业都面临着质量、成本和交付这个“铁三角”难题。传统的思维认为我们不可能同时兼顾所有三项，而今井正明先生不仅帮助大家转变成见，还向大家展示如何做到这一点。

——马修·E. 梅

《优雅的解决方案》《做减法的原则》作者

今井正明再次做到了！他的经典名著《现场改善》不仅描述了适合任何行业实施精益战略的各种必需工具，还收录了大量卓越的改善案例。这些案例展示了在医院、超市、机场、公交线路，乃至软件开发等行业的管理中如何应用改善。对任何行业的领导者来说，这都是一本必备读物！

我第一次接触“精益”（那时这个术语还没被发明出来，我们当时称之为

“及时制”[⊖] 或“丰田生产体系”）是在 1982 年年初，当时我在通用电气公司首次担任总经理职务。我们在自己的工厂和供应商之间创建了一个简单的看板拉动系统。通过这项努力，我们将原材料库存从 40 天降到了 3 天，还在诸如生产率、质量、场地面积、5S 改进等领域获得了许多意想不到的附带益处。舍恩伯格教授在稍后的时间里对此做过一个案例研究，他说这是通用电气公司首个真正意义上的精益实践。此后的 1985 年，我加入了丹纳赫公司，成为集团两位执行官之一。1986 年，我们的公司总裁之一柯尼乔治和我开始在丹纳赫公司导入精益管理。那时真正对我们提升精益知识有帮助的工具之一，就是今井正明先生的第一本书《改善：日本企业成功的奥秘》。这本书绝对是当时那个领域里最好的书，真是帮了大忙。1987 年年初，今井正明先生给予了我们更多的帮助，那时他在康涅狄格州哈特福德市举办了一次研讨会。今井正明先生让日本的新技术咨询公司协助负责研讨会的组织事务，并负责在那个星期之后的时间里到工厂现场提供实地的改善指导。新技术咨询公司的三位合伙人都曾经在“丰田生产体系之父”大野耐一先生手下工作多年。柯尼乔治和我都同意，邀请新技术咨询公司到丹纳赫公司做指导对我们来说将是一次“本垒打”（即重要的成功），柯尼乔治本人更是在那个星期之后的时间里努力说服他们。于是，我们成了新技术咨询公司在美国的第一个客户，而且在之后 4 年时间里也是唯一的客户，我们的精益知识迅速获得了增长。

1991 年，我离开了丹纳赫公司，成了当地另外一家公司——线模公司的总裁。我理所当然地也邀请新技术咨询公司随我同行。1996 年，今井正明先生再次来到我面前，这一次他将线模公司写成了案例，作为他新书中的一章。我们在那一年里多次碰面，而那时今井正明先生已经通过他创立的全球改善咨询集团成为世界范围内精益运动的一位真正的领导者。他清楚地理解，精益属于战略层面，而不仅仅是制造方法，并且可以应用于任何行业。我们曾经讨论

⊖ just-in-time，该词有“及时制”和“准时制”等不同译法，但业内专业人士较倾向于用“及时制”。该术语的原意强调的是按下一道工序的需要提供产品：既不延误，也不提前；既不缺，也不多；既不慢，也不快。这更适合于“及时”这一译法。而“准时”则主要强调不延误、不缺、不慢，并不反对提前、多、快。英文中，“in time”和“on time”的含义也有此差别。鉴于此，本书统一使用“及时制”这一译法。——译者注

过，为什么大多数企业领导者理解这一点并真正实施精益是如此之难。不幸的是，这个问题并没有什么简单的答案，因为一个基本的事实是：大多数人不愿意改变，而实施精益意味着大规模的改变（几乎所有的工作都需要改变），如果你想获得真正的成功！本书针对这个问题进行了更进一步的探讨。首先它用非常简单的方式阐明了精益的思想和工具，告诉企业的高层管理者不仅应该理解精益，还要能够不惧尝试。然而更重要的是，今井正明先生阐明了精益是一种战略层的概念，适用于任何行业。他在引用的诸多非制造类公司案例中，描述了精益取得的重大成果，将更有助于介绍这一点。每一位领导者，无论身处何种类型的组织，都应该阅读本书并遵循本书的指导。

——阿特·伯恩

J. W. Childs 公司运营合伙人、《精益转型》作者

推荐序

当今的商业环境，用“复杂、严峻”形容毫不为过。后疫情时代叠加地缘政治紧张、经济周期调整、供应链重构、消费者信心波动、不确定性激增等挑战，让中国企业普遍感受到前所未有的压力。作为深耕企业运营改善多年的咨询顾问，我观察到许多寻求出路的企业，往往走向两个极端：要么期待靠一次“大手笔”的颠覆式创新或技术跃进拯救全局，要么在焦虑中“病急乱投医”。

今井正明先生的《改善》，依然可被视作面向这个时代的清醒剂和行动指南。这本持续改善领域的权威著作，是今井正明先生持续改善“三部曲”的第一部（其他两部为《现场改善》和《战略改善》）。它首次系统地将日本战后崛起的核心管理哲学——持续改善（Kaizen），带到了全球舞台。持续改善的核心思想异常朴素，却无比有力：持续不断、全员参与、聚焦现场的渐进式改进，是组织打造韧性和竞争力的基石。

为什么在当前环境下，持续改善思想尤为关键？我有三点观察：

1.“小改善”是应对“大不确定”的务实策略。面对从 VUCA 时代到 BANI 时代[⊖]，大规模颠覆性变革风险高、代价大。改善倡导“小步快跑”“快速迭代”，允许在可控范围内低成本试错、学习和积累进步。对于存在大量浪费的企业，持续改善是见效快、风险低的稳健增长路径。

2. 改善文化是驾驭技术浪潮的“底盘”。人工智能、数字化、自动化无疑是当今的热点。但作为咨询顾问，我在服务企业时常常看到：先进技术引入后，效果不及预期。问题往往不在技术本身，而在于缺乏承接技术的土壤，即

⊖ VUCA 是 volatility（易变性）、uncertainty（不确定性）、complexity（复杂性）和 ambiguity（脆弱性）的英文首字母缩写。BANI 是 brittleness（脆弱性）、anxiety（焦虑感）、nonlinearity（非线性）和 incomprehensibility（不可知性）的英文首字母缩写。——编者注

持续改善的文化和体系。拥有持续改善文化的组织，更能有效运用新技术，因为它们有良好的标准化做基础，有全员参与的改善意识，有尊重现场和数据的习惯，能精准识别技术应用的关键点，并将其融入价值流优化。更重要的是，持续改善所培养的开放心态和适应变化的能力，正是拥抱技术变革的关键。反之，缺乏改善文化的企业，容易陷入“为数字化而数字化”的陷阱。

3. 改善是连接传统智慧与现代管理的桥梁，对中国企业尤其如此。改善理念与中国“苟日新，日日新”“精益求精”的理念高度契合。许多中国企业家崇尚激进式变革（如重组、并购、激进转型），视改善为“小打小闹”。今井先生对此早有警示：“激进式变革往往是危机下的急救措施……而持续改善能让企业拥有承受激进式变革的强健体魄。”在中国追求高质量发展的今天，“积小胜为大胜”的耐心智慧，正是夯实“中国智造”根基、获得可持续竞争力的关键。

深入研读《改善》，我们会领悟到，这看似简单的二字背后，蕴藏着丰富的内涵：它是一种追求持续进步的哲学理念，是人类与组织生存发展的底层逻辑；它是一种发生在“每人、每天、每处”的企业文化；它是一套融合战略目标（方针管理）、关键流程优化（价值流改善）与日常点滴改善的管理体系；它更包含了一系列指导我们有效行动的工具与方法。持续改善是知行合一的智慧结晶。

2023 年 6 月，今井正明先生在东京与世长辞。他毕生致力于持续改善的研究、实践与全球传播，通过写作、咨询（创立全球改善咨询集团）、研讨会及演讲的形式，将改善的火种播撒到世界上每个角落。《改善》的再版正是对先生最好的缅怀与致敬。作为今井先生理念的传承者、践行者，全球改善咨询集团将持续以“现场精神”为指引，陪伴中国企业穿越周期——因为真正的改善，始于书中所述的改善的理念和原则，成于认真的实践。我们的使命，不仅是解读今井先生的理论，更是帮助企业将书中的原则转化为实实在在的业绩和核心竞争力。我们深知，践行改善：

- **必须回归现场：**恪守“三现主义”（现地、现物、现实），与客户团队一起深入工作发生的地方，洞察真问题。

- **核心在于激活全员：** 致力于激发组织中的每一位成员，让他们掌握改善的方法，提升改善的能力，成为持续改善的推动者。
- **成效源自系统落地：** 提供从理念导入、体系搭建、工具培训到深度辅导的全周期服务，助力客户持续提升业绩，并形成企业自身的持续改善管理体系和文化。

在这个充满挑战与机遇的时代，我诚挚地向各位企业家、管理者以及持续改善的爱好者推荐这本《改善》。无论您身处制造业还是服务业，无论您的企业规模有多大、处于哪一个发展阶段，改善的思想可以超越行业与规模的界限。

让我们**躬身实践**这本经典，这不仅是为了怀念今井正明先生，更是为了行动。将改善融入我们每一天的工作、每一次决策、每一个流程的优化。唯有如此，才能在剧变中锻造韧性，在挑战中发现机遇，在不确定中创造确定的未来。

持续改善，乃基业长青之道。

以此，致敬今井正明先生，并与各位同人共勉。

全球改善咨询集团中国区总经理

孙辉

译者序

Gemba Kaizen

将国外的优秀作品翻译成中文，呈现给国内的读者，是非常有价值的工作，但也是非常辛苦的工作。所以，在翻译了《金矿Ⅱ：精益管理者的成长》和《精益产品和流程开发》两本书后，我虽然很有成就感，但同时也做了一个决定：近三年不再翻译书了。当接到编辑的电话，问我是否愿意承担《现场改善》(原书第 2 版）的翻译工作时，我却在略有迟疑后又爽快地答应了。

为什么要违背自己的决定？究其原因，一方面是本书极其受圈内外读者的欢迎，第 1 版已经重印了 20 多次，可谓畅销不衰；另一方面是本书对我自己学习精益的过程也影响颇深，可谓是我的精益思想启蒙读物！有了这两个理由，我怎能因为翻译工作辛苦就拒绝这样一个于己于人都大有益处的差事呢？

就我个人而言，我所翻译的书都是个人认为非常值得推荐的，多是我已经粗略地阅读过外文版本，并有“于我心有戚戚焉”的感觉（《精益产品和流程开发》一书尤其如此)，甚至已经深受其益。而翻译与读书不同，一旦承诺，便成为一种责任，要对读者和原著负责，希望把作者的意思不失偏颇地传达出来，所以，即使因为事务繁忙或新鲜感减少而负有压力，也必须尽力做到最好。

译者有多种类型，我认为自己应属于有良好专业背景以及外语能力的类型。对于所译书籍，我作为读者时，由于大致能够较为轻松地理解，往往“一目数行”。这样做的结果是，在速度大为提高的同时，会损失很多细节，也较少有机会反复咀嚼。

梁实秋先生关于翻译有“信”“达”“雅”的训诫，这是多数译者的追求。但是由于能力的限制，“信”“达”“雅”三者通常难以同时实现，于是不得不做些平衡，甚至是做些牺牲。我个人认为，对于像本书这样的专业书籍而言，“信”必须要摆在首位，即必须忠实地表达作者的原意。

基于这样的信念，作为译者的我不得不逐字逐句地推敲。在此过程中，我一再地体会到，高水平作者的字句大多都很有意义。那些看似简单的字句，却包含了无限的含义，要么是多年实践和研究经历的自然沉淀，要么是逐字逐句构思或修改而得。

于是，在被迫从粗读转向精读的过程中，我又从通常会忽略的那些细节中学到很多知识，既包括一些有趣的事实，又包括各种深入的阐述和逻辑推理。可以说，认真翻译的过程便是给原书作者当一个好学生的过程。

如果说，一本好书是作者多年实践和研究经验的总结，那么这本书最忠实的读者显然可以从中获得大量的知识。谁是最忠实的读者？一个合格的译者毫无疑问是其中之一。但他不应该是唯一的忠实读者，因为一本真正的好书，经过译者认真地翻译，应该能够吸引更多的人来阅读，这也应该是检验翻译质量的标准之一吧。

翻译是辛苦的，但它给译者带来的学习与分享感是快乐的，让人感觉“非常值得”。我邀请读者一起享受本书作者的真知灼见，而在本书翻译版正式面市之前，我已经邀请了几名年轻的朋友来一起分享了。

同济大学工业工程专业的学生陈文霞、孙方舟、赵婵媛、钟臻怡、唐哲宇、余佳迪、殷萌、张稚媛和吴文，协助我做了初稿的翻译。陈文霞和孙方舟等还协助我对初稿进行了校对。正是由于他们分担了很多工作，我才得以更自在地专注于“逐字逐句”地推敲和把握。最后，现就职于柯惠医疗的王立勇对我确认后的译稿从文字的角度又提供了若干有益的建议。

大约十年前，我阅读《现场改善：低成本管理方法》时还没有强烈的感觉，更多是字面上的理解，以及照本宣科式的“参考”。这次翻译时，我对于书中那些与第 1 版相同或类似的文字已经有了深度认同的感觉。发生在我身上的这种转变，主要是由于亲身参与和领导了多次精益实践活动，也得益于与企业界、咨询界和学术界的交流。对在此过程中朋友们给予的帮助，我在此表示感谢。

最后，还要感谢本书的编辑们。不仅要感谢他们对我提交的译稿进行了仔细校订，更要感谢他们把翻译本书的机会提供给我！

周　健

于同济大学中国制造发展研究中心

前言 Gemba Kaizen

我的前两本书（《改善：日本企业成功的奥秘》《现场改善：低成本管理方法》）为日本之外的人了解“改善”奠定了基础。改善既可以是一种个人哲学，也可以是企业经营的改进系统。尽管它最初仅是作为一系列的方法工具被理解，诸如全面质量控制、全面生产维护、及时制管理、质量小组以及员工提案建议制度等，但是西方世界对改善的理解已经越来越接近其本质了：一种通过培养员工成为问题解决者而赢得竞争的策略。

本书将介绍改善如何传播到世界每一个大洲，与各种文化相融合，直面各种特别的挑战，以及获得了怎样的成功。“现场”在日语里的意思是“真正的地方”或者“工作场所”，本书将带大家到 30 多个真实的地方，在那里改善已经成功变成组织文化的一部分。本书解释了如何运用一种常识性、低成本方法管理现场，而现场是价值被创造的地方，无论这个地方是生产线、医院、政府部门、购物中心和机场，还是工程机构。本书并非理论著作，而是行动指南。本书的终极要义是，无论读者获得了多少知识，如果没有被付诸日常实践，则毫无用处。现场改善不仅提供理论性的知识，还提供如何运用这些知识去解决问题的参考框架。为了这个目的，书里提供了许多检查表、实例和案例研究。

一种实现持续改进策略的常识性、低成本方法

当今的管理者经常尝试应用各种复杂的工具和技术，去处理那些他们原本可以用常识性、低成本方法解决的问题。从某种意义上说，他们需要“反学

习”，以消除那种尝试用越来越复杂的技术解决日常问题的习惯。进一步说，领导者不仅要将改善和企业卓越运营当作工具或者技术，更应该将其当作企业战略永无止境发展的支柱。

将常识付诸实践，正是本书的主题。无论是经理、工程师和现场主管，还是普通员工，对于每一个人来说都是如此。《现场改善》涉及管理者的职责以及培育学习型组织的需求。我相信，最高管理层的职责之一应该是挑战所有的管理者，让他们实现比以前更高的目标。同样，一线主管人员的职责是挑战工人，让他们总是能取得比以往更好的绩效。不幸的是，今天的许多管理者已经忘记这个职责很久了。

另一个影响大多数公司的问题是，花了太多的精力用于“传授”知识，而忽视了从由常识、自律、秩序和经济性等驱动的基本价值体系中进行团队学习。优秀的管理者在追求“精益管理”的过程中，应该努力带领整个公司去学习这些价值观。

要解决问题有两种方法。第一种是创新，也就是应用最新的高成本科技，诸如最时髦的计算机技术和其他工具，同时投资一大笔钱；第二种是运用常识性工具，如检查表以及其他不需要花多少钱的工具，这个方法被称作“改善”。改善可以让每一个人都参与进来，从组织的总裁到一线员工，为了成功而一起进行策划和执行。本书将会展示，改善如何在许多企业获取真正富有回报的成果的过程中，作为关键的组成部分而取得令人刮目相看的改进成果。

回归基础：环境维持、浪费消除和标准化

自《改善：日本企业成功的奥秘》一书出版以来，许多人都曾寻找并且问这样的问题：“下一步我们该做什么？”但是很多时候，他们都过高估计了横亘在他们面前的困难。我们要做的是回归到更基础的事务上，问问自己，在维持一个稳定而有长远眼光的改善方面，我们到底做得如何。公司里的每个人都必须一起努力，遵循现场改善的三个最基本的法则：

- 环境维持

- 浪费消除
- 标准化

环境维持是优秀管理不可或缺的一部分。通过良好的环境维持，员工获得了对自律的理解，并通过反复实践加强理解，而没有自律的员工，则不可能给客户提供高品质的产品或服务。

在日语里，“muda”一词的含义是浪费。任何不能创造附加价值的活动都是浪费。现场的人要么创造附加价值，要么不创造。这一点也适用于任何其他的资源，如机器设备和物料等。假设一家公司的员工每创造一分附加价值的同时，“创造”了九分浪费，那么通过将浪费减少到八分，将创造的附加价值提高到两分，就可以使他们的生产率加倍。浪费消除可谓提高生产率和削减运营成本最为经济有效的办法。改善强调消除现场的浪费，更甚于为了创造附加价值而增加投资。

一个简单的例子能揭示改善在成本方面的益处。假设一名从事家用电器产品装配工作的操作员站立在自己的工位前，将某种零部件装配到主体产品上，被装配的零部件被放置于操作员后面的一个大的容器里，为此，转身拿取零部件的动作会花操作员 5 秒的时间，而实际的装配时间只不过 2 秒。

现在让我们假设零部件被放置在操作员面前。操作员只需要简单地向前伸出手臂拿取零件，这个动作只需花 1 秒。操作员可以用节省下来的时间专注于（创造附加价值的）装配工作。于是，在零件放置地点方面的一个简单改变（消除了向身后伸手的动作浪费）就能取得 4 秒的收益，并进而可以转变成为 3 倍的生产率提升。

如此小的改进，如果发生在许多工序中，累积起来就可以带来可观的质量改进、成本降低以及生产率提高。将这样的方法运用于所有的管理活动，尤其是在最高管理层应用，教给大家用新的方式看待自己工作的技能以及改变自己工作方式的技能，则可以逐渐地实现及时制精益管理系统。作为对比，如果管理层主要关注于创新和突破，则他们可能倾向于购买新的软件、设备或者能使公司更快地执行自己工作的能力。但是，这并不会消除目前系统中存在的浪费。而且，在新设备或能力上的投资会花钱，消除浪费则几乎不花什么钱。我们当然需要创新，但应该建立在改善的基础之上。本书里电装工程公司以及其他公司的案例研究有助于读者理解上述过程是怎样进行的。

在现场进行改善实践的第三个基础是标准化。标准可以被定义为执行工作的最佳方法，对于产品或者服务来说，它们都是经由一系列工序达成的结果，因此在每一道工序上都必须维持某种标准才能保证质量。维持标准是在每一道工序上保证质量和防止错误发生的方法。

粗略地估算一下，在现场引入好的环境维持可以令失败率减少约 50%，实施标准化又可以进一步令失败率减少约 50%。遗憾的是，许多管理者更喜欢在现场导入统计过程控制和控制图等方法，而不愿意在环境维持、浪费消除或标准化上加以努力。

支持这些改善法则的是现场之屋的地基，它指的是运用各种“以人为中心”的活动，诸如一起学习、团队合作、提升士气、加强自律、质量小组和提案建议制度等。这些方法不仅能在安全、品质和成本方面创造改进效果，对实现改善和培养人来说也非常有效。

管理层（尤其是西方管理层）必须重新理解常识的力量，并把它应用到现场。这些低成本的实践将为管理层提供一个未来通过创新实现快速增长的好状态。如果管理者能将改善和自己的创新天赋结合在一起，必将极大地提升企业的竞争力。

目录 Gemba Kaizen

第1章 Gemba Kaizen

改善入门

自从1986年《改善：日本企业成功的奥秘》一书出版以来，“改善”（kaizen）已经作为管理领域的一个核心词汇被广泛地接受了，而且在21世纪的首个十年里，随着丰田超越通用汽车成为世界第一大汽车制造商，改善在丰田成功的过程中扮演的重要角色，也越来越多地被世人所了解。

今天，无论是制造商、医院、银行、软件开发商，还是政府机构，世界各地已有许多组织通过采用改善的理念、思维模式和方法论，实现了重要的突破。尽管所用策略的名称在过去几十年里经历了多次改变，从持续质量改进和全面质量管理，到及时制和卓越运营，乃至六西格玛和精益制造，这些策略最重要的部分都是相同的——关注客户需求、现场导向以及改善驱动。

1993年版的新编《简明牛津英语词典》将“kaizen”[⊖]当作英语词汇加以收录，该词典将“改善”定义为“一种企业经营的理念，指工作实践及个人效率等的持续改进”。对那些还不熟悉“改善”一词的读者来说，从对改善的相关概念做简要的总结开始，也许会比较有帮助，而已经熟悉“改善”一词的读者，也不妨重温一下它的含义。

⊖ 全球改善咨询集团对“kaizen”及“gemba kaizen”拥有独家使用权，并在世界上很多国家注册了此商标。

在日语里，“改善”一词意为“持续改进”。这个词还隐含着让所有人（既包括管理者又包括工人）参与进来的意思，而且意味着花费较少代价。改善理念实际上是基于这样的假设：在我们的生活中，无论是工作生活、社会生活还是家庭生活，都应该关注持续改进。这个理念对许多日本人来说是非常明显的，甚至他们都意识不到自己有这样的想法！在我看来，改善对于日本在竞争中取得的成功有非常大的贡献。

尽管基于改善思维的改进往往幅度较小，并且是渐进式的，但是经过长时间的积累，改善过程会带来巨大的成果。由此，改善的概念解释了为什么日本企业总是处于一种持续变化的状态中。而相比之下，西方式管理更崇尚创新，这就意味着企业需要通过突破性的技术、最新的管理理论或生产方式，来获得重大的改变。创新的确是神奇的，能引起人们极大的关注，而改善则不同，它经常是较为平凡而微妙的。但是，创新是一次性的行为，它的结果还经常存在这样或那样的问题，而改善过程则是基于常识性和低成本的方法，能确保通过长期的努力获得累积的进步。改善还是低风险的方法。这就是说，如果改善不成功，管理者还可以退回到原先的做法，这当中并不会产生较大的成本。

大多数“日本特色”的管理实践，诸如全面质量控制、公司范围的质量控制或质量小组活动，以及有日本特色的劳资关系，都可以浓缩为一个词，那就是改善。用“改善”一词来代替那些生产术语，如生产率、全面质量控制、零缺陷、及时制以及员工提案建议系统等，有助于我们了解日本企业到底发生了什么。改善，可以说是上述所有管理实践的总称。然而，我要补充的是，这些管理实践并不应该被局限在日式管理中，而应该被推而广之，成为全球企业通用的管理准则。每一家企业，无论身处哪个国家和地区，只要遵循这些正确的改善步骤以及恰当地应用改善流程，都可以从改善中获益。包括全球改善咨询集团遍布全球 50 多个国家和地区的客户在内，越来越多的公司和管理者在管理理念的高度上对改善的广泛认可，便充分证明了这一点。

改善的主要概念

为了有效地实施改善的策略，管理者必须学习运用以下六个基本的概念和系统：

- 改善和管理
- 过程和结果
- 遵循 PDCA/SDCA 循环
- 将质量放在第一位
- 用数据说话
- 下一道工序是客户

在导入现场改善的同时，最高层管理者必须制定一个细致而清晰的经营方针，之后还须制定一份推行计划书，并通过以身作则地实践改善流程，来展示自己的领导能力。

改善和管理

在改善的语义里，管理工作有两项主要的功能：维护和改进（见图 1-1）。维护指的是以维持现行的技术、管理和操作标准为目的，以及通过培训和纪律来支持现行标准的活动。在维护的功能下，管理者执行他们的规定任务，这样就使每个人都能遵循现行的标准操作程序。

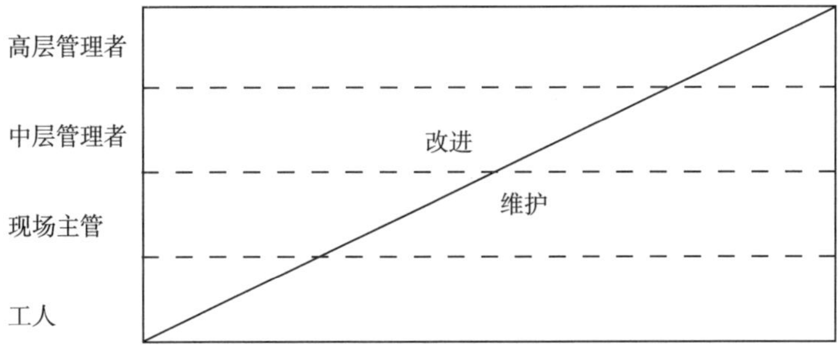

图 1-1　日本人对工作职能的认识

改进指的是以提升现行标准为目的的活动。改进功能可以分为改善和创新（见图 1-2）。改善代表那些较小的改进，来源于持续的努力。创新则指那些剧烈的改进，依靠的是对新技术或设备的高额投资（如果以金钱作为主要标准来评判的话，创新是昂贵的）。西方管理者对创新情有独钟，所以他们往往对改善不够耐心，常常忽视改善带给企业的长期效果。

另外，改善非常强调人们的努力、士气、沟通、培训、团队合作、广泛参与以及自我约束，是一种常识性和低成本的改进方法。

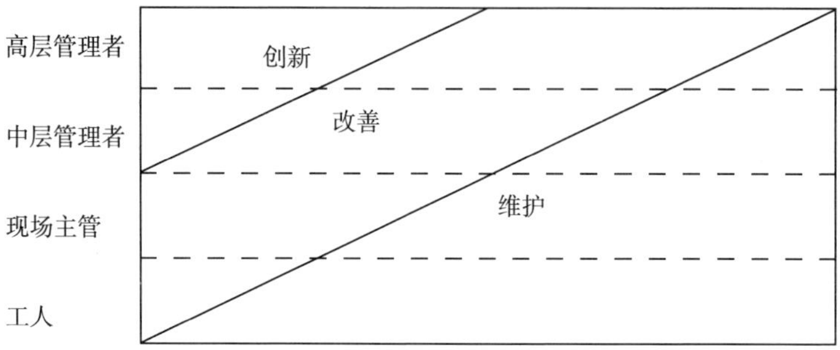

图 1-2 将改进功能分解为改善和创新

过程和结果

改善强调的是过程导向的思维，因为想要得到更好的结果必须要有更好的过程。没有获得计划中的结果，就意味着过程中存在缺陷，管理者必须识别并纠正此类过程中的错误。此外，改善高度强调人员的努力，这个导向与西方流行的结果导向的思维方式是截然不同的。

过程导向的方法也应该被应用到对各种改善策略的实施中去，如计划–执行–检查–行动（plan-do-check-act，PDCA）循环，标准化–执行–检查–行动（standardize-do-check-act，SDCA）循环，质量、成本和交付，全面质量管理，及时制以及全面生产维护。改善策略在很多公司里遭遇了失败，背后的原因并不复杂——它们忽视了过程的重要性。改善过程中最关键的要素是高层管理者的承诺和参与，要想确保改善过程取得成功，这一点必须立刻实施，而且要持续一致地实施。

遵循 PDCA/SDCA 循环

改善过程的第一步就是建立起 PDCA 循环，并将其作为保证改善工作持续性的机制，以此来执行维持和改进标准的政策，这可谓是改善过程中最重要的概念之一（见图 1-3）。

计划指的是建立起改进的目标（因为改善是一种生活方式，在任何领域都应该有改进的目标）以及制订出实现目标的行动计划。执行指的是行动计划的实施。检查指的是确认计划的实施过程是否符合预期以及是否带来了计划中的改进成果。行动指的是执行和标准化新的作业程序，以防止原来问题的再次发生，或者设置改进的新目标。PDCA 循环应该持续并且反复地进行，一旦成功完成某项改进，它就成了下一步改进的基础。PDCA 循环意味着永远都不要满足于现状。因为员工往往会偏爱当前的做法，对改进没有足够的主动性，所以管理者必须通过建立起持续挑战的目标来坚持 PDCA 循环。

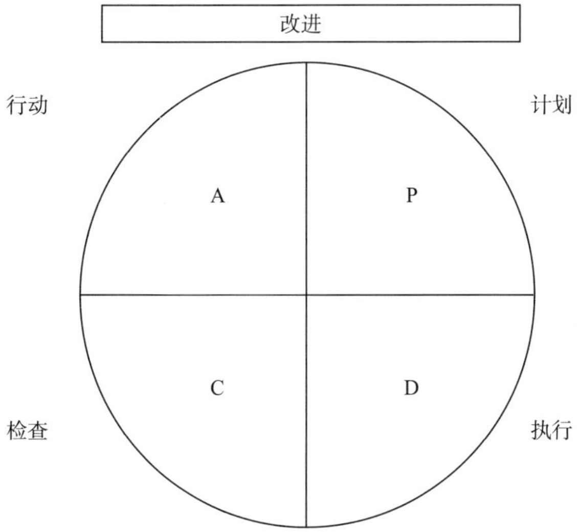

图 1-3 PDCA 循环

在初始阶段，任何新的工作过程都是不稳定的。因此在开始执行 PDCA 循环之前，任何现行的过程都必须通过 SDCA 循环实现稳定化（见图 1-4）。

每当现行过程中发生不正常的情况时，都必须回答下列问题：发生不正常的原因是我们没有标准，还是我们没有执行标准，又或是现行的标准并不充分？只有当一项标准已经被建立起来并被遵守，而且现行的流程达到稳定状态之后，才可以转向 PDCA 循环。

这就是说，SDCA 循环的目的是使现行的流程标准化和稳定化，而 PDCA 循环的目的是对现行的流程加以改进。SDCA 强调的是维护，而 PDCA 循环强调的是改进，这就是管理者的两项主要工作职责。

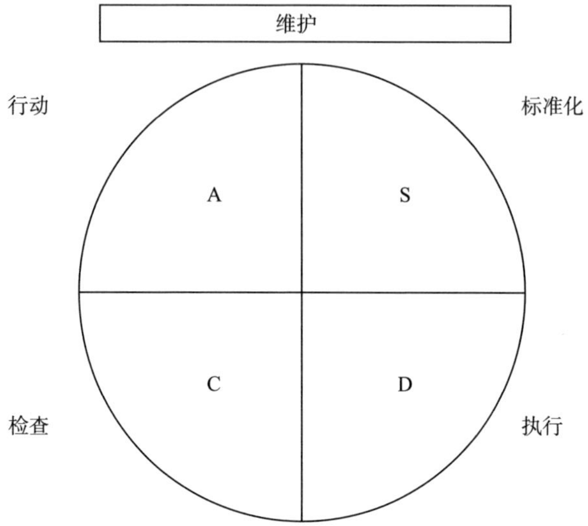

图 1-4　SDCA 循环

将质量放在第一位

在质量、成本和交付（quality, cost, and delivery, QCD）等主要的几项目标中，质量永远应该被放在第一位。无论提出的价格和交付条件对客户来说多么有吸引力，如果产品或者服务本身的质量不佳，公司就不可能赢得竞争。践行“质量第一”的信条需要管理层的承诺，因为管理者经常面对为满足交付要求以及削减成本而妥协的诱惑。如果他们真的妥协，面临的风险将不仅是牺牲掉质量，更是牺牲掉企业的生命。

用数据说话

改善是一个解决问题的过程。如果想正确理解和解决问题，首先必须正确识别问题，并收集和分析相关的数据。如果你试图在缺少可靠数据的情况下解决问题，那就相当于仅仅凭着预感或感觉行事，这不是一个很科学或者客观的方法。收集现状中的数据，有助于你理解自己正在关注的问题，对于改进来说，这是一个重要的起点。为实施改进而收集、验证和分析数据，是贯穿本书的一个重要主题。

下一道工序是客户

所有的工作都由一系列的工序组成，而且每一道工序都有自己的上游供应者和下游客户。由工序 A（上游供应者）提供的一种物料或者一条信息，被工序 B 处理和改进，然后被传递给工序 C。下一道工序应该被当作客户。

实际上，“下一道工序是客户”这句格言指的是两种类型的客户：内部客户（在公司里面）和外部客户（在外部的市场上）。

大多数在组织内部工作的人都在与内部客户打交道。这种理念应该被理解成这样的承诺：绝不将有缺陷的零件或不确切的信息传递给下一道工序。当组织里的每个人都践行这一信条时，市场上的外部客户也会收到高质量的产品或服务。一个真正的质量保证系统就意味着组织里的每个人坚信和践行这一信条。

改善的主要系统

为成功地实施改善策略，以下是应该执行的一些主要系统：

- 全面质量控制 / 全面质量管理
- 及时制生产体系（丰田生产体系）
- 全面生产维护
- 方针展开
- 提案建议制度
- 小组活动

全面质量控制 / 全面质量管理

全面质量控制（total quality control，TQC）堪称日本式管理的主要原则之一。在其发展的早期阶段，TQC 非常强调对质量流程的控制。后来，它逐渐演化成包含管理所有方面的系统，现在被称为全面质量管理（total quality management，TQM），这也成了一个国际通用的术语。

如果将 TQC/TQM 运动看作改善策略的一部分，我们会对日本管理方法有更清晰的理解。日本的 TQC/TQM 绝不应该仅仅被当作质量控制活动，TQC/TQM

通过帮助改进企业经营的方方面面，已经成为一项提升企业竞争力和盈利能力的策略。在 TQC/TQM 中，“Q”意味着“质量”，它在企业管理中有不可动摇的优先地位。当然，另外两个方面——成本和交付的地位也同样不可小觑。

TQC/TQM 中的“T”意味着“全面的”，指的是应该让组织里的每一个人，即从最高管理层，到中层的经理和基层的主管，直到现场的工人都必须参与进来。此外，它还可以延伸到供应商、经销商和批发商。“T”也意味着最高管理层的领导能力和绩效，它们对于 TQC/TQM 的成功实施至关重要。

“C”意味着“控制”或者“过程控制”。在 TQC/TQM 中，为了改进结果，相应的关键流程必须被加以识别、控制和持续地改进。在 TQC/TQM 中，管理者的职责是建立计划，检查结果对应的流程，以改进流程，而不仅仅基于结果对流程加以批评和指责。

在日本，TQC/TQM 包含各种活动，如方针展开、建立质量保证系统、标准化、培训和教育、成本管理以及质量小组等。

及时制生产体系

及时制（just-in-time，JIT）生产体系起源于大野耐一领导下的丰田汽车公司，目标在于消除各种形式的非增值活动，并且建立一个有足够柔性以适应客户需求波动的精益生产体系。这个生产体系基于一系列基本概念：节拍时间（生产一件产品所需要的时间）和周期时间、单件流、拉动式生产、自働化（jidoka）[⊖]、U 形生产单元以及快速换模等。

为了实现理想的及时制生产体系，必须持续地实施一系列的改善活动，以消除现场（gemba）的各种非增值工作。及时制能显著削减成本，及时交付产品，并极大提高公司的盈利能力。

全面生产维护

在日本以及其他国家，越来越多的制造公司正在实施全面生产维护（total

⊖ “自働化”中“働”字在现代汉字中已不存在，但在日文汉字中仍然保留。大野耐一等人的经典文献中特别指出“自働化”(jidoka) 不同于“自动化”(automation)，后者强调机器替代人力，而前者强调“让机器具备了人的智力”。本书的翻译沿用了经典文献中的表达。——译者注

productive maintenance，TPM）。如果说 TQM 强调的是改进整体管理绩效和质量水平，那么 TPM 则更关注于改进设备的质量。通过实施跨越整个设备生命周期的、预防性维护的整体系统，TPM 的目的是使设备效率最大化。

就像 TQM 要让公司里的每个人都参与一样，TPM 也要求工厂里的每个人都参与进来。关于环境维护的 5S（第 5 章将详细讨论），是现场的另一项关键活动，可以被看作 TPM 推行的前奏。然而，5S 活动已经在很多案例中取得了巨大的成果，哪怕这些活动并未与 TPM 同时开展。

方针展开

尽管改善策略瞄准的是实现改进，但如果每个以改善的名义参与其中的人没有任何明确目标的话，它的影响力也可能是很有限的。因此，管理层应该建立起清晰的目标来引导大家，并带领和支持大家为实现目标而进行各项改善活动。工作中真正的改善策略需要在近距离督导之下实施。这个过程被称为方针展开。

首先，最高管理层必须设计一个长期策略，并将其分解成中期和年度的策略。最高管理层必须有一个从计划到展开的策略，以将高层的策略向下逐级传递，经过各个管理层级，直到作业现场。在策略向下展开的过程中，计划应该包括不断细化的行动计划和活动。举个例子，在高层的一句“我们必须削减 10% 的成本以保持竞争力”的方针表达向下展开到生产现场时，可以被转换成为具体的改善活动，如提高生产率、减少库存和不合格品以及改进生产线配置等。

没有目标的改善就像一次没有目的地的旅行一样。当每个人都在努力达成同一个目标时，改善才会是最有效的，而管理层有责任制定这个“目标”。

提案建议制度

提案建议制度是以人为导向的改善活动中必不可少的一部分，其强调的是由于员工的积极参与而带来的士气提升效益。日本的管理者认为它的首要功能是，通过鼓励员工提供许多的建议（无论这些建议多么小）来激起员工参与改善的热情。日本企业经常鼓励员工与他们的主管就提案建议进行口头讨论，并立即付诸实施，这些甚至在提交正式的提案建议表格之前就可以做了。企业并不期望从每条提案建议中都能获得多大的经济效益，而培养有改善思维和自我约束力的员工，才是提案建议制度的主要目标。这种观点与西方管理者强调获得经济效益和对提案建议系统提供金钱激励的做法形成了鲜明对比。

小组活动

改善策略也包括小组活动，即那些公司内部非正式和自愿组织起来的团体，在车间环境中执行特定的任务。小组活动最具代表性、最普及的形式是质量小组（quality circle）。质量小组所涉及的问题并不局限于质量，也包括成本、安全和生产率等方面，可以被看作团体导向的改善活动。在日本，质量小组在改进产品质量和生产率方面扮演了重要的角色。然而，质量小组的角色也经常被海外的观察者过分夸大，他们认为这些小组是日本企业质量活动的中流砥柱。

实际上，还是管理层在实现最佳质量方面扮演着领导角色，其做法包括：建立起质量保证体系；提供员工培训；设定和展开方针；建立解决 QCD 问题的跨职能系统等。那些成功举行的质量小组活动，也意味着管理者在支持这些活动方面扮演着看不见却非常重要的角色。

改善策略的终极目标

既然改善的目的是改进，我们必须知道企业经营活动中的哪些方面最需要加以改进。这个问题的答案就是质量、成本和交付（QCD）。我的上一本书《改善：日本企业成功的奥秘》使用了质量、成本和交期（quality, cost, and scheduling, QCS）的术语。而从那时起，QCD 取代 QCS，成为被普遍接受的术语了。

质量不仅意味着最终完成的产品或服务的质量，而且意味着形成最终产品或服务的过程中的质量。成本意味着与产品或服务相关的设计、制造、销售和服务的总体成本。交付意味着及时地交付所需求数量的产品。当由术语 QCD 定义的这三个条件都被满足后，客户也就满意了。

QCD 活动跨越了各个职能和部门的界限，如研发、工程、生产、销售以及售后服务等。因此，跨职能和跨部门的合作是必需的，而且需要和供应商与分销商开展更深入的合作。对于最高管理层来说，评估公司在市场上的 QCD 现状，并为自己的 QCD 改进方针确立起优先性，正是他们的职责。

在本书后半部分，我安排了多个案例，以向大家展示来自制造业和服务业的企业如何实施现场改善的概念和体系。

Gemba Kaizen 第2章

现场改善

“现场”(gemba)一词的问世滞后于“改善”(kaizen),这是不幸的,但又是可以理解的;比起简单地施行“改善”,出现在“现场”才是一种更伟大的心态和行为上的变革。

截至2011年11月,《剑桥商务英语词典》仍是较少的几种将“gemba”当作英语词汇予以收录的词典之一。它给出了如下的定义:

在日本管理理论中,“现场”是制造业中事件发生的地方,用来描述制造产品的工人着手在制造过程中做出改进。

这一定义可谓抓住了“现场”的精髓,因为它强调了与“改善”的内在联系。但我们必须加以纠正的是,现场不仅存在于制造行业,也存在于更宽广的环境中。

日语中,“现场”指的是“实地”,即实际发生行动的地方。日本人在日常谈话中,经常使用“现场”一词。每当发生地震,电视台记者总是称他们在做“来自现场的报道”。“现场”可以是任何工作场所,如犯罪现场、电影拍摄地,甚至考古挖掘现场。“现场”是发生行动以及发现事实的地方。企业中能满足顾客的附加价值的活动,就是发生在“现场”。

在日本工业界，“现场”一词的使用频率跟“改善”一样高。乔普·博肯是欧洲最开始从事改善的顾问之一，曾经在欧洲的飞利浦电子公司工作，担任过生产经理、厂长，最后升至总公司的质量经理。博肯说每当他去参观日本的工厂时，可以凭经验判断出这家公司的好坏。他说：“与日本企业管理者的谈话中，假使在前5分钟之内听到‘改善’的字眼，在前10分钟内听到‘现场’这个词，便可以断定这是一家好公司。”博肯的例子显示“改善”及“现场”深植于这些管理人员的心中，而且他们经常依据自己对“现场”的认识与了解，来制定决策。

所有的企业都要从事三项直接与赚取利润有关的主要活动：开发、生产及销售，若缺少这些活动，公司是无法存在的。因此，就广义而言，“现场”指的是这三项主要活动发生的场所。

然而就狭义而言，“现场”指的是制造产品或提供服务的地方。本书将采用狭义的定义，因为管理部门很容易在企业活动中忽略这些业务场所。管理人员似乎都忽略了工作场所是可以作为创造利润的地方，他们可能过分强调以下几个方面，如财务管理、市场营销及产品开发。管理部门若能注重“现场”，或者说是工作场所，就会发现可以使公司经营得更为成功且获利更多。

在服务行业，“现场”指的是接洽与服务顾客的地方。举例来说，在旅馆业，从大厅、餐厅、客房、接待处、结账台到门口，到处都是现场。在银行业，柜台出纳员工作的窗口是现场，信贷员接受贷款申请的办公室也是现场。同样，在办公桌前工作的员工和坐在电话交换机前的接线员工作的地方也都是现场。因此，现场可以扩展到办公及管理方面的许多职能。在这些服务业公司里，大多数部门还有“内部顾客”（它们有一些部门间的工作联系），这些工作发生的地方也应该被认为是现场。如果打电话到日本工厂，找它们的总经理、生产经理或质量经理，很可能会听到助理人员如此回答：“他到现场去了。”

现场与管理

在现场，那些能使顾客满意的价值被逐渐添加到产品或服务中去，正是这个过程使企业在激烈的竞争中得以生存和兴隆。图 2-1 把“现场”摆在组织的最顶端，表示其对于公司的极端重要性。通常管理层（高层管理者、中层管理者、工程师职员及现场主管）都是为了提供现场必要的支持而存在。基于这种理念，现场不仅是所有改善活动发生的场所，也是所有信息的来源地。因此，为了解决现场发生的大小问题，管理层必须密切了解现场的实情，换句话说，不论管理层提供什么样的协助，都应该出于对现场的特定需求的考虑。一旦管理阶层不尊重、不珍视现场，就容易“拍脑袋”，下达不恰当的指示、要求，提供其他支援服务给现场，而完全忽视现场的实际需求。

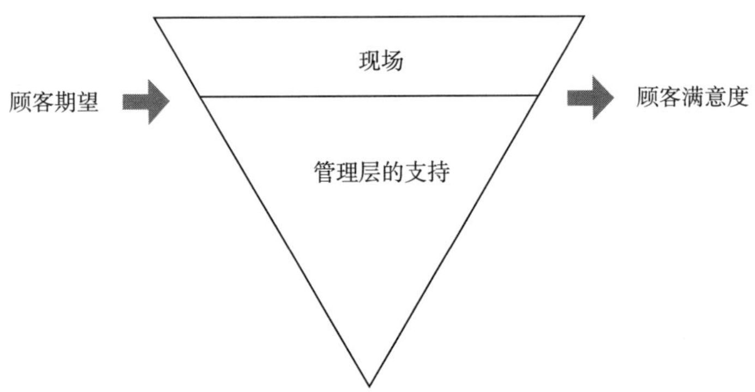

图 2-1　基于这种理念，现场位于管理架构的顶层，管理层的职责是为现场提供支持

管理层要尽可能减少各种限制条件，从而把现场的工作做得更好。然而在现实里，我怀疑能正确地了解他们角色的管理人员并不多。管理人员多半将现场视为失败的来源，而忽视自己对这些失败所应负的责任。

在一些西方企业里，现场实质上由强势的工会所控制，管理层则避免去涉及现场的事务，管理层有时甚至表露出害怕工厂的样子，看起来有些失落无助。而在一家不是由工会控制的工厂里，现场的工作就交给资深主管随意发挥，管理层也就失去了对工作场所的控制力。

我们将在之后的章节里深入讨论现场管理的真正意义。主管人员应当在现场管理中扮演关键的角色，但他们常常缺乏基本的训练，不知道如何做好管理，或者说做好最重要的本职工作：维持与改进标准；达成质量、成本和交付目标。

艾利克·马歇尔是一位从欧洲来日本的年轻学生，为了学习日式管理，他在一家日本汽车装配厂担任操作员。与他先前在欧洲工厂的经历相比较，马歇尔发现，日本的管理人员与作业人员之间有较密切的沟通，从而方便了彼此的交流。作业人员能够更清楚地了解管理层的期望，以及自己在整个改善过程中的职责。就完成管理层的期望和提高作业人员的工作成就感而言，现场这种建设性的紧张关系使得工作更富有挑战性。

要维持现场至上式的管理架构，也需要员工的承诺。必须要激励作业员工完成自己的任务，能够为自己的工作自豪，并且珍视其对公司和社会所做的贡献。使员工在潜移默化中形成使命感及成就感，是管理层在现场管理方面不可缺少的职责。

这样的方法与图 2-2 对“现场”的认知形成了强烈的对比。后者将现场视为老是出差错的地方，也是各种失误和客户投诉的来源。在日本，与生产有关的工作有时被称为“3K”，这是取自日文“危险”(kiken)、“污秽”(kitanai) 和“艰难”(kitsui) 三个词的首个字母。当年，现场曾是优秀管理人员回避的地方，被派往现场或者接近现场就意味着职业生涯走到了尽头。相反，今天日本一些知名公司的总裁有着丰富的现场工作背景，他们能够充分了解现场发生的事物，并能提供相关的支持。

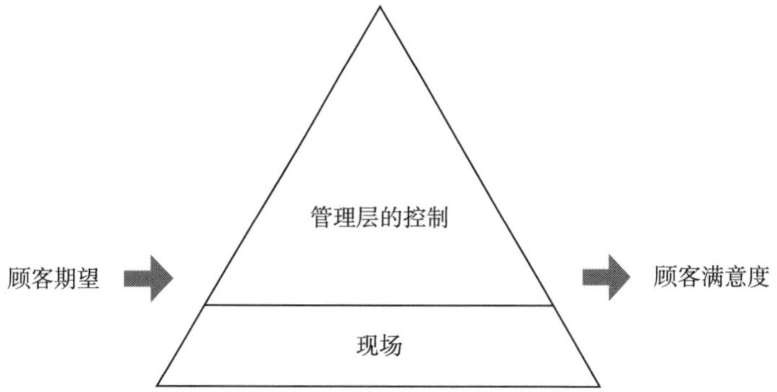

图 2-2 基于这种理念，管理层的职责是通过制定政策和提供资源来实现对现场的管理

这是两种关于现场地位截然相反的观点：一种认为现场居于管理架构的顶层（倒三角形)，另一种认为现场居于管理架构的底层（正三角形)。就“现场–管理”的关系而言，二者同样有效。现场与管理的地位不分伯仲：现场提供了能令顾客

满意的产品或服务；管理则是通过制定和部署方针政策，以在现场实现目标。因此，改善的推进应兼顾“由下而上”和“由上而下”两个途径。在图 2-2 中，管理层位于组织的顶端，他们要带头制定方针、目标和优先次序，同时分配人员和资金等资源。在此模式下，管理层必须做好领导工作，并决定哪种改善活动是最迫切需要的。这种达成公司目标的过程，称为方针展开。由于信奉图 2-2 所示的正三角形的“现场–管理”关系，许多管理人员倾向于认为，他们的工作就是告诉现场人员做什么事。然而，从图 2-1 现场位于顶端的倒三角形可以看出，管理人员应当倾听现场人员的声音并向其学习，从而能为现场提供恰当的支持，现场成了实现常识性、低成本改进的来源。

对于管理与现场分别在这两种模式中的作用，我们绝不能混淆。庆应大学的助理教授川濑武治在《解决工业工程的问题》(载于 1995 年《工业新闻日刊》) 一文中写道：

公司里的人可以分为两种：赚钱的人和不赚钱的人。只有那些工作在开发、生产和销售产品第一线的人是为公司赚钱的。理想的公司只能有一个人不赚钱，那就是总裁，其余所有人都要直接参与赚取收入的活动。

不赚钱的人就是那些处于权力顶端的人，就是头衔带有主管、主任、经理的所有人，包括总裁以及所有职员和间接部门的人 (包括人事、财务、广告、质量控制和工业工程等)。不管这些人如何勤奋地工作，他们都不能直接为公司赚钱，出于这个原因，可以称他们为“依赖者”。假如赚钱的人停止工作一秒钟，那么公司就损失了一秒钟赚钱的机会。

而问题是，这些不赚钱的人经常认为自己比那些赚钱的人懂得更多而且更称职，因为他们受过更好的教育。他们经常给后者的工作制造更多的困难，也许他们会认为：“没有我们，他们是活不下去的”，事实上他们应当想的却是：“没有我们，他们能把工作做得更好吗？为此我们该做些什么？”

如果说“顾客是上帝”，那么“现场就是佛”。从历史上看，公司职员对于现场起到了重要的领导作用，他们的责任是，通过制定更合理的工作方法并令现场人员遵行，追求较高的效率。制定和传达指令的人，与执行指令的人分离，是这种制度的缺点。而新的方法可以被叫作“以现场为中心的方法”，现场不但要对生产进度负责，也要对质量和成本负责，人事等部门则从旁协助。下列各点是以现场为中心的方法得以成功实施的条件：

- 现场管理人员必须为达成质量、成本和交付目标负责。
- 现场需要留有开展改善活动的场地。
- 管理层应该为现场制定目标，并且对其结果负责。而且，管理部门应当协助现场达成目标。
- 现场工作人员更容易发现现场的需求。
- 在生产线上，总会有人去思考各式各样的问题和解决方法。
- 尽可能减小改革的阻力。
- 使不断地调整成为可能。
- 可以获得基于现实的解决方法。
- 着重于常识性、低成本的解决方法，而不是昂贵、教条式的解决方法。
- 员工开始乐于改善，而且易于被鼓舞。
- 可以在增强改善意识的同时，实现工作效率的提高。
- 工人可以在工作时思索改善问题。
- 改善不必每次都经过管理部门的同意。

以现场为中心的管理方法可以获得的好处的确非常多。

“现场”之屋

每天发生在现场的资源管理活动主要可分为两种：维护和改善。前者指的是遵循既有标准并且维持现状，后者则与改进这些标准有关。现场管理人员从事的工作不外乎这两种，而质量、成本和交付（QCD）则是工作的结果。

图 2-3 展示了在现场为了达成 QCD 目标的各种活动。公司以合理的价格，提供符合质量要求的产品或服务，而且及时送达客户手中，满足顾客的要求，那么顾客也会以保持忠诚来作为回报。（有关 QCD 的详细说明见第 3 章。）

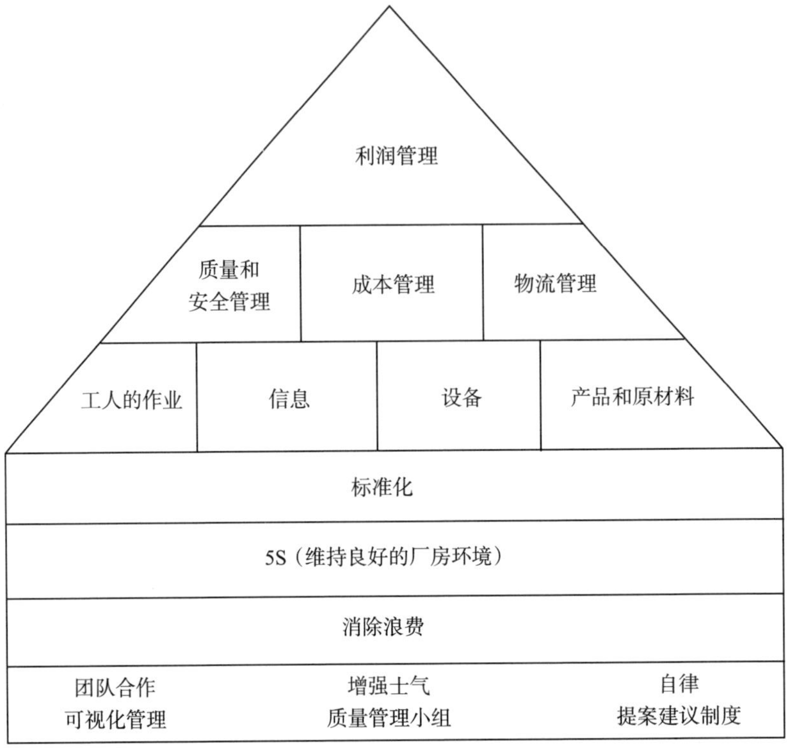

图 2-3　现场管理之屋

标准化

为了实现 QCD 目标，公司需要每天正确地管理各种不同的资源，如人力、信息、设备和物料。有效的资源日常管理需要标准化。一旦有问题或不正常的现象发生时，管理人员必须加以调查，找出根源并修正现行标准，或者实行新标准来防止问题再度发生。标准化已成为现场改善的基本部分，也是日常改进的基础。

若能正确地加以运用，改善不需要巨大的投资，也不需要引进新技术，就可以改进质量，可观地削减成本，并且满足顾客的交货需求。三个主要的改善活动——标准化、5S（维持良好的厂房环境）以及消除浪费有助于实现 QCD 目标。这三项活动是建立精益、高效及成功的 QCD 所不可缺少的。标准化、5S 和消除浪费是易于理解的，并且推行这些活动并不需要高深的知识和技术。无论经理、主管还是员工，每个人都可以轻易地采用这些常识性、低成本的活动，而有困难的地方就是需要自律来维持这些活动的推行。

现场标准化通常是指将工程师所规定的技术上和工程上的要求，转换成作业员的日常作业标准。这样的转换过程无关技术和经验，只要由管理部门拟定一个清晰的计划，依逻辑步骤展开即可。（有关标准化的详情，参阅第4章。）

5S：维持良好的厂房环境

5S代表五个日语单词，是良好厂房环境的构成要素。今天，推行5S几乎已成为任何制造业公司必不可少的工作之一。观察力敏锐的现场管理专家可以在5分钟内判定出一个公司管理能力的强弱，其方法就是参观工厂，并仔细观察现场中正在进行的事务，特别是关于消除浪费和5S。现场如果没有实施5S，就能看出这是个没有效率、浪费多、不够自律、士气低落、质量差劲、高成本并且没有能力满足交付要求的工厂，目标客户也不倾向于选择那些没有实施5S的供应商。任何一个想要成为世界级的、负责任的制造商，都可以从这5项维持厂房环境的要点着手开展工作。（有关5S的含义详见第5章。）

有一家日本汽车制造商打算在欧洲开始其新的装配生产，在正式生产之前，这家公司派出采购经理去拜访一些有合作意向的供应商。其中一家供应商态度积极，准备了一份详细的行程表来接待这些潜在的大客户。首先是长达一个小时的会议室介绍，PPT里附有各种漂亮的图表，展示其在质量改进方面所做的努力，之后再陪同访客到现场进行一个小时的参观。采购经理到达后被引导进了会议室，却坚持跳过会议室介绍的部分，立刻就到现场去考察。而到了工厂现场后，他们只待了很短的几分钟时间就提出要结束这次访问。

工厂总经理贝维德恳求道："请说一说你们的见解！"采购小组的回答是："我们看到这里的厂房环境很差，工厂杂乱无章。更糟的是，我们看到有些工人在流水线上工作时抽烟。假如管理部门容许在现场有这种事发生，那么在处理汽车安全零件上也不会太认真，我们不愿跟不够慎重的管理层合作。"

消除浪费

在日语中，“muda”意指浪费，它的确切含义是那些不创造附加价值的事情或活动。现场仅有两种活动在进行：增值的和不增值的。比如工人注视一部正在运行的自动机床，这个过程中只有机床在创造附加价值，而工人呢，不管他多么专心、多么富有感情地注视着机床，都不创造任何的附加价值。又比如一位维修工程师拿着工具走了很长一段路，他也没有创造任何附加价值，只有当他使用工具来修理、保养或安装机器时，才算是创造附加价值的。

顾客不会为那些不增值的活动买单，那么为什么有那么多人在现场做些不能创造附加价值的事呢？

曾经有家工厂的经理调查了一位工人在现场走动的距离，时限一年，结果是长达400公里。倘若想跑步健身，就应该去健身房，而不是在现场！讽刺的是，有些工厂设置了健身房，安装了跑步机，但相比于工人下班后用来锻炼的时间，工人更多的是在上班时“慢跑”。

有一次，我在美国达拉斯–沃思堡机场，需要将机票改签，转乘另一班飞机。我在售票窗口排了几分钟的队后，柜台工作人员告诉我，必须到位于另一个航站楼的柜台去办理改签。由于此机场的航站楼间相距很远，我不得不搭短驳车前往（用改善的话来说，这就是很大的浪费）。到了那个柜台，我又排了几分钟的队。当轮到我时，柜台人员在我的机票上“砰”的一声盖了章，说道：“先生，好了！”我问自己：“这么个动作值得我花近半个小时的时间吗？”哪个时候是有附加价值的？我想答案就是“砰”的那个瞬间。一个从事服务业的公司办事竟如此没有效率，不但浪费了自己的资源，也窃取了客人宝贵的时间。

在现场进行的所有工作都需要经历一系列的加工流程。假设原材料、零部件从领料到最终的装配和运输，中间需要经过100个步骤，那么每个步骤能够增加附加价值的时间，就像是之前说的“砰”的一声那样短暂。想想用冲床冲金属板、用车床加工一个零件、印刷一张纸或是签署文件的情形吧，它们都需要在很短的时间内完成，这些有附加价值的活动只需要几秒钟时间。即使每一个步骤需要1分钟，那么在100个步骤中，有附加价值的活动需要的时间也不会超过100

分钟。为什么在大多数公司里，从原材料和零部件到成品完工，或者是文件从开始处理到结束，需要几天或者几周时间呢？那是因为在有附加价值的瞬间之外，还有太多的浪费！我们应该努力建立的流程是，专注于每一个有附加价值的地方——“砰！”“砰！”“砰！”——并努力消除穿插在其中的非增值环节。(第6章将会详细介绍浪费。)

消除浪费和维持良好的厂房环境，通常是紧密关联的。能够消除浪费的厂房应该是整洁的，并且展现出高度的5S水平。

能够维持良好的厂房环境，是员工士气高昂及纪律严谨的体现。任何公司都可以在短时间内，让员工形成高度的自律。然而要想长久维持下去，就是一项极富挑战性的工作了。5S一旦消失不见，现场就会变得杂乱无章。要提高员工的士气和自律性，需要现场员工的介入和参与，并共享信息。某些活动会加速改善的过程，并且维持其动力，最终带来企业文化的改变。比如质量小组和其他小组的活动，以及员工提案建议制度等活动，体现了团队合作精神，工人会不断寻找可能的改善目标。若现场的员工参与到改善活动中来，并体会到由之而来的巨大改变，他们也会变得更有士气并且更加自律。

在现场的方针展开方面有更多积极有效的交流（就像在公司办公室里那样），让员工参与到制定改善目标，以及运用各种可视化管理工具，在维持现场改善的风气方面也有重大的意义。(第7章将讨论有关员工授权和参与的问题。)

现场管理的金科玉律

大多数管理人员喜欢把办公室当作工作的场所，并且希望自己能远离发生事件的生产现场，他们大多只是通过每天、每周甚至每月一次的报告和会议，来接触和了解现场的实情。

与现场保持密切的接触及了解，是有效管理生产线的第一步。下述五项是现场管理的金科玉律：

- 当问题（异常）发生时，要先去现场。
- 检查现物（有关的物件）。
- 当场采取暂行处置措施。

- 找出根本原因。
- 标准化以防止再发生。

当问题（异常）发生时，先去现场

管理层的职责包括聘用和培训工人，制定工人的工作标准，以及设计产品和流程。管理层为现场设置了条件，也就是说，无论现场发生了什么，都是管理水平的真实反映。管理人员必须掌握现场第一手的情况，这就是格言“先去现场”的含义。问题发生后，经理和主管应当立即到现场去，站在那里专心观察事情的进展，这应当是一个基本规则。在养成到现场去的习惯之后，管理者就有信心能够运用这个习惯解决各种特定的问题了。

克利斯迪安托·佐加是一名改善顾问，曾服务于一家印度尼西亚企业，该公司是阿斯特拉集团与丰田汽车合资的公司。他回想起第一次被派往日本的丰田工厂接受培训的情形：第一天，负责指导他的主管带他到工厂的一个角落，用粉笔在地上画了个小圆圈，让他一整个上午都要待在这个小圈子内，用眼睛注意工厂里的情况。

于是佐加看了又看。半个小时、一个小时过去了，他觉得很无聊，因为他只看到一些日常重复的工作。最后，他气愤地自言自语：“我的主管是想干什么呢？我是被派来学习的，但他根本没教我任何东西。还是他想来给我个下马威？这到底是什么样的训练？”当他快崩溃时，主管回来了，把他带到会议室。

在会议室里，主管问他都观察到了些什么，问题有：“你在那儿看到了什么？”“你觉得那个流程怎么样？”大部分的问题佐加都无法回答，这才意识到自己忽略了很多关键点。

主管向佐加耐心地解释他忽略的重点，在纸上画草图，把整个流程描述得清楚、准确。佐加直到此刻才明白他的导师对流程有多么了解，而自己是多么肤浅。

佐加逐渐懂得：现场是所有信息的来源。接着，导师告诉他，要成为一个合格的丰田人，就必须热爱现场，每个丰田的员工都坚信现场是公司内最重要的地方。

佐加说："的确，这是我接受过的最好的训练，它帮助我成为一个真正的现场人，这种现场思想也一直影响着我的职业生涯。即使是现在，每次问题发生时，我就马上想到：先到现场去看看！"

在日本现场，这是一种常用的训练方式。大野耐一以开发出丰田生产体系而出名。每当大野耐一注意到某位主管人员脱离了现场实况，便会带他到工厂去，在地上画一个圈圈，要求他站在里面，直到他明白了为止。大野耐一也督促经理去现场。他会说："每天都要去现场，而且去的时候，不要磨破了鞋底却一无所获。至少要带回一个关于改善的想法。"

当大野耐一刚开始在丰田引入及时生产的观念时，他遭到来自四面八方的阻力。其中就有公司的财务人员，他们只相信书面财务报告，并反对把资源分配给与现场有关的改善活动，就因为不能立即从最底层的生产线获得收益。为了缓解这一矛盾，大野耐一敦促会计人员去工厂，告诉他们，每年要到现场走走，磨破两双鞋子不算什么，看看如何改善存货、效率和质量之类的，以及如何为降低成本做贡献，这些最终会带来更多的收益。

大野耐一在他的晚年举行公开演讲，分享他的经验。据报道，他在一次演讲的开头如此问道："你们当中有没有财务人员？"有些人举起了手，大野耐一告诉他们说："也许你们不会理解我接下来要说的，即使你们听懂了也不会去实施，这是因为你们距离现场太远。我知道你们很忙，我想你们最好还是回到办公桌前比较不浪费时间。"他语带诙谐，却深知财务经理的支持对现场改善有多么重要。

富士施乐公司的总裁宫原明，其职业生涯的第一份工作是富士胶卷公司的成本会计师。他知道现场才是所有真实资料的来源，因此宁愿到现场去核实所需要的信息。当他拿到财务报表，看到所列的不合格品资料时，便迫切地要去现场，观察造成这些不合格品的原因。因为他认为，一个会计师的工作不仅仅是处理数据，而且应该了解这些数字产生的过程。由于宫原明总是去现场，所以主管最终在靠近生产线的地方，给他配了一张办公桌。

宫原明的现场意识一直伴随着他到富士施乐，即使他升到其他管理岗位。举例来说，当他担任销售部门的总经理时，现场就是他的业务人员和服务人员所在，或者说与客户接触的场所。他和销售代表一起去拜访客户，比起单纯地阅读报表，这能使他更好地理解客户的需求。

有一次我到中美洲旅行，参观了一家八佰伴的分公司，这是总部设在中国香港的一家日本超市连锁店的公司，其连锁店遍布全球。我问总经理，有谁在仓库的角落办公吗？他多久去一次现场（对超市而言，现场常常指店面、仓库和结账台）？这位经理非常抱歉地回答："你知道，我有一位负责现场的助理，所以自己并不常去现场，尽管我应该这么做。"当我追问确切的次数时，他说："我每天必须去现场 30 次左右。"这位总经理为每天"仅"到现场 30 次而感到愧疚！

"当我走过现场时，"他告诉我说："我不只是看有多少名客户、商品是否摆放合理、什么商品最受欢迎、哪项商品较受好评等，我还要看看上到天花板，下到地面有没有出现异常。走过现场，看看正前方，是任何一位管理人员随便都能办得到的，不是吗？"

有一个地方很显然不能算是现场，那就是管理人员的办公桌。当管理人员伏案根据资料做决策的时候，他就不是在现场，他就必须对原始资料的来源详加质疑。

举个例子来说吧，日本位于活火山活动频繁的区域，所以有许多温泉度假区，这些度假区的主要卖点就是露天浴池，游客可以一边泡在浴池中，一边欣赏远方的河川山脉。最近，我在一家温泉大酒店待了几天，那里有室内浴池和室外浴池。大多数游客都是先到室内的浴池泡澡后，才走下楼梯到室外的露天浴池浸泡。我发现，一般情况下，两个池子里的游客各占一半。而有一天晚上，我发现室内浴池几乎空无一人。我进行了深入了解，原来是室内浴池的水温太高了，于是露天浴池拥挤不堪，因为那里的水温刚刚好。

室内浴池明显出了差错。曾有清洁人员来更换浴巾并且清洁浴池，却没有发现任何不妥之处。我把这个问题告诉她，她马上打了电话，接着水温就恢复正常了。

之后我与酒店总经理讨论了这个事件，他是我的好朋友。他告诉我说，室内浴池的温度设定为 42.5℃，而室外的浴池设定为 43℃。这位总经理继续解释道："我们有一间监控室，工程师在里面随时关注浴池的温度，同时还有房间温度、火警警报系统等。不论何时，当他看到仪表有异常时，便应该采取解决措施。"

听到这里，我打断他："不对！看仪表的人只能获得第二手信息。浴池的信息首先由浸入水中的温度计采集，然后通过机电设备转送到监控室，指针随之变化，在此过程中，可能会发生各种错误。而事实就是，在那天的那一段时间里，室内浴池里几乎没有人在泡澡，如果清洁人员能够接受培训变得比较有警觉性，她会注意到这种状况，把手伸入水中就会感觉到水太烫了。"

我告诉我的朋友："你直接从现场得到的信息才是最可靠的，亲手感觉水的温度才能获得最真实的答案。当你在现场时，甚至用不着这些数据资料，因为你所看到的、所感觉到的，就是第一手资料。在现场的人员总是和真实情况为伴，在维持质量方面，他们比坐在监控室里的人更有发言权！"

石川馨博士是日本质量管理的先驱之一，他常说："请质疑你所看到的资料，请质疑你所看到的测量数据！"他知道公司里所搜集的资料，有很多是为了取悦老板而编造的，或者仪器没有正确地记录。即使在最好的情况下，测量的数据也是二手信息，经常不能反映出实际情况。

许多西方的管理人员不喜欢去现场，他们甚至会为不用到现场而感到自豪，所以他们也不太了解现场。最近，我听说有一家公司的总裁从不去工厂，我建议他试着去一次，他回答说："我是工程师出身，我知道如何阅读及解释这些资料，也可以依据这些资料做出正确的决策，为何还要去工厂呢？"

我参观过另外一家公司，每当总公司的大人物下来视察时，高层管理者都不得不花费数个小时，在会议室里回答一些愚蠢的问题。这些大人物不了解现场，却经常留下一些不适当、找麻烦的指示。"没有这些会议，我们还可以做得更好呢！"厂长对我说。

这位厂长对会议的看法，体现了在最高管理层与工作现场之间有巨大的鸿沟存在，这增加了公司内部的浪费，并且减弱了对外的竞争力。管理层的这种态度，也常常会影响到普通工人，让他们产生"不信任"乃至"不尊重"的感觉。

检查现物

日语中的"现物"（gembustsu），是指有形的实体对象。在现场中，现物可以是出故障的机器、不合格品、坏掉的工具、退货商品，甚至是一位抱怨的顾客。

当有问题或者异常发生时，管理人员应该到现场去检查现物，仔细观察现物，反复问为什么，并且采取一般常识性、低成本的方式，找出问题的根本原因，而不需要复杂的知识。举个例子，假设生产出一个不合格品，只有你拿着它，看一看、摸一摸、想一想，就很可能发现问题的真正所在。

有些高层管理人员认为，当机器出现故障时，现场不是在那台故障机器所在的地方，而是在会议室里，管理人员聚集于此讨论问题，却没有想到去看一眼现物（在这个问题中，现物就是指机器），每个人都在推卸自己应负的责任。

改善首先要从认识问题着手，一旦认识清楚了，问题也就解决了一半。主管应当密切关注现场的行动，基于现场和现物原则来判断问题，这也是他的一项职责。

最近一位主管说道："我每天都要去现场走走，看看有什么异常的情况。如果有，我就会把现物带回办公室然后研究它。若是找不到任何问题或无法改善的话，我就会很失望。"

本田宗一郎是本田汽车公司的创办人，他没有总裁办公室，总是出现在现场的某个地方。他学机械出身，终身致力于现场，拿着螺丝刀和扳手调整、修理发动机，从而导致手上有许多疤痕。本田宗一郎晚年的时候访问过附近的一所小学，与孩子们聊天时，他骄傲地伸出他的手，让孩子们去触摸这些疤痕。

当场采取暂行处置措施

我曾参观过一家工厂，看到切割机旁边挂着一把小扫帚。我注意到这台机器停在那儿不动，因为有金属铁屑掉落在机器的传动带上，卡住不动了。此时，操作员就拿出扫帚，扫掉铁屑，再重新启动机器。过了一会，机器又停了，作业员重复同样的动作，再次启动机器。

机器如果出现故障了，必须立即重新启动，这种情况反复发生，有时干脆踢几下机器也能解决问题，然而，暂时的处置措施治标不治本，这就是为何需要检查现物，反复问"为什么"，直到找出问题的真正原因。

管理者必须拥有决心和自律，不应把改善的努力止步于第三阶段（暂行处置措施），而应该继续前行，找出根本原因并采取行动。

找出根本原因

应用现场现物原则和常识，许多问题都可以迅速地被解决。好好看看问题现场的现物，下决心找出问题的根源，这样能够当场并且及时地解决许多与现场相关的问题。还有些问题需要大量的准备和计划来解决，比如一些工程难题，或者引进新技术、系统，在这些情况下，管理人员需要从多方面收集数据，并且需要运用一些解决问题的复杂工具。

例如，如果铁屑掉落在传动带上是造成机器停机的原因，那么不妨当场用硬纸板做一个临时的导槽或盖子来解决问题，一旦确认此法有效，就可以制作安装一个永久性的金属盖子。这样的改善方法可以在几小时或一两天内就完成。现场有很多这样的改善机会，在现场改善活动中，有一句很流行的话，那就是："现在就做！马上就做！"

很可惜，许多管理人员都认为只有详细研究了所有情况，才能动手改善。事实上，管理人员如果能仔细考虑并且坚持当场解决问题，则能立刻解决现场90%左右的问题。我们需要培养现场主管人员来进行改善，并且让他们了解自己在改善过程中所起的重要作用。

反复问"为什么"，直到找到根本原因为止，这是在现场找出根本原因的最有效方法之一。有时我们把这一过程称为"问五次为什么"，因为问了五次为什么，就很有可能找出问题的根源。

举个例子，假设你看到一位工人将锯木屑撒在机器之间的过道上。

你问："你为什么将锯木屑撒在地上？"

他答："因为地面有点滑，不安全。"

你问："为什么地面会滑？"

他答："因为地上有油。"

你问："为什么会有油？"

他答："因为机器在滴油。"

你问："机器为什么会滴油？"

他答："因为有油从油泵联轴器上漏出来。"

你问："联轴器为什么会漏？"

他答："因为联轴器内的橡胶衬套老化了。"

在很多情况下，就如这个例子展示的那样，通过"问五次为什么"，可以找出问题的根本原因并且找出对策，就像这个例子中用金属衬套来取代橡胶衬套可以一劳永逸。当然，问"为什么"的次数应该视问题的复杂程度而变化，可能多于或者少于五次。然而，我观察到很多情况下，人们往往只稍微了解一下问题（在本例中就是地面上的油渍）就匆忙得出结论，把锯木屑撒在地上，以为解决了所有问题。

标准化以防止问题再发生

在现场，管理人员的任务就是达成 QCD 目标。不过，每天都会发生各种各样的问题或异常，诸如产品质量不合格、机器故障、未达成生产目标以及员工迟到等。每当问题发生时，管理部门就应当出面解决，并且确保不会因为同样的原因再次发生问题。一旦某个问题真的解决了，就需要将新的流程标准化，并启动 SDCA 循环，否则，大家就不得不整日忙于救火的工作。因此，现场管理的第五项原则，也是最后一项金科玉律，就是"标准化"。当现场发生问题时，不论是金属屑卡住了传动带造成机器故障，还是旅馆的住客抱怨传真文件的处理方法，都必须首先遵循现场现物原则，详细观察问题，然后找出真正的原因，最后在确定解决问题的方式有效之后，将新的工作程序予以标准化。

在此种模式下，每次的异常情况都会引出改善项目的主题，最终会引入新的标准，或是提高现有的标准。标准化能够保持改善的有效性。

"标准"一词的定义之一是"做事的最佳方法"。如果现场员工都能遵循，那么顾客就会很满意。如果标准是指"最佳方法"，那么每一位员工都必须一直执行相同的标准。如果员工在其重复性的工作过程中，不遵守标准规则（这是经常在生产现场发生的状况），那么就会导致质量的变动和波动。管理层应当为员工制定明确的标准，这是保证顾客满意 QCD 的唯一途径。管理人员如果不能主动制定作业流程标准化的规则，就是现场管理的失职。

宾夕法尼亚州坦帕市的乔治食品公司的管理部门办公室曾一度位于楼上，并且用墙隔开每一个职能部门——销售、市场、工程、研发以及人事部。

但是公司的总裁弗雷德·乔治命令，每个以支援现场为工作职责的人都应把办公桌移到现场去，他宣布："我们要搬到现场去，而且我们要在一个没有隔墙的大房间内一起工作。"接着一阵反驳的声音响起："那样太吵了！""我们将无法专心工作！""有些员工会辞职！""我们将无法保护公司的机密！"但乔治镇定自若，他说："如果这样会泄密的话，那它也就不是秘密了。如果有人不喜欢，就让他们走吧！"

最后所有人都搬了，即使不心甘情愿。今天，参观这家公司的人都能一眼看到：所有人都在一个大房间里工作。如果访客够仔细的话，会发现总裁乔治也在其中，办公桌毫不显眼，两边放着两张公司执行主管用的桌子。乔治说："以前，每当我想和经理开会时，都要先去看看谁在、谁不在。而现在，我只要四处张望一下，然后大声宣布：'嘿！让我们到会议室去讨论这件事！'完全不浪费时间！"

这样安排公司员工还有其他优点。在管理部门楼层的入口处有两间小房间：电话接线室和人事部。前者的墙上有一个窗户，接线员可以一眼就看到谁进来了、谁出去了。而当员工在管理部门楼层有业务时都要经过人事部的办公室，这方便了他们与人事部的人讨论自己关心的事务。

托尼·普利欧是乔治食品公司标签部门的前任部门经理，他说："5年前，我花了很多时间在办公室里做纸面工作，我觉得自己能回答所有问题，也可以处理好任何事。而我现在发现，通过改善活动，如质量小组会议、倾听工人的建议、去工作场地、在现场花更多的时间、观察并矫正每一个问题，我们可以做得更好。我发现员工都有很高的能力，既有艺术才华，又有实践能力，这些都是以往我所不了解的。他们能自己执行各种改善工作，从而使生产线变得越来越好。"

"我每天在现场花大约90%的时间，这让我能够看到工人的问题，"普利欧说着，"以前，他们会到办公室来告诉我他们的问题，我只是听，却没有办法做什么。我认为既然我们是以这种方式年复一年地经营，应该每一件事都没问题。但事实并非如此，到现场之后，我才能真正了解工人在说什么。

"现在，我认为每一个人都在努力，他们受到了鼓舞，为自己的部门骄傲，并且将每件工作做得有条有理，也更注意保持清洁。工作场所气氛融洽，新人来了也都乐意留下来工作。他们对自己很满意，别人看着也满意。他们目睹了变化的发生，并且真的有效，他们自己的工作也得到了些许简化。”

金科玉律的应用

我来说一说自己是如何应用这些金科玉律的。电子通信技术已成为企业经营不可或缺的工具，像我这样的过半时间在世界各地出差的人，已经完全脱离不了电子邮件、手机和传真机。有一次我在一家宾馆住了几天，因为该宾馆接收传真的方式而遇到了一系列的麻烦。我当时在等一份从东京来的紧急传真文件，当我打电话给在东京的执行秘书时，她告诉我文件在几个小时之前就传出来了。我没有收到文件，所以就去柜台询问。而在之前，同样在这家宾馆里，我曾收到好几份发给其他人的传真，夹在给我的文件里。我不胜其扰，于是就想，如果我是这家宾馆的总经理，应该会收到顾客对于员工处理传真的投诉。我的结论是：无论如何，都要运用现场管理的金科玉律！

于是我把自己当作这家旅馆的一位对应用“现场改善”充满兴趣的经理。第一个步骤是去现场，也就是这里的大厅。我站在大厅角落的一个高台上（但没用粉笔在地上画圈），花了几分钟，观察前台的人是如何处理传真文件的。不到5分钟，我就发现他们没有特定的处理程序！例如，他们没有一个固定位置来堆放传进来的文件（没有标准），有些员工会把文件放在钥匙箱里，有些员工则把文件留在桌上，更有些员工随处摆放。此外，当传真文件（现物）从传真机（另外一个现物）传出来时，文件的序号是颠倒的，员工也没有将它整理成正确的顺序，这就是会有别人的文件被夹在我的文件里一起送给我的原因。

如果我真的是宾馆的总经理，观察到这一番情况之后，我会立即召集现场员工开会，并且要求他们想出处理传真文件的程序。我们会就一些问题达成共识，如文件需要根据正确的页码顺序整理，所有传进来的文件应当放入钥匙箱。我们可能需要安排人员记录把传真交给顾客的时间（标准化），避免发生对于收到与否的争执。讨论商定新的执行程序可能不会超过半个小时（这是“去现场，立刻解决问题”的本质）。商量完毕之后就可以贯彻执行新的程序了。听取问题的反馈或者是顾客的投诉，就可以改进程序，使得宾馆的传真处理系统随之持续改进。

第3章 Gemba Kaizen

现场的质量、成本和交付管理

近些年来，许多企业为了在日益激烈的价格战中屹立不倒，选择将设计、生产、物流或是服务环节转移到国外。在这一辛苦的过程中，它们学到的是，收获跟付出总是成正比。想要拥有持续的竞争优势，不应该只依赖于单一的成本管理，而应该在总成本上下功夫。所谓总成本，则是质量、成本和交付三者的一个综合反映。

质量、成本和交付，并非三个毫无关联的个体，相反，它们之间有着十分紧密的联系。如果质量不过关，不管摆在客户面前的产品或服务的价格有多么低廉，都无法打动他们。而如果这些产品或服务的质量上乘，并且价格足够有吸引力，但无法按时按量地送达客户手中，那么在质量与成本上所做的努力也不过是徒劳。

质量：不仅仅是一种结果

在这里，质量指的是产品或服务的质量。然而从广义上说，质量也包括产出这些产品或服务的过程与工作的质量。我们可以称前者为“结果质量”，而称后者为“过程质量”。依照这个定义，质量贯穿了企业活动的各个阶段——产品或服务的研发、设计、生产、销售和服务这一系列过程。

图 3-1 是一张来自丰田工机公司的质量保证体系图，该图展示出在一家工具制造公司，质量保证活动是如何持续运作的。

图 3-1 揭示了过程质量的所有关键环节。从上往下看，图 3-1 展示了一个活动流程。这个活动流程从确定客户需求开始，再经过诸如产品规划 1（站在客户的立场）、产品规划 2（站在制造商的立场）、原型设计及测试、销售活动、生产设计、生产准备、生产、客户服务和审核。

从左往右看，该图则展示了参与到这个活动流程中的各个部门。此图的主体部分，展示的是每一阶段为确保质量所进行的活动，以及与质量相关的信息流。例如，在“部门经理”一栏下有四个阶段的设计评估，这意味着部门经理会参与到所有设计评估的过程中去。

“会议”这一栏展示的是，在进入到下一个阶段之前，参与到本阶段中的所有部门人员必须出席的跨部门会议。

图 3-1 最右边一栏展示的则是，在质量保证的每一阶段，所涉及的相关标准、规章制度或文件。由此图可知，在现场制造产品之前，实际上已经实施了一系列的质量保证活动。例如，第 8 ～ 12 项的“标准和规章制度”（包括流程控制手册、仪表使用和校准手册、采购管理手册、检验手册、质量控制工艺表、标准作业程序手册、个人作业手册以及出货检验手册）列出了现场中质量保证的典型程序。另外，我们可以从图中看出，当现场生产开始之时，第 1 ～ 7 项已经完成了。

在现场生产之前的相关活动（标准 1 ～ 8）被称作“源流管理”。传统观点认为质量主要与做工有关，于是将改进质量的主要注意力放在现场。尽管制作工艺一直是质量管理最重要的支柱之一，然而人们越来越意识到，设计、产品概念以及对客户需求的理解这些环节，要优先于现场的生产工作，故而这些环节的质量也至关重要。

尽管以现场为基础的改善活动依附于管理方针的展开，并会因此而识别出对上游的改善需求，但是现场的大多数活动只与工艺有关，很少涉及源流管理。而高层管理者必须建立起质量规划工作的标准。

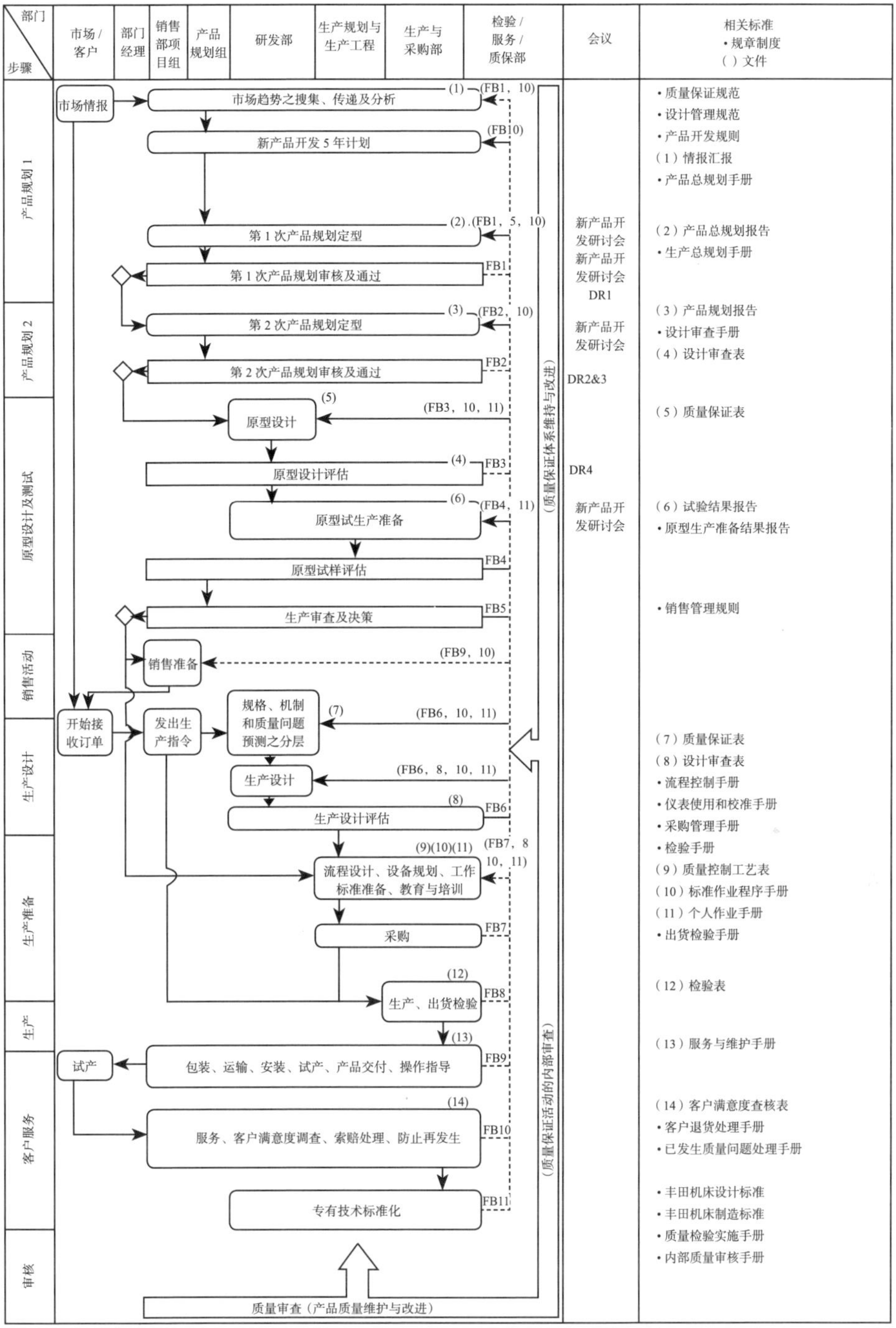

部门
步骤
市场 / 客户
部门经理
销售部项目组
产品规划组
研发部
生产规划与生产工程
生产与采购部
检验 / 服务 / 质保部
会议
相关标准
• 规章制度
( ) 文件
产品规划 1
产品规划 2
原型设计及测试
销售活动
生产设计
生产准备
生产
客户服务
审核
市场情报
市场趋势之搜集、传递及分析
(1)
(FB1, 10)
新产品开发 5 年计划
(FB10)
第 1 次产品规划定型
(2)
(FB1, 5, 10)
第 1 次产品规划审核及通过
FB1
第 2 次产品规划定型
(3)
(FB2, 10)
第 2 次产品规划审核及通过
FB2
原型设计
(5)
(FB3, 10, 11)
原型设计评估
(4)
FB3
原型试生产准备
(6)
(FB4, 11)
原型试样评估
FB4
生产审查及决策
FB5
销售准备
(FB9, 10)
开始接收订单
发出生产指令
规格、机制和质量问题预测之分层
(7)
(FB6, 10, 11)
生产设计
(FB6, 8, 10, 11)
生产设计评估
(8)
FB6
流程设计、设备规划、工作标准准备、教育与培训
(9)(10)(11)
(FB7, 8 10, 11)
采购
FB7
生产、出货检验
(12)
FB8
(13)
试产
包装、运输、安装、试产、产品交付、操作指导
FB9
服务、客户满意度调查、索赔处理、防止再发生
(14)
FB10
专有技术标准化
FB11
质量审查（产品质量维护与改进）
（质量保证体系维持与改进）
（质量保证活动的内部审查）
新产品开发研讨会
新产品开发研讨会 DR1
新产品开发研讨会
DR2&3
DR4
新产品开发研讨会
• 质量保证规范
• 设计管理规范
• 产品开发规则
（1）情报汇报
• 产品总规划手册
（2）产品总规划报告
• 生产总规划手册
（3）产品规划报告
• 设计审查手册
（4）设计审查表
（5）质量保证表
（6）试验结果报告
• 原型生产准备结果报告
• 销售管理规则
（7）质量保证表
（8）设计审查表
• 流程控制手册
• 仪表使用和校准手册
• 采购管理手册
• 检验手册
（9）质量控制工艺表
（10）标准作业程序手册
（11）个人作业手册
• 出货检验手册
（12）检验表
（13）服务与维护手册
（14）客户满意度查核表
• 客户退货处理手册
• 已发生质量问题处理手册
• 丰田机床设计标准
• 丰田机床制造标准
• 质量检验实施手册
• 内部质量审核手册

图 3-1　质量保证体系图

在现场生产开始之前，就应把规划工作做正确——正确地理解客户需求，并将此理解转化成对工程和设计的要求，继而为生产的顺利启动做好万全的准备，尽量避免在现场生产的各个阶段以及售后服务环节中，出现诸多问题。

一个新产品的研发或一个新工艺的设计，往往开始于书面作业，这一阶段出现的漏洞或错误，可以仅借由一支笔来进行更正，几乎是零成本。然而，在生产环节中，或者更糟的是，在产品已经送达客户手中时发生了故障，其所需的修理费用就不可同日而语了。

质量功能展开（quality function deployment，QFD）是一个强有力的工具，它可以协助管理者确认客户的需求，并将这些需求转化为工程和设计上的要求，最后将这一要求具体落实到零部件与工艺的开发、标准的设定和作业员的培训中去。

图 3-1 的最右栏显示了这家公司在日常的质量保证活动中使用的一些 QFD 工具。这些工具包括了质量保证表，此表以矩阵图的方式来表示诸如客户的需求及相对应的工程参数之间的联系。

在保证质量的过程中，源流管理的确扮演着不可或缺的角色，然而从另一方面来说，如果现场生产能力不达标，那么即使源流管理再怎么有效，也无法充分发挥出其功效。这样的情况就相当于，一个人在攀登珠穆朗玛峰之前已经制订好了翔实缜密的计划，结果发现自己的腿几乎虚弱到没有攀登的能力，这样岂不可惜？

现场的质量管理

现场面临的质量管理问题，与源流管理中所遇到的问题，存在着角度上的差异。源流管理需要用到复杂精密的工具，如设计评估、实验设计、价值分析、价值工程以及各式各样的 QFD 工具，然而现场中的问题则大多与些简单的事务有关，比如工艺，又比如每天处理遇到的困难和变异（如由不当的工作标准引起的困难和作业人员由于粗心而犯下的错误）。

为了减少变异，管理者必须建立标准，并且培养员工的自律性——遵守标准、确保不良品不会流到下一个环节（客户）。大部分的质量问题都可以利用现场现物原则，以常识性、低成本的方式得到解决（详见第 2 章）。

管理者必须在作业人员间推行团队合作的理念，因为作业人员的参与在现场质量管理中至关重要。统计质量控制（statistical quality control，SQC）作为一种可以控制工艺变异性的工具，在现场中往往很有效，然而，只有在每一位成员，特别是管理者，理解了变异控制的概念，并且付诸努力来实践时，统计质量控制才能发挥更大的效用。

我曾经参观过一家工厂，这家工厂的一位管理者对自己在统计质量控制上取得的成就感到非常自豪。我发现在她的办公室里的墙上贴着很多控制图。然而，当我步入现场，却发觉几乎没有人理解变异的概念。作业人员没有作业标准，并且他们在装配每一件产品时采用的方法都不一样，甚至有时根本没有一个指定的场所来完成装配任务。在我参观期间，机器故障屡次发生，并且大量的不合格品被生产出来。有趣的是，这个管理者还在为她的统计质量控制成就扬扬得意！

东京大学久米均教授曾说："我认为西方国家的质量控制，旨在对产品质量及其与标准和规格的符合程度进行'控制'，然而，日本式的质量控制将关注点放在了'改进'质量上。换句话说，日式质量控制是在系统且持续地改进质量。"

横川惠普公司的一项卓越的质量改进案例，可以用来很好地解释久米均教授的这一观点。1978 ～ 1982 年，该公司通过对其装配线进行质量改进，成功地将不合格率从 4000ppm[⊖]降低至 3ppm。横川惠普的质量改进过程可以被划分成两个阶段：1978 ～ 1979 年及 1980 ～ 1982 年。

这两个阶段的质量改进活动有着显著的差异。举例说来，在第一阶段，横川惠普采取诸如此类的措施：提高工作标准，搜集并分析不良品数据，使用夹具以实现更好的工艺控制，培训作业人员，鼓励"质量小组活动"以及减少作业人员的粗心错误。为了完成这些工作，横川惠普成立了一个由现场监管人员和生产工程师组成的项目组。项目组成员需要搜集数据、训练质量员，以及在诸如夹具的构造这类工作上提供技术辅助。这些措施，将不合格品率从原先的 4000ppm 降到了 40ppm（见图 3-2）。

⊖ ppm 意指百万分之一。

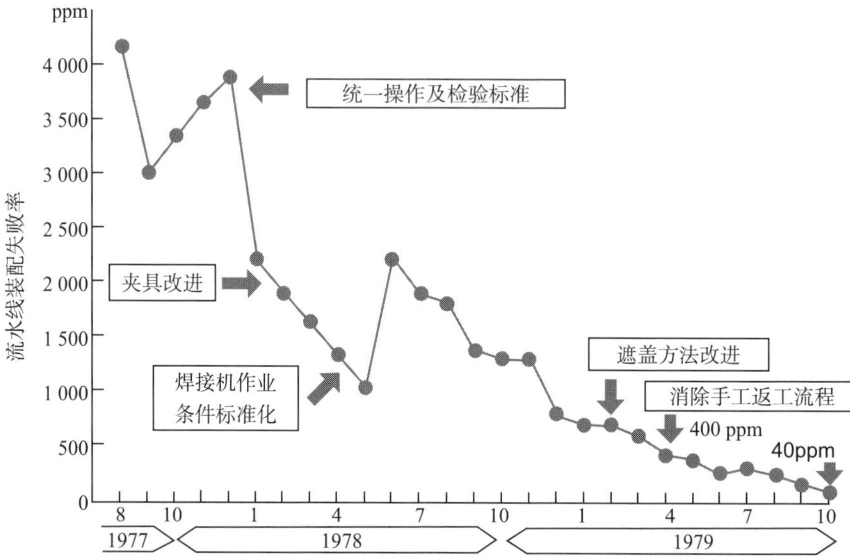

图 3-2 过程质量改进——阶段一

当不合格品率降到 40ppm 这个水平时，若想改进势头得以继续保持，以获取更多利润，横川惠普必须要加快步伐、完善改进措施（见图 3-3）。同时，横川惠普必须采用一些新技术：修订工程标准、改进印刷电路板的设计及生产布局。此外，横川惠普还需要重新设计机器设备及重新布局，并引入及时制的概念。在这一阶段，横川惠普的质量小组一直维持着活动，以期获得对流程更好的理解。同时，他们对于生产过程的持续改善也做出了巨大贡献。终于，在 1982 年，横川惠普将不合格品率降到了 3ppm。

一般而言，如果一家公司的不合格品率还停留在百分比的水平上时，一些基本的改善活动，就可以让这家公司发生戏剧性的改进。比如，审查作业标准、做好厂房环境、搜集不良品数据以及进行小组活动以解决问题。

首先，审查现有程序，询问如下问题：

- 我们有标准吗？
- 现场的环境维持（5S）做得怎样？
- 现场存在多少浪费？

接下来采取措施，诸如：

- 推行现场的五项金科玉律。
- 训练员工，承诺不将不合格品送到下一道工序。
- 鼓励小组活动及提案建议制度。
- 搜集资料，以获取对问题本质的更好理解，并解决之。
- 开始制作简单的夹具及工具，让工作更容易做，且结果更可靠。

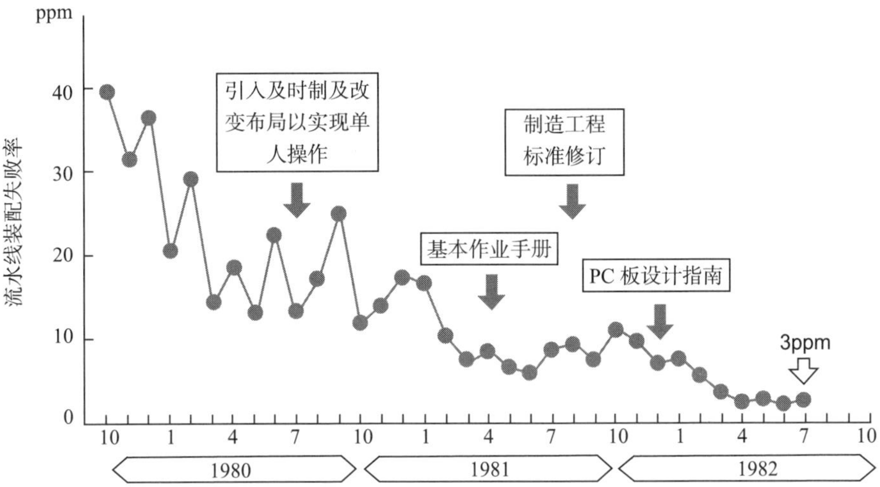

图 3-3　过程质量改进——阶段二

以上这些是最基础的改善活动，也是最实用的，单凭这些，就可以将不合格品率降到原先的 1/10。没有这些最基本的改善活动做支撑，生产的变异性会很大，以至于即使有再高深的技术，也无法对流程做出改善。只有处理掉这些最基本的变异后，诸如统计质量控制这样的高级工具以及其他复杂的方法，才能取得较高的成本效益。

当组织内的所有人员都承诺，绝不将不合格品或不完整的信息送到下一工序后，质量管理才算真正开始。石川馨博士有句名言，“下一道工序就是客户”，指出了公司内部存在的“客户”。照此说法，上一工序的作业者就不应该将不合格品交给下一道工序的“客户”而造成“客户”的不便。在现场，这一理念经常被概括为对不合格品的“不接受、不制造、不流出”。当组织中的每一位成员都可以认同并谨遵这一原则时，一个良好的质量保证体系就成型了。

现场的成本降低

在本文中，“成本”一词不是指削减成本，而是指成本管理。成本管理一方面要监管研发、制造、销售及服务这些环节的质量，另一方面还要争取将这些环节的成本降低或维持在目标水平。现场的成本降低，应当由管理者采取各式各样的措施来实现。不幸的是，很多管理者试图仅用走捷径的方式来削减成本，典型的措施包括：裁员、重组以及向供应商压价。这样的成本削减措施，总是以降低工艺质量为代价，必定会导致产品质量的下降。但如今客户的要求已经变得越来越苛刻，他们不仅希望以较低的价格获得更高质量的产品，还要求货物可以快速交付。当我们仅仅借由降低生产成本来响应客户对低价格的要求时，就会发现质量和快速交付就无法得到保障。

成本管理活动的范围很广，包括：

- 成本规划，目的在于实现利润的最大化。
- 现场总成本的降低。
- 由高层管理者制定的投资规划。

在现场，成本降低的关键在于消除浪费。消除资源的过度使用，是现场降低成本的最佳途径。为了降低成本，应该同步实施以下七项活动，这其中，改进质量是重中之重，而其余六项可以从广义上看作对过程质量的改进。

- 改进质量。
- 提高生产力。
- 降低库存。
- 缩短生产线。
- 减少机器停机时间。
- 节省空间。
- 缩短生产交付期。

这些为消除浪费所做的努力，将会降低营运的总成本。

改进质量

改进质量确实有助于降低成本。这里的质量，指的是管理者及员工的工作过程的质量。改进过程质量将会减少错误的发生，减少不良品个数和返工次数，缩短生产交付期，节约资源，故而可以降低营运的总成本。同时，改进质量还可以提高产量。

过程质量包括了研发、制造、销售及服务这些环节的质量。在现场，这个名词特指产品或服务的制造及运送方式的质量。它主要是指现场的资源管理。更具体而言，它是指管理现场的人员（工人的活动）、机器、材料、方法及测量，其总称即为众所周知的 5M。

提高生产力

提高生产力，意味着以较少的投入获得了相同的产出，或者是以相同的投入获得了较高的产出。这里的“投入”是指人员、资源、设备及原材料等，“产出”则指产品、服务、收益及附加值等。生产线上的人员数量应该越少越好。因为这不仅可以降低成本，还可以降低人为错误发生的概率，要知道，这些错误是会影响产品质量的。但我必须澄清，改善和提高生产力，不应该以解雇员工为最终结果。可以安排那些由于提高生产力而节省出来的劳动力到其他很多地方。这些人应当被看作会为企业创造附加价值及带来创新的资源。总之，当生产力得以提高时，成本自然下降了。

降低库存

库存不仅耗用空间、延长生产交期、产生搬运与储存需求，而且还占用资金。堆放在厂房或者仓库里的成品和在制品不会产生任何附加价值。相反，它们的质量只会日益下降，甚至当市场瞬变或者竞争对手推行出新产品时，它们可能会在一夜之间变成废品。

缩短生产线

在制造业，生产线越长，则所需作业员越多，而且也意味着存在更多的在制品及更长的生产交付期。生产线上的人越多，意味着错误越多，自然就会存在越多的质量隐患。曾有这样一家公司，其生产线长度是其竞争对手的 15 倍，结果，就其线上作业员人数、质量水平（人越多，质量问题越多）、库存（包括在制品与成品）以及颇长的生产交付期而言，该公司的总运营成本远远超过了应有的水平。

我曾评估过一家公司一条生产线的布局，该生产线是在原先一条生产线上改造而成，用来生产一种新产品。令我惊讶的是，这条生产线除了将一些现有的机器换成了最新型的之外，整个就是一个原有生产线的复制品。他们几乎没有为缩短生产线做出任何努力。换句话说，不管是该公司的管理者还是该生产线的设计人员，都没有将缩短生产线作为他们的目标。

在日本，如果一个工程师这样设计生产线布局——从各个设备制造商手中获取设备目录，然后按目录来进行设备的排序，那就会被戏称为“目录工程师”，这可不是一个好头衔。管理者应当鼓励工程师设计越来越短的生产线，以使每条生产线需要越来越少的作业员，这其中的好处自然不必多说。不断地激励员工将他们的工作做得更好，是每一位负责改善的管理者不可或缺的工作。这在非制造业也同样适用。

减少机器停机时间

机器的停机会中断正常的生产。不可靠的机器除了经常需要修理之外，还会使批量生产成为必要，这无疑会导致过多的在制品与库存，质量也无法得到保证。以上这些因素都会导致运营成本的增加。除了机器本身的故障之外，计算机或通信系统的故障，也会带来不当的延误，从而大幅度增加机器的运行成本。当然，还有人员带来的故障，比如当一位新员工在尚未接受相应的培训就被分配到一个工作站工作时，其设备操作上的延误所带来的成本的增加，其实跟设备停机带来的损失是一样的。上述现象在服务业也同样会发生。

节省空间

一般而言，制造业公司存在着非常大的改善空间，它们所使用的空间通常是其真正需要的 4 倍，人力为所需的 2 倍，而生产交付期则足足有所需的 10 倍之多。尽管信息技术已有几十年的发展历程，并且自 1985 年以来，很多公司都开始着手改善活动，上述现象在如今大多数的企业还是存在着。通常，现场改善会拆除传送带，缩短生产线，将一些分散的工作站并入主生产线，降低库存，减少搬运。以上这些改善活动，都会降低对空间的需求。由于现场改善而节省下来的空间，就可以用来增添新的生产线或留作以后扩充之用。非制造业也可以进行类似的改善。

缩短生产交付期

生产交付期是从公司为原材料或物资支付费用开始，到公司收到客户为其购买的货物所支付的款项为止。因此可以说，生产交付期代表了资金的周转。生产交付期越短，代表资源的使用率和周转率越高，在满足客户需求上具有较高的柔性，且运营成本越低。生产交付期是一项能真正衡量管理者能力的指标。因此如何缩短生产交付期，应当成为高层管理者首要关心的事情。可以说，隐藏在生产交付期领域的浪费，为管理者提供了绝佳的改善机会。

缩短生产交付期的途径包括改进和加速客户订单的反馈，以及与供应商更好地沟通，这些将降低原材料库存的积压。生产的流线化及提高现场作业的柔性，也同样可以缩短生产交付期。当组织中的每位成员都能为这个目标去努力，将会给成本效益带来十分积极的影响。

现场在总成本降低中的角色

如果无法做到使现场的流程尽量短、有弹性、有效率、无不合格品、无机器停机，那么降低物料和零部件的库存水平将是奢望，更不必提可以灵活应对如今苛刻的客户对高质量、低成本和及时交货的需求了。现场改善可以说是质量、成本和交付这三个领域改进的起点。

倘若现场不够可靠和强健，那么诸如产品研发和工艺流程设计、采购、市场及销售这些职能部门的改进，将无法得到有效的支撑。改善应始于现场。通过实行现场改善及研究在现场暴露的问题，我们可以发现职能部门的问题，这些部门包括研发、设计、质量控制、工业工程、采购及市场。简而言之，现场改善有助于发现源流管理中存在的缺陷。现场就像一面镜子，可以反映一家公司的管理系统的质量；现场又像一个窗口，透过它我们可以看到管理者的真正水平。

交付

交付是指按时按量地送达产品或服务。管理者的职责之一就是及时地将所需数量的产品或服务送达到客户手中。这其中的挑战在于，如何在保证质量和成本的前提下，兑现交付上的承诺。按照“质量第一”这一原则来看，质量是成本和交付的基础。

及时制生产体系同时涉及成本和交付的问题，但是，一个健全的质量保证体系是导入该生产体系的前提。及时制通过消除一切不产生附加价值的活动来降低成本。对于那些从未利用及时制来同步货物或服务流的公司，及时制绝对是降低成本的一种行之有效的方式。

在及时制的理念中，交付的重要性与成本相当。传统的方式是从成品存货仓库中出货给客户，这其中产生的额外成本需要由客户来支付。而及时制生产的目标在于及时生产出产品并出货，即只在需要的时刻生产出需要数量的产品，因此可以消除由于过多的库存所耗费的成本。通过这些改善活动，及时制使得管理系统拥有了较大的柔性（详见第 11 章）。

近年来，管理系统有了良好的发展，通过应用这些系统，同时实现质量、成本和交期的改善成为了可能，因此，企业也比以往获取到了更多的利润。

改进质量与降低成本是相容的

在本章中我们一再强调，改进质量与降低成本并不是两个矛盾的目标。事实上，质量是成本和交付的基础。如果没有一个强健的体系来保障质量，那么有效的成本管理与交付系统也将无法实现。

同时改进质量和降低成本是可以做到的，也是为满足当今客户需求所必须做到的。以高端消费品市场的国际性竞争为例，假设公司 A 仍在信奉“质量越高，成本越高”这样过时的理念，认为改进质量的主要方式是购买更贵的机器与测试设备、雇用更多的员工来从事修正与检验类的工作，那么公司 A 虽说拥有质量世界一流的美名，但其价格必定是非常高的。

设想现在出现了公司 A 的新的竞争对手——公司 B。该公司认为高质量、低成本二者是相容的，并且已经成功制造出质量与公司 A 相当甚至更优的产品，但它的价格较低。试问公司 A 如何与这个新的竞争对手匹敌？这是如今许多家坚持认为高质量意味着高成本的公司所面临的真实而迫在眉睫的危机。

在当今激烈的市场竞争环境中，同时实现质量、成本和交付（QCD）三方面的目标，是具有改善思想的管理者所必备的技能。当客户提出更高的 QCD 要求时，管理者必须始终坚持“质量第一”的原则，然后再谈同时实现 QCD 目标。记住，永远不要为削减成本或为了交付而牺牲质量！

Gemba Kaizen 第4章

标　　准

经常有人问我，讲了30年改善课程下来有什么心得体会，以及对公司可以在哪些方面可以做得更好的建议。诚然，通过现场改善，许多组织实现了很大的成就，同时人们的生活得到了极大的改变。然而，有一个问题长期以来十分突出，即使是最好的组织也不能避免，那就是标准的恰当使用。在上个10年里，持续改善策略在全球风靡，使这个问题变得尤为突出。正因为对标准的基础打得并不牢靠，所以很遗憾，许多到嘴边的肥肉还是掉了。

企业的正常运营应该按照那些已经获得一致认同的准则来进行。把这些准则清楚、详细地写下来，就是标准。成功的日常管理可以简单归结为一个观念：维持和改进标准。这不仅意味着要遵守现行技术、管理和作业的标准，还要改进现行流程，以提升现行标准。

维持和改进标准

每当现场出了差错，如产品遭到退货或客户投诉，管理者需要找出问题的根源，并采取措施补救，而且要改变工作程序以消除问题。以改善的术语来说，管理者应运用SDCA（标准化–执行–检查–行动）的工作循环。

如果工作场所已具备了标准，工人也按标准行事，且无异常情况出现，那么此过程就在掌控之中。下一步就是调整现状，并提升标准，这就需要PDCA（计划–执行–检查–行动）的工作循环。

这两个循环的最后阶段“行动”指的是工作的标准化与稳定化。因此，标准化成为与每个人工作密不可分的一部分。以后的章节将会解释，标准是保证质量的最佳方法，也是工作上最节省成本的方法。

让我们回顾第2章谈及的故事：旅馆的柜台员工没有恰当地处理传真文件。在类似这样的情形中，每一次的客户投诉，都会提醒管理者有必要重新评估现行的标准。刚开始时，管理者或许会发现没有任何标准存在，只要简单地设置了标准，就会使系统稳健而有效得多。然而，我们的工作并不是每一方面都需要详细地审查以制定标准。例如，如果旅馆的管理者未收到任何客户投诉，他们或许会下如此结论：现行传真文件的处理方式是恰当的。在此情况下，人们也许会在其他方面寻求改善，而不是尝试改进传真文件的处理程序。但这并不意味着，如果没有投诉，就无须寻找业内最佳的处理方式，并且尝试追求这样一个最佳水准。要知道，一个经过改进的传真处理程序，可以为员工节省时间及工作量，从而使他们能腾出时间做其他事。

我们应当根据质量、成本、交付、安全、结果的紧急性和重要性，以及客户投诉的严重程度，来建立标准评估的优先顺序。在日常例行工作中（称为“维持”），作业人员要么做对了工作，无异常发生；要么遭遇异常，这将引起对现有标准的重新评估，或是建立新的标准。对管理者的首项要求就是维持标准。当作业人员遵循标准，并且无异常发生时，该系统便是受控的。一旦系统处于受控状态，下一项挑战就是改进现有的水准。

假设现在有一个强烈的要求，需要将产量提高10%。依据“改善”的精神，更好地利用现有资源是应对如此要求的最佳方式。为达成目标，作业人员必须改变他们工作的方法。现行的标准必须通过改善活动来提升水准。如此一来，我们已离开“维持”阶段，朝着“改善”阶段前进。

这样的改善一旦启动，新的或升级了的标准就将被建立起来，这些新的工作程序将被努力稳定下来，于是又开启一个新的“维持”阶段。图4-1展示了公司的改进活动如何在 SDCA 循环及 PDCA 循环之间交互进行。

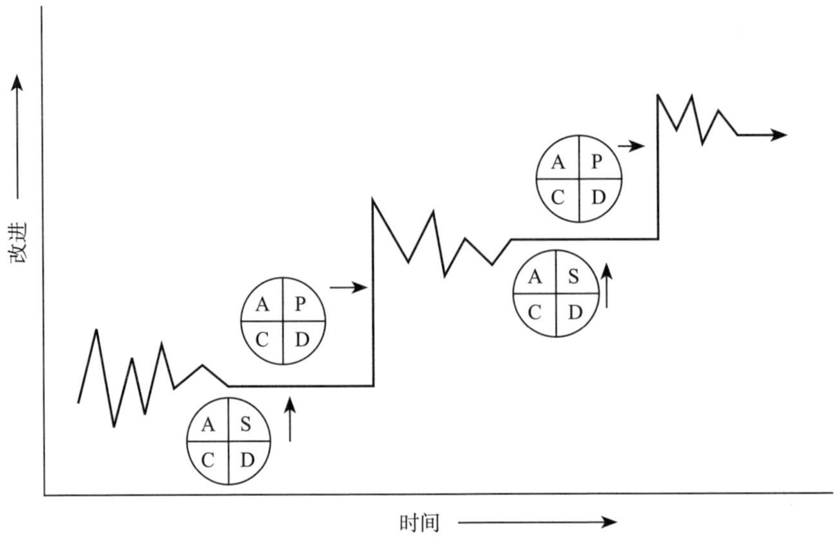

图 4-1 改进活动怎样在 SDCA 循环和 PDCA 循环之间交互进行

作业标准

在进一步探讨之前，让我们关注“标准”一词的形态。在此范畴内，有两种不同形态的“标准”。一种是“管理标准”，为管理员工的行政工作所必需，包含行政规章、人事规则和政策、工作说明书、会计费用准备规则等。另一种为“作业标准”，这是有关员工如何实现质量、成本和交付（QCD）目标的。“管理标准”关乎管理员工这样的内部目的，而“作业标准”则涉及了达成 QCD 以满足客户的外部需求。

本书所指的标准是“作业标准”，在这一方面日本公司与欧美公司有着巨大的不同。日本公司热衷于采纳与信奉所建立的标准，而欧美公司则在某种程度上对这些标准存在一定的偏见。在欧美，“标准”一词经常被误解为强加在工人身上的不公平待遇，如计件工资制的引进。然而，本书中的“标准”，对作业人员来说，指的是应用最安全、最简单的流程，对公司来说，是指为确保交付给客户的产品质量上乘，而遵循的最具成本效益和生产率最高的流程。

在最极端的例子中，欧美公司的标准被视为违反人性。它们认为人们不应被标准控制住，而应当被赋予最大的自由度，并由他们自己决定工作方式。但是，这实际上混淆了“控制”与“管理”这两个概念。要知道，控制的对象在于物，而管理的对象则是人。当管理者谈及“控制”时，是指控制“流程”，而非控制“人”。管理者之所以管理员工，是要员工能够控制流程。所以说遵守标准并不意味着被标准控制住。“遵守标准”就如同开车，为了得到去任何地方的自由，司机必须遵守某些规则。同样，当工人按照标准来工作，客户就会对产品或服务感到满意，公司就会兴隆，员工的工作也就有了保障。

标准的主要特点

标准有如下主要特点。

（1）标准代表着最佳、最简单和最安全的工作方法。标准实际上是员工工作多年的智慧与技巧的总结。当管理者要维持及改进某项工作的工作方式时，并确保不同班别的所有作业人员都遵循同样的程序时，这些标准就会成为最有效率、最安全和最具成本效益的工作方法。

（2）标准提供了保存技巧和专业技术的最佳方法。如果一个员工知道工作的最佳技术，却没有将此技术共享，那么当他离职后，其技术也将随之流失。只有将这些技术标准化、制度化，它们才得以保留在公司内，从而不用担心员工流动对其产生影响。

（3）标准提供了一个衡量绩效的方法。凭借已建立的标准，管理者可以评估工作的绩效。没有标准，就没有公正的方法来衡量工人的工作。

（4）标准展现了因果之间的关系。没有标准或是不遵守标准，一定会导致异常、变异和浪费。让我们将此概念引入到跳伞运动中。当人们第一次跳伞时，他们依靠教练来折叠降落伞。随着其经验的逐步增加，他们开始在教练的协助下自己折伞。在他们成为熟练的跳伞家之前，他们必须学习如何正确地折好降落伞。假想一个跳伞者平生第一次折伞，而明天就要去跳伞。她在床上辗转反侧，开始怀疑：“我是否折对了？”她因此下床摊开伞，再重新折叠，上床睡觉，却仍然无法入眠。到底需要折多少次，才能使她相信一切都没有问题？答案是她只需做一次就够了。如今的折伞方式是最佳、最容易以及最安全的方式，不仅是成千上万跳伞家经验的总结，也是各种不同悲剧带来的教训。每一次当伞没有张开时，就引发了这样的疑问："我们的折伞方式在哪里出了问题？如何改进才能避免悲剧重演？"不遵守标准去折伞的结果会怎样？当你发觉时，或许已经太迟了。

（5）标准提供了维持及改善的基础。按照定义，遵守标准即为"维持"，提高标准则为"改善"。没有标准，我们无法知道自身是否在改进。管理者首要的职责便是维持标准。当因缺乏标准而产生变异时，就必须引进新的标准。若在遵守现有标准的情况下，仍然出现变异，管理者首先需要找出原因。有时，原因可能是现有标准有点落后或者规定得并不是很清楚，那么管理者就需要修正或提高现有标准；有时，原因在于作业人员素质不高而无法按标准工作，那么管理者要做的就是训练员工依照标准所规定的方式工作。

"维持"是管理者每天在现场的主要工作。一旦维持稳定下来，并且流程受控了，管理者便可以计划下一个挑战：改善，或是提高现行标准。没有标准，就没有改善。为此，标准是"维持"及"改善"的基础，具体可以从以下几方面来进行理解。

- **标准提供目标及训练目的。**标准可以被看作一组视觉信号的集合，用以显示如何工作。因此，标准应当以简单、可理解的方式来表达。标准通常以书面文件的形式呈现，但有时，采用图片、简图和照片更有助于理解。
- **标准提供了训练的基础。**一旦标准建立下来，下一步就是训练作业人员，达到一种遵循标准工作就仿佛出于本能的程度。
- **标准成为审查与诊断的基础。**在现场，工作标准通常放置在醒目的位置，可以用来提醒作业员工作的重要步骤以及哪些会作为绩效的考核点。更重要的是，它有助于管理者核查工作是否在正常进行。如果说维持与改进标准是管理者的两项主要任务，那么现场主管人员的主要工作，就是去视察标准是否正被执行，以及在适当的时间视察那些提高现行标准的计划是否正在实施。
- **标准提供了防止错误再发生及将变异性降到最低的方法。**正如先前所提，

> 标准化是现场五项金科玉律的最后一个步骤。它也是“改善事例”的倒数第二个步骤，此事例在本章稍后会提及。只有在改善行动结束后通过标准化来将其良好效果维持下去，相同的问题才有可能不会重现。质量控制意指变异控制。管理者的任务就是要对每一个流程的关键的变异控制点，予以确认、定义及标准化，并且确保这些控制要点时刻被遵守。

通常，如果说A公司的质量较之B公司要好，这并不意味着A公司在流程的各个方面都较佳。也可能是因为A公司集中全力确保所有的流程能够依标准执行，而B公司则在一两项流程中未能时常妥善执行。

所以标准化是质量保证中不可或缺的一部分。没有标准，就无法建立一个可行的质量管理制度。

丰田工机公司

丰田工机公司的董事岛吉男说：“在20世纪80年代，当公司以收获戴明奖为目标而引进全面质量管理时，建立质量保证体系和标准的好处十分明显。果不其然，管理者为建立质量保证体系的架构所付出的努力，最终在1985年为公司带来了戴明奖。”

岛吉男承认，早期建立的各式标准，不仅反映了质量保证的基本步骤，同时也反映了管理者的期望——他们心中理想程序的图景。“你可以这样说，我们先是塑造了一个标准化的形式，然后才将其赋予灵魂。”他说。

然而，岛吉男发现，这些标准建立后，并不总是行之有效的。为了保持运作，这些标准应当得到长期检查与提高。因此公司的质量改善道路，意味着永无止境地检查现行的标准。

岛吉男说：“标准化难就难在标准并非一成不变。如果你认为标准一旦制定好就成了板上钉钉的事，那么你就错了。环境改变，标准也会随之改变。你必须清楚，标准本质上就是需要不断更新的。”他继续说道：“一旦有了标准且被执行着，那么如果发现了偏差，你就肯定能知道哪里出了问题。你接着检查标准，然后要么纠正偏差，要么改变标准。这就是永无止境的PDCA过程！这就是为什么你会看到质量保证体系图（见图 3-1）中有许多反馈路径。”

岛吉男发觉质量体系图很有帮助，因为这使得他能以鸟瞰的方式，理解公司内质量保证的整体体系。当客户反映质量问题时，公司就以此体系图说明将如何解决问题，客户也可以了解并认可管理者所做的努力。

改善事例[⊖]

“改善事例”是用来记录小组改善活动（如质量小组活动）的一种标准格式，同样的标准格式也经常被一些职员或经理用来撰写改善活动的报告。

改善事例遵循 PDCA 循环的逻辑。步骤 1 ～ 4 是属于 P（计划），步骤 5 属于 D（执行），步骤 6 属于 C（检查），步骤 7 和步骤 8 属于 A（行动）。改善事例的标准格式，有助于根据数据分析来解决问题。其中的一个好处就是帮助管理者可视化，并沟通整个问题的解决过程。它也是一种保存改善活动记录的有效方法。

在改善事例中，常常出现各种解决问题的工具，以帮助读者了解这一过程。

改善事例包含下列标准化步骤。

（1）选定主题。改善事例始于为何要选定某一特定主题。通常这一主题是根据管理方针设定的，有时还取决于现行环境下的优先性、重要性、紧急性以及经济性。

（2）现状理解及目标设定。在开始改善项目之前，必须了解并检查现状。一种方式是去现场，遵循现场的五项金科玉律。另一种方式是搜集资料。

（3）分析搜集到的资料，以确定真正的原因。

（4）依据资料分析，制定改善对策。

（5）实施改善对策。

（6）确认改善对策的效果。

（7）建立或修正标准，防止再发。

（8）回顾上述步骤，进行下一步骤。

⊖ 在日本，通常叫作“ QC 事例”。考虑到术语“改善事例”在其他国家广为使用，因此本书使用“改善事例”这一称呼。

改善事例的范例，请参阅案例研究中的“Alpargatas 的改善经验”。

丰田问题解决法：丰田公司标准的问题解决事例

许多公司都有自身所谓的解决问题的标准方法。一些公司采用本书所述的改善事例方法，一些公司采取名为“集中改善”（kobetsu kaizen）的步进式方法（这在全面生产维护中十分常见），另一些汽车企业则采用了 8D 方法。我发现标准常常有，却没人按照其本意运用——标准是一个需要遵守、改进与修订的工具。

今天所谓的“ A3 问题解决方法”被越来越多的人所采用。“A3”仅表示纸张的大小，是用来总结问题解决事例的标准纸张大小。A3 纸问题解决方法来自丰田，以改善事例为基础，总共有八个步骤。随着丰田的业务日益全球化，为了对问题解决方法予以标准化并加强此方面的能力，在 21 世纪初期，丰田问题解决法（Toyota Business Practice，TBP）问世了。

丰田问题解决法的八个步骤是：

- 明确问题。
- 分解问题。
- 设定目标。
- 把握真因。
- 指定对策。
- 贯彻实施对策。
- 评价结果和过程。
- 将成果标准化。

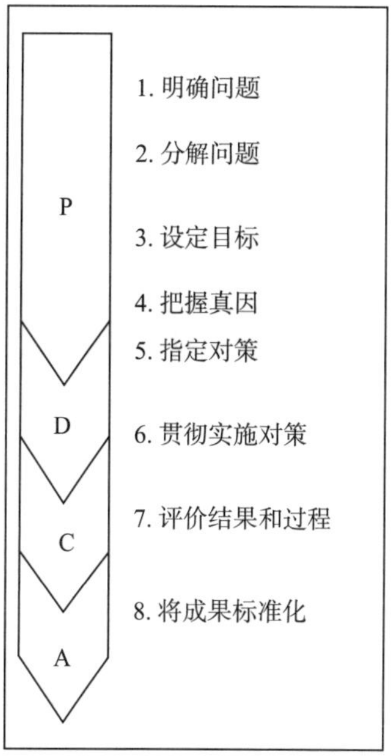

图 4-2　丰田问题解决法的八个步骤

丰田问题解决法（见图 4-2）看起来很简单，与其他八步解决法很像。与改善中众多方法一样，了解一些简单的要点，并勤奋地实践才会出成效。

克里斯·施兰德是一位全球改善咨询集团的高级顾问，在质量管理领域拥有超过 30 年的经验。其中的 10 年，他在丰田汽车肯塔基制造厂担任质量工程经理。其间，他写下了成千张 A3 纸问题解决文档。离开丰田后，克里斯撰写出了他在众多制造业与服务业的公司培训丰田问题解决法的课程中领悟到的一些经验。

关于典型的问题解决法，如 A3 问题解决法与丰田问题解决法，克里斯这样写道：

我们在问题的陈述上还不够重视。在陈述问题时，我们必须精确地定义现状与目标之间的“差距”，而且问题的原因或者解决对策都不应该出现在陈述里。在使问题陈述更精确上花的时间越多，那么最终花在解决问题上的时间就会越少。

虽然分析真因的工具和方法有很多，但你必须掌握的一个方法是“五个为什么”分析法。这是一种简单却强有力的方法。它必须被准确并合理地使用，才能找到潜藏的真因。准确地书写问题解决事例，须将问题的陈述穿插于真因分析与对策实施计划之间。

A3 问题解决是一种需要反复琢磨才能领悟的方法。我需要不断强调的是，“A3”并不简简单单是一张工作纸张或一个表格，它是一个囊括计划、执行、检查、行动（即使这些发生在调查问题之前）的想法的合理事例。人们想要的是解决问题的准则，是一个能迅速给出答案的样板。所以千万不要把 A3 思维变成一个填表练习！

很多公司没能遵循自己设立的标准，也没能坚持自己的问题解决流程，甚至丰田也不能避免！我曾询问克里斯·施兰德，为什么许多公司没能坚持按照标准化的方法解决问题。他回答说：

如果管理团队每天忙于到处灭火，这将与解决问题背道而驰。他们总是忙碌于太多的事情，太多错误的事情。他们宁愿快速找到解决措施，也不愿意遵循一个问题解决方法。有时甚至在按照帕累托法分析问题后，也不能明确地找出为灭火而必须做的重要事情。因此我们白白花费了大量无谓的金钱。

相反，那些遵循了标准问题解决法的团队，会发现有时问题只是在不断地重复。而对这些问题来说，他们相信早已有了对策，预防措施与标准也各就各位了。问题的重现表明，要么是因为不同的真因导致问题重现，要么是标准没有被遵循，抑或是之前根本没有找到问题的真因。

能否正确地将管理层面临的问题分类，可以显示出组织的问题解决技巧水平，以及对标准的遵守程度。

毫无疑问，我们在丰田的所见，是他们多年来试验的结果，这些试验有成功也有失败。我们必须采纳类似的最佳实践，并将其改造以适应我们的情况，还要通过现场改善来建立我们自己的标准。

改善与国际质量标准

今天，对于任何一家公司，如果它仍想继续在此行业生存，并博取全球主要客户的信心的话，申请国家或国际性的认证（如 ISO 9000、QS 9000、AS 9000，或是一些环境标准，如 ISO 14000）几乎是一件必须要做的事情。这些认证计划，绝大部分强调对关键流程的标准化以及持续改进。

在"改善"术语里，标准指最佳工作方法。而现场改善，如消除浪费及厂房环境维持（特别是 5S），应当优先于撰写标准。这是因为，如果现行运作流程存在着过多的浪费和变异，那么将该此阶段现场的流程详细地记录下来是没有用的。

一旦建立了标准，紧接着就是要改进这些标准。一定要注意一点，在申请认证之前，现场改善必须做好，而且即使已经获得了认证，也需要不断提升标准。

有时，企业的高级管理人员为准备申请认证 ISO 9000 或 QS 9000 会说："我们正忙着申请认证，没有时间做改善！"没有什么可以违反真理！除非改善得以同时进行，否则那些充满变异性（源于没有维持厂房环境和消除浪费）的标准只不过是一纸文书。这些标准远离现场，很少在日常中被实际执行，因此也不会对公司的绩效产生正面效果。

因此，现场改善应当成为申请国际认证不可或缺的一部分。在取得认证之后，现场改善应当作为持续提高水准的方法。

有一位改善顾问在谈及其第一次见识到实施标准化的神奇力量时，如此说道：

1961年，我在欧洲一家大型电子公司担任经理。依据合资的协议，我负责将自己工厂的技术和机器转移到一家日本工厂。在运送设备之前，日本公司派遣过来四位作业员，研习生产流程。在我们工厂里有20条全自动三班运转的生产线，每条线每小时生产2000个半导体二极管，合格率为98%。

在日本工厂运营了6个月后，我们收到一封感谢信，对双方的合作和我们高精度的机器表示感谢。他们还提到他们的合格率是99.2%。

结果，我们亲自前往日本进行了研究。我问那些日本同事："你们做了哪些改变才使得合格率上升？"他们回答："我们研究了你们的现场，观察到你们有60种不同的工作流程（20条线三班在工作）。我们为此讨论，并征得派往你们国家现场研习的作业员的同意，决定选取最佳的工作流程，并将其标准化。"

第 5 章 Gemba Kaizen

5S：创建现场秩序的五个步骤

5S 是实施改善的第一步，这在企业界已经成为普遍共识。而从根本上讲，实施 5S 的企业一般需要时刻反省两个基本问题：

（1）现场需要的是否都有？

（2）现场有的是否都需要？

一旦其中任一一个问题得到否定回答，那么就应当立刻实施改善。

5S 是创建现场秩序的五个步骤，是从制造业环境中发展而来的。然而在服务导向型企业中，其“生产线”上的情况也十分类似——不论这些情况是以征求意见书（request for proposal，RFP）的形式，以财务报告的形式，还是以人寿险保单等其他形式出现。无论什么样的服务业工作流程，都常常存在使工作复杂化的情况（你不觉得表单有点过多了吗），不利于提高顾客满意度（那么点金额的合同难道真的需要经由三个官员签署吗），甚至在降低顾客满意率（公司的管理经费预算能允许你花费到这些工作上吗）。

正如图 2-3 所示，标准化、5S 和消除浪费显然是现场改善的三大支柱，而且是一些低成本的改善方法。无论是制造业还是服务业，任何一家企业的改善都应该先从标准化、5S 和消除浪费这三个方面入手。

这些活动根本不会涉及任何新的管理技术和理论。实际上，诸如维持厂房环境和浪费这样的词根本不会在出现在管理学课本上。因此，这些往往不能吸引那些管理者的注意力，他们已经习惯于利用最新技术来保持公司的竞争实力。

那些来听我课的人也经常会问，为什么要实施这些活动。然而一旦他们明白了这三个支柱的深刻含义，就会开始兴奋地憧憬着这些活动能够带给现场的巨大利润。本章中的“城市 5S”案例表明了 5S 怎样把人们团结起来，朝着共同的目标前进，同时也建立起一种改善的文化。

维持厂房环境的五步法

以下是维持厂房环境的五个步骤，各自有一个 S 开头的日语名字。

（1）整理（seri）：区分现场需要和不需要的物品，并且处理掉后者。

（2）整顿（seiton）：将整理后需要的物品进行整齐有序的摆放。

（3）清扫（seiso）：保持机器和环境卫生的整洁。

（4）清洁（seiketsu）：工人自身也要做到干净整洁，并且持续执行以上三步。

（5）教养（shitsuke）：保持自律，通过建立标准养成持续 5S 的习惯。

在推行维持厂房环境这一管理理念的过程中，欧美企业倾向于使用英语中的同义词来代替日语式的 5S，如 5S 运动或是 5C 运动。下面逐一介绍一下。

5S 运动

（1）分类（sort）：将所有不需要的物品区分出来，并去除。

（2）理顺（straighten）：将重要的物品有序排列，便于取用。

（3）刷洗（scrub）：根除污渍、污点、碎片等一切污染，以保持工具和工作场所等一切清洁。

（4）系统化（systematize）：将清洁和检查作为例行公事，形成惯例。

（5）标准化（standardize）：将以上四个步骤标准化，以实现永无止境的改善和提高。

5C 运动

（1）清除（clear out）：明确需要与不需要的物品，并将后者处理掉。

（2）配置（configure）：方便、安全、有序、固定地放置每一样物品。

（3）清查（clean and check）：清扫时检查并还原工作场所。

（4）遵守（conform）：建立标准、实施训练、进行维护。

（5）惯例（custom and practice）：养成常规维护的习惯，力求长足进步。

城市 5S：市民的骄傲

大部分城市都不愿意在外来游客和本地居民面前呈现这样的画面：城市被满是垃圾的街道和公园、不洁且陈腐的公共设施所包围，到处都是肆意破坏和乱涂乱画的景象，好像没有人在乎这个城市的环境一样。人们的天性就是：不论是在企业里还是身处城市，“越糟糕的事情，人们越少关注”，而这已经成为一个恶性循环。

2011 年 10 月，罗马尼亚的三个主要城市决定尝试现场改善，希望能够逆转上面提及的趋势。这样做的原因很简单，它们认为“既然工厂的工作环境可以由工人运用现场改善的方式而变得干净、有序，那城市的面貌为什么不能由普通市民和工人用同样的方式得到改善呢？”在改善实施了几个月后，三个城市都表明这个方法是切实有效的，改善极大地提高了市民的荣誉感。

5S 倡议背后的助推力就是为了提升这些城市的公共形象。组织者希望在工人和普通市民中逐步灌输荣誉感和能够驱使他们主动保持城市设施干净整洁的主人翁意识。他们意识到，改善的真正成功之处就在于全民参与。在全球改善咨询集团罗马尼亚分部的指导下，这些城市举办了一系列训练会、框架性规划会议和一次大的宣传活动。

在一次全国电视采访中，全球改善咨询集团罗马尼亚分部的朱利安·布拉图说：“5S 是一种易于每个人理解并采用的简单理论，无论是学龄儿童还是白发老人。所以，我们正在用 5S 理念完成这次公共改善项目。对于城市秩序和面貌来说，5S 是一种实用的方法。除了基本的清扫规定以外，它也有一系列严格的规章和教育性的手段，可以用来实现城市环境的持续改进及维护。”

在这个项目中，一些具有丰富改善管理经验的企业管理者被邀请过来帮助这几个城市。受自身改善成功的鼓舞，这些组织十分乐意提供物资和志愿者服务来帮助实施 5S。参与此次改善活动的城市的权力机构也为此项目提供了强有力的支持，包括布拉索夫和蒂米什瓦拉市政当局、议会以及阿尔巴·路里阿市政当局。在得到这些机构的支持后，这些城市就划分出特定区域来进行 5S 活动，而且还派遣 50 ～ 150 个志愿者到这些地方。

全球改善咨询集团日本分部吉人田中先生具有丰富的 5S 公共运作项目的经验，此次也被邀请加入到项目中来。全球改善咨询集团日本和意大利分部也为布拉索夫市提供了进一步的帮助。

每个城市负责自己的 5S 项目，并且受现场改善样板地点的鼓舞，这些城市每天还要召开三种会议。

- **信息会议：**傍晚举行。该会议的重点在于对来自不同组织的高层管理者进行培训，包括地方权力机构人士、私营部门管理者和媒体界人士。会上鼓励各位与会者对各种关乎 5S 的主题进行开放式的探讨。
- **规划会议：**上午举行。该会议着眼于采取具体的改善行动。志愿者聚在一起接受具体的 5S 方法培训，稍后继续清理市政当局指定的区域。
- **交流会议：**午餐时候举行。在会议上，志愿者会反馈改善情况，编写新闻稿，当地媒体代表与会并提出新的倡议。

清理队聚焦于城市中改善呼声最高的区域（见图 5-1）。在蒂米什瓦拉这个罗马尼亚第二大城市，在市长和副市长的支持下，60 个志愿者一起清理贝加河的河岸，这个城市引以为豪的美丽的绿色区域。在阿尔巴尤利亚市，由不同年龄段的 150 人组成的志愿者队伍让“The Fortress”这个国家历史地标改头换面。

一名高中学生志愿者说：“我十分高兴能够跟着我的同伴一路为国家做贡献。我们必须坚持下去，这样我们所做的一切努力才会有意义。”

包括 3 名参与改善的城市的市长和副市长在内，已经有超过 250 名志愿者被调动起来，并且 7 家电视台已经报道了这个活动。更重要的是，一个长期的“城市 5S”战略规划已经正在进行中了。

“这是我参与过的这类项目中最好的项目之一，当地企业管理者在项目上所做的贡献令我感到十分吃惊。虽然罗马尼亚的经济条件比日本要差，但是我几乎从未见到这么多人被号召起来在自己的城市里实施 5S。我希望这个项目能够在世界范围内帮助普及改善文化。”吉人田中说。

图 5-1　5S 志愿者正在罗马尼亚做清扫工作

5S 五个步骤的详细内容

图 5-2 显示出 5S 五个步骤之间的关系以及自律性和持续改进在这个理论中的重要性。

整理（分类）

这是维持工作环境的第一个步骤，把现场的物品区分为需要和不需要两类，然后将后者从现场移出或者消除。当然，这些需要的物品的数量需要设定一个上限。经过实地调查发现，每天工作中所用到的物品实际只有很小一部分，大多根本用不到或者很久以后才有可能用到。现场充斥着用不到的机器、

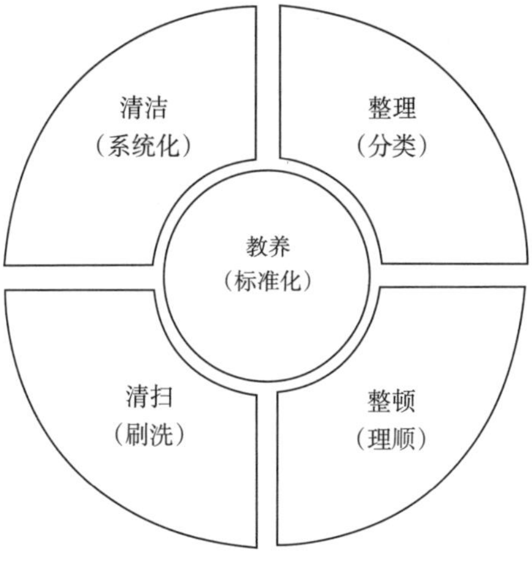

图 5-2　5S 的五个步骤

夹具、模具及工具、不合格品、在制品、原材料、配料、零件、架子、箱子、桌子、工作台、文件夹、手推车、架子、托盘以及其他物品。一个大致的移除原则就是看该物品在未来 30 天能否被用到。

整理通常是由“红单作战”（red tag campaign）开始的。选择现场某一个区域作为整理的场所。5S 小组成员到现场将红单贴在他们认为不需要的物品上。红单的尺寸和数量越多越好。如果无法判定某一特定物品需要与否，那么还是给它贴红单。在活动结束时，此区域或许会贴满数百张红单，好比秋天的枫林一样。

有时候现场的员工会发现贴有红单的物品实际上是需要的。为了保留这些物品，员工必须提供充分的理由。否则，一切挂有红牌的物品必须统统移除现场。没必要保留在现场的物品、未来不会被使用的物品以及没有什么内在价值的物品，都会被扔掉。未来 30 天用不到的，但是未来其他某个时间点用得到的物品会被转移至合适的地方（如仓库）。数量超过现场需求的在制品应该被转移到仓库或者送到负责生产这些多余在制品的工序去。

在整理过程中，你可以敏锐地洞察企业的经营之道。面对这些红单作战遗留下来的堆积如山的物品，员工会被问到一些很尴尬的问题，如“提前生产的产品中套进了多少钱？”他们这才意识到，之前的行为有多么愚蠢。在一家企业，红单作战竟然发现了足够 20 年使用的物料。

管理者和操作员都应该到现场去亲眼看看，这样才会相信现场浪费的事实。对于管理者来说，这是一眼就能看清员工如何工作的最直接的方式。比如，管理者发现了大量的物料，他们就应该询问：“我们给供应商下订单的系统流程是什么样的？我们的采购人员下订单时依据什么样的信息？生产单位与生产排程人员之间的沟通是用什么样的方式进行的？难道负责采购的人员就是简单地在他们认为合适的时间下单吗？”

管理者发现提前很长时间生产的在制品后，应当严厉地质问：“为什么我们的员工要生产出没有急切需求的在制品呢？他们基于什么样的信息启动生产的？”这样的情形表明制度上有严重的不足，如在现场生产和采购之间的控制不足等。这同时也显示出应对生产排程的变化时柔性的不足。

红单作战的最后阶段，包括总经理、厂长和现场经理在内的所有管理者都应该集合起来好好审视一下这些成堆的物料、在制品和其他现物，然后开始对现行的可能造成浪费的系统进行改善。

因为去除了以前不需要的物品，遗留下来的都是需要的物品，所以通过红单作战不仅剔除了不需要的物品，腾出了空间，还加强了工作区柔性。在此阶段，必须确定零件、物料、在制品等必要物在现场的最大存放量。

整理也可以被应用在办公室的个人工作中。比如，一般桌子都有两个或两个以上的抽屉，而物品经常被随意杂乱地放在里面，在并排的抽屉里也许不仅可以发现有铅笔、圆珠笔、橡皮、书写纸、橡皮筋、名片和剪刀，而且还有牙刷、糖果、香水、阿司匹林、硬币、小刀、雪茄、首饰、绷带及其他物品。这些物品必须先按照用途分类。在仅有两个抽屉的桌子上，办公用品和私人用品应该各占用一个。

然后再来决定每一项物品的最大放置量。比如，我们决定在一个抽屉里只放两支铅笔、一支圆珠笔、一块橡皮擦和一本笔记本等。那接下来必须从抽屉内移除任何超过最大数量的物品，然后将其放置在室内的一个办公用品储存区内。有时候我们称这个储存区为“循环金库”。当抽屉里的物料用尽了，员工就去“循环金库”进行补充。负责管理金库的人员要留意存货数量，一旦存货降至最少量时，必须订购更多的物品。

把办公抽屉里的物品消减至最低量，可以避免出现将铅笔、纸张及化妆品等必需的物品混在一起的现象。这个过程能够开发员工的自律能力，提升保存记录的能力，提高高效工作的能力。

整顿（理顺）

当整理工作实施完毕之后，所有不需要的物品都已经从现场移除，且剩下的现场所需物品已达到数量最少。如果这些所需品（如工具）被放在离工作台很远或者一个找都找不到的地方，那么就没用了。所以，这就需要我们进入 5S 的下一个阶段：整顿。

整顿指的是将物品按照用途分类，按照最短的寻找时间和最小的寻找工作量安置。要做到这一点，每项物品必须有名称标签、地址和数量。必须明确以及物品在现场存放的最大数量。例如，不能无限制地生产在制品，而箱子的地面位置必须清晰地勾画出来（如画一个矩形区域以限制范围），箱子的最大允许存放量（如 5 个）必须要标明，然后在该区域限定高度处（即 5× 单个箱子高度）设置标志物以防箱子堆放的数量超过 5 个。当库存达到最大水平时，停止前一道工序的生产。下一道工序消化不了的产品也没必要生产。这样，整顿保证了现场的物资能够以最小的数量按照先进先出的原则一站一站地流动下去。

大野耐一曾经参观一家公司的装配线。当被邀请评价一下生产线时，他说："你们在制品库存太多了。只要留下最小数量的在制品，把多余的送回上一道工序。" 大量的压制金属片不得不被送回冲压车间，而那里的操作工不得不在大量压制金属片的包围下工作，整个环境就像在监狱中一样。这就是告诫人们的最好方法："工人工作越努力，公司损失的钱越多"。

现场留下来的物品应该标明放置在哪个区域，即每个物品都必须有自己的存放地，相应地，现场的每一块地方都应该有标识。每道墙都应该被标上诸如 A1、B2 等的编号。诸如物料、在制品、消防栓、夹具、模具、手推车这些物品应该带有地址标识或者用特殊的标记表明它们应该在的位置。地上或者工作台上的标记指示了恰当的在制品、工具等的位置。比如，在地面上喷涂一个矩形，用来给装有在制品的箱子划定区域，区域大小由此处应存放的最大数量的在制品所需的空间决定。这样一来，任何有违箱子指示数量的信息立马可以显现出来。（熟悉及时制的读者就会意识到这是引入拉式生产系统的第一阶段。）工具应该放置在触手可及的地方，易于拿放。物品的轮廓应该勾画在应放的位置表面，如果这些物品正在被使用，那么我们一眼就可以看出来。

过道也应该清晰地做标记。正如其他区域指派的物料和在制品一样，过道是用来搬运的。所以过道绝不能遗留任何物品！过道应该要足够干净，以至于任何留下来的物品都会很显眼，进而便于监管人员及时发现异常并采取补救措施。

清扫（刷洗）

"清扫" 的意思是清洁工作环境，包括机器、工具、地面、墙面和工作场所的其他区域。有句格言叫 "清扫就是检查"。清理机器的工人能够发现很多机器故障。当机器被油污、烟灰、灰尘等覆盖时，潜在的问题将很难被发现。然而当工人清理机器时，他们就很容易发现漏油、表面裂痕或者螺栓螺母松动这些问题，而且这些问题一经发现立刻就可以解决。

据说大部分的机器都是因为震动（如螺栓螺母松动）、外来颗粒如灰尘进入（如由于表面开裂引起），或者润滑不够和渗油才损坏的。出于这些原因，清扫对于操作员来说是一个极好的积累经验的过程，他们可以在清洁机器的时候得到很多有用的发现。

我以前在一家制造木制地板的工厂参与清扫活动。这家工厂有许多电锯类的木工工具或者机器。所有的高层管理者都跟操作员一起参与到清扫中来，包括总经理在内。（据说这是员工第一次见到总经理穿着工作服拿着扫帚出现在现场。）

当高层管理者清洁机器外部、墙面、天花板上的横梁时，他们一遍遍地惊叹着："这简直难以置信！"墙壁上已经黏上一层厚厚的木屑和灰尘。在清理碎屑时，财务总监还发现墙壁边上裸露的电线，而且电线外层的胶皮已经老化得很严重了。他对工厂从来没有发生过火灾感到十分惊讶和庆幸。

清洁（系统化）

清洁的意思是员工不仅要通过合身的工作服、安全帽、手套和鞋子保持个人整洁，同时也要保持工作环境清洁、健康。清洁的另外一个解释就是每天坚持执行整理、整顿和清扫。

整理的过程简单，而且一次就可以实现很多改进，但倘若不努力去坚持进行这些活动，情形又将会回到初始状态。在现场做一次改善是很简单的事情，但是每天坚持做改进确实是非常困难的事情。管理必须采取系统的流程来保证整理、整顿和清扫的持续进行。因此，管理者的承诺、支持和 5S 参与度显得至关重要。管理者必须确定一些问题，如整理、整顿和清扫这些工作应该多久做一次、谁来参与等，这些应该是年度计划排程的一部分。

教养（标准化）

教养的意思是自律。自律的员工，是能够持续践行整理、整顿、清扫和清洁的人，是能够将这些活动视为日常工作的一部分的人。

5S 称作日常生活中的哲学。5S 的本质是实行已经达成一致的事情。它起始于区分我们在现场不需要的物品（即整理），经过对现场我们需要的物品的合理排序和安放（整顿），再到我们可以在一个清洁的环境中轻易地发现异常（清扫），最后以上三步必须被持续维持（即教养）。员工必须每一步都遵守已经建立的和达成一致的规定，当到了教养的阶段他们就有了遵守以上规定的自律意识。这就是我们为什么把 5S 的最后一步称作自律的原因。

到了最后阶段，管理者应该已经为 5S 的每个步骤建立起了标准，以确保在现场按照这个标准执行下去。这个标准自然也应该包含评估五步中每一步的方法。

一家化工企业的现场管理者曾经告诉我，当他让现场操作员测量流程上的一些关键参数，并把它们标在控制图上时，操作员并不是很认真地去完成这项任务：数据总是停留在控制图的中心。但当 5S 得到实施后，每位员工都能够养成自律的习惯。这位管理者发现，操作员的态度已经发生了变化，控制图上的数据开始出现了差异。

5S 的每个阶段相应的评估方法为：

- 自我评估
- 专家评估
- 上级评估
- 综合上述评估
- 现场小组之间竞争

工厂的管理者应当在员工之间建立起一种竞争意识，然后他就可以在现场去检查 5S 的实施状况，并且选出最好和最差的。最好的可以得到奖励，相反，发给最差的一把扫帚和一个水桶。后者就有了做得更好的动力，使得别的小组将会在下一回合领到这些物品。

为了检查过程，工厂厂长和现场管理者必须定期实施评估。员工只有在第一步被认可了之后才能继续向下一步努力，这样他们就会产生一种成就感。

清扫完成后，管理的精力应该放在新的领域，即维护并保持良好的势头和士气。在努力实施了整理、整顿、清扫，现场得到很大改善之后，员工就会开始想："我们已经成功了！"并且开始休息以至懈怠（甚至会出现不再努力的糟糕情形）。现场必须强力迫使其回到原来的状态。这就使得管理者必须建立起一套体系来保证 5S 能够持续进行。

5S 的引进

改善重视过程，也同样重视结果。为了使员工能够持续进行改善，管理者必须精心计划、组织和执行 5S 活动。经理时常希望很快地见效，于是就跳过一些很重要的步骤。5S 不是一时流行，不是一种短暂的时髦，而是不断前进的生活的一部分。因此，任何改善项目都必须包括后续的步骤。

由于改善涉及人们对改变的抵触，因此，开始行动前的第一步应该是让人们从心理上接受 5S。作为实施 5S 的一个准备工作，以下这些对 5S 哲学及其好处的介绍是必不可少的。

- 营造干净、健康、舒适和安全的工作环境。
- 让现场焕然一新，提升员工斗志。
- 通过减少寻找工具的时间、简化操作工的操作、减少繁重的体力劳动、节约空间等措施来消除各种浪费。

管理者也应该了解现场的 5S 可以给公司整体上带来的好处：

- 帮助员工培养自律。自律的员工会坚持实行 5S，采取积极的改善态度，并且能坚持标准。
- 凸显出现场的各种浪费。发现问题是消除浪费的第一步。
- 消除现场的浪费，强化 5S 流程。
- 精准地找出异常，如不合格品和过量的库存。
- 减少浪费的动作，如行走和费劲的动作。
- 使得物料短缺、生产线不平衡、机器故障以及交期延缓等问题一目了然，以便及时解决。
- 用简单的方式解决现场突出的物流问题。

- 让质量问题明显化。
- 提高工作效率，减少操作浪费。
- 通过清理油滑的地面、脏乱的环境、不得体的着装和不安全的操作来减少工业意外事故的发生。尤其是清扫可以提高机器的可靠性，因此方便维修工腾出时间处理突发事故。因此，工程师也可以集中精力到源流的问题上，如预防性保养、提前维护、和设计部门一起开发零故障设备。

一旦管理者自己了解了这些好处并且确保员工也了解，便可以开始进入改善的下一步了。

第6章 Gemba Kaizen

浪　费

有一天，大野耐一仔细视察了现场的作业员，对他们说："我可以请求你们，每天做至少一个小时的工作吗？"作业员听了义愤填膺，因为他们自认为整天都在努力工作。然而事实上，大野耐一的真正意思是指："你们每天有没有做至少一个小时创造附加价值的工作？"他知道作业员在现场走动会花去大部分的时间，而没有增加任何价值。在日本，任何没有创造附加价值的作业就称为浪费。大野耐一是第一位意识到现场存在着大量浪费的人。

日文" muda"是浪费的意思，但是它还有更深层的含义。工作是由一系列的流程或步骤所构成的，把多种投入或原材料变成最终的产品或服务，每一个流程都要为产品（在服务行业，则为文件或者其他信息）创造附加价值，然后将产品（或服务）送往下一个流程。每个流程里的资源，不管是人还是机器，都只有创造附加价值和不创造附加价值两种状态，浪费即是指不能创造附加价值的所有行为。大野耐一把现场的浪费分为以下七类：

- 生产过剩的浪费
- 库存的浪费
- 不合格品的浪费
- 动作的浪费

- 加工的浪费
- 等待的浪费
- 搬运的浪费

因为任何不能创造附加价值的事情都是浪费，所以我们几乎可以无限拓展上述的分类。在佳能公司，浪费的分类如表 6-1 所示，最后“说明”一列予以解释。

表 6-1 浪费的分类以及如何消除

浪费的种类	浪费的本质	如何消除	说明
在制品	不是立刻需要的存货	流水线库存	避免错误的规模经济，比如因换模时间长造成的大批量生产
不合格品	生产了有缺陷的产品	减少不合格品	改变会有缺陷的流程
设备	闲置机器、故障、过多的换模时间	增加产能利用率	通过减少损失来增加产能
固定费用	为产量而过度投资	减少花费	使用可附加的设备㊀、3P 流程㊁、产量可变的流程设计
间接人工	不完善的间接人工系统导致的过多劳动力	合理有效地分配工作	全面绘制间接流程，以找出不能为客户创造附加价值的流程
设计	生产的产品有不需要的功能和特点	降低成本	仅根据客户需求来设计产品的功能与特点
人员能力	一些工作本来可以机械化或者可以雇用能力更低的人	采取“节省劳动力”或者“劳动力效率最大化”的措施	把工作分配给最适合的人，特别是需要创造力和智慧的工作
动作	没有根据作业标准来工作	改进作业标准	将已知的最安全有效的方法定为作业标准，并且加以培训
新产品产能提升	新产品投产时不稳定，需要一个缓慢的产能提升过程	通过调整，快速实现满产能生产	用纸板模型来模拟工艺流程，试生产，沿用良好的设计经验

资料来源：Masaaki lmai, *Kaizen: The Key to Japan's Competitive Success* (New York: McGraw-Hill, 1986).

㊀ 可附加的设备，additive equipment，指单机产能不大，但可以通过增加机器数量实现产能增加的设备。——译者注

㊁ 3P 指 production preparation process，即生产准备流程。——译者注

生产过剩的浪费

生产过剩的浪费是由区域主管的心态造成的，他会担心机器故障、不合格品以及员工缺勤，因此他觉得有必要出于安全考虑，生产比需求更多的产品，这种形式的浪费是由于生产进度提前造成的。如果牵涉到昂贵的机器，通常会为了提高利用率而忽略生产需求。

然而，在及时制生产方式里，进度提前比滞后更糟糕，生产过剩会造成巨大的浪费：提前消耗原材料，浪费人力及设施，增加机器负荷，增加利息负担，需要额外的空间来储存多余的存货，以及增加搬运和管理成本。在所有的浪费中，生产过剩是最严重的，它带给人们一个安心的错觉，掩盖了各种问题，并且隐藏了在车间里可供改善的线索信息，甚至可以说这是一种犯罪。生产过剩是由下列错误的观念及方针造成的：

- 没有考虑下一道工序或者整个生产线的确切生产速度，而只是尽其所能地生产。
- 给了作业员过度的活动空间。
- 让每道工序、每个生产线都仅注重于提高自身生产率。
- 由于一次通过率低，并且没有生产线停工处理质量问题的机制，因而不得不加速生产（一次通过率指全部产品中不用返工的比例）。
- 因为有多余的产能，所以允许机器生产的多于需求的。
- 引进了昂贵的机器设备，为分摊折旧，而提高其利用率。

库存的浪费

库存的成品、半成品、零件及物料不会产生任何附加价值，反而增加了营运成本，因为它们占用了空间，需要额外的机器及设施，如仓库、铲车以及自动化输送系统。此外，仓库又需要额外的人员来操作和管理。

多余的库存品只能积灰，不会创造附加价值，其质量日趋降低。更糟的是，如果碰上火灾或是其他天灾人祸，这些库存品难免毁于一旦。消除了多余的库存，也就减少了很多的浪费。存货是由生产过多所造成的。生产过剩会导致库存的浪费，如果说生产过剩是犯罪，那么库存就是需要被消灭的敌人。不幸的是，我们都知道如果没有“足够的库存”，管理人员甚至会寝食难安。库存有时被比作为隐藏问题的水库。如果库存很多，管理者就感受不到问题的严重性，如质量问题、机器故障及员工缺勤等，也因此失去了改善的机会。

少量的库存有助于定位问题的所在，也迫使我们马上处理问题。这正是及时制生产方式所追求的目标：当库存水平降低并且最终达成单件流生产线时，改善就成为每天必不可少的工作了。

不合格品的浪费

不合格品干扰了生产活动，也需要昂贵的返工费用。通常这些不合格品会被扔掉，这是资源及设备的极大浪费。在当今大规模生产的环境中，一部失灵的高速自动化机器在问题被发现之前，就已经吐出了大量的不合格品。不合格品有时也可能伤害昂贵的夹具和机器。因此，必须指派人员站在一旁监视这种高速机器，一旦发现异常，马上使机器停止。

供应商经常抱怨在与顾客交易时，总是有太多的书面工作，设计也总是过多地变更。就广义而言，这两种问题也是浪费。减少繁文缛节、简化操作、剔除不必要的流程及加速制定决策时间，这样可以消除过多书面工作所造成的浪费。过多的设计变更会导致返工的浪费，如果设计师一次就把工作做好（如果他们充分了解顾客、供应商及现场的需求），那么他们就能消除由于设计变更所造成的浪费。改善可以像用在现场一样，有效地用于工程项目。

动作的浪费

任何不能直接创造附加价值的动作，都没有生产力。例如，人在走路时没有创造附加价值。特别是应该避免需要作业员某个身体部位非常发力的动作，如提举或携带重物，不仅是因为这很费力，也因为这里有浪费。如果工人需要携带重物走一段距离，那么我们可以通过对工作场所重新布局来消除这一情况。如果我们仔细观察工人的工作，就会发现真正有附加价值的时间只有几秒钟，其余的动作都没有附加价值，如拿起或放下工件。我们经常可以看到工人先用右手拿起工件，然后交给左手。举个缝纫机作业员的例子，他会先从供料箱中拿出一叠布料，放在机器上，然后才拿起一块布料放进缝纫机缝制，这就是动作的浪费。我们应当重新摆放供料箱，使作业员能每次直接拿一块布放进缝纫机缝制。

我们需要仔细观察作业员如何使用他们的手脚，以发现动作的浪费，随后重新布置零部件的摆放位置，并且开发合适的工具和夹具。

加工的浪费

有时不当的技术或设计，会造成加工作业本身的浪费。机器加工工艺过长或过度加工、冲床没有生产力的冲压以及去毛边的动作，都是加工浪费的例子，这是可以避免的。在每一道加工步骤中，我们为工件或者信息添加价值，然后才送去下一道工序。在此，加工是指对一个工件或一条信息进行有目的性的改变。运用常识性、低成本的技术，通常可以消除加工的浪费；通过作业的合并，也可以避免一些加工的浪费。例如，在一家生产电话机的工厂，听筒和机身在不同的生产线上装配，然后再送到一处组装。为避免电话听筒在运到最终装配线时表面被刮伤，每一个听筒都用塑料袋包着。然而，如果将听筒装配线和最终装配线连在一起，就可剔除包塑料袋的作业。

在许多情况下，加工浪费也是由于流程无法同步造成的。作业员总是试图把工作做得很精细，远远超过要求的水平，这也是加工浪费的另一个例子。

等待的浪费

等待的浪费发生在作业员双手空闲的时候。例如，当生产线不平衡、缺料或是机器故障，造成作业员停下工作；或者机器在进行加工增值时，作业员在旁监视。我们很容易发现这一类的浪费，而较难以发现的是当机器在加工或装配工作时等待的浪费。即使作业员努力工作，还可能有几秒到几分钟的时间浪费在等待下一个工件的到来，在这段时间里，作业员只是单纯地盯着机器。

搬运的浪费

在现场可看到各种不同的搬运设备，如卡车、铲车和传送带。搬运是工厂营运的一个主要部分，但是移动这些材料或产品，并不能产生附加价值，更糟的是，在搬运过程中，会经常发生物品的损伤。两个分离的流程之间就需要搬运，为了消除这里的浪费，任何与主生产线分离的所谓离岛作业，应该尽可能并入主生产线内。

和过多的库存及无谓的等待一样，我们也能轻易发现搬运的浪费。大多数西方公司的一个显著特点，就是过分依赖传送带。像这样的布局，有时令我怀疑，设计它们的工程师是不是轨道交通爱好者。每当在现场看到输送带时，我们的第一个问题就应当是："能不能去掉它？"公司最好的做法，就是将传送带卖给竞争对手，最好再加上包装，免费送给他们。

改善顾问师格雷格·贝克，回忆他在一家知名的德国汽车制造公司担任顾问的经历。他和同事在冲床车间，为多功能冲床减少换模和准备时间。在项目初期，贝克预计在周末前，不做任何技术改进，将准备时间减少 50%（原来是 10 个小时）。主管和工人都不敢置信并且火冒三丈："难道这么多年来我们都是在睡觉吗？"

然而，换模准备时间成功在周末之前降为 5.5 个小时，这主要是由改变工作的方式来实现的。例如，配合实施 5S，将换模的内部工作转变为外部工作等。在之后的两个月里，通过额外的细微处技术改变，并进一步实行标准化，该公司凭借自身的努力，将换模时间缩短为 3.5 个小时。

后来，冲床生产线的领班向贝克道歉："刚开始当你们告诉我，所看到的这些可能性时，我非常生气。毕竟，我是这方面的专家，而我的手下也很优秀。但是，我还是对自己说：好吧，就让这些改善顾问去伤脑筋吧！现在我已看到了成果，以及你们是如何做的，我也开始反思，为何以前都看不出这些浪费。我又想了想自己以前是怎么做的，我只看到工人很忙、很努力，而从来没有仔细看看他们在做些什么事，他们是如何做的，以及为何必须这样做。他们很忙，抱怨工作太多、工作不好做、经常要花很长的时间。我从来没有好好地观察现场的作业流程！”

山叶发动机公司的总经理杉山友男，提出一个现场的“消除工程”（less engineering），并且设计了一张“消除工程项目表”，从而强调需要被消除的浪费。杉山友男为了让现场工人能够更容易地找出问题，而提出“消除工程”这个词。虽然这个听起来不像真正的术语，但它却能唤起员工的想象力。随着在日本“没有尽头的磁带”（endless tapes）及“无内胎轮胎”（tubeless tires）等词汇的风行，使得“消除”(less）成为一个常见的字眼。⊖

人员（作业员）

- 消除观看 (look-less)
- 消除走动 (walk-less)
- 消除寻找 (search-less)
- 消除限制 (block-less)

机器

- 消除空气 (air-less)
- 消除传送带 (conveyer-less)
- 消除切削空气 (air cut-less)
- 消除冲压空气 (air press-less)

物料

- 消除螺栓 (bolt-less)
- 消除毛刺 (blur-less)
- 消除等待 (wait-less)
- 消除停留 (stop-less)

方法

- 消除瓶颈 (bottleneck-less)
- 消除库存 (stock-less)

⊖ less 化指的是在一些单词的后面加上 less，表达不用、不要、消除或消灭的意思。——译者注

质量

- 消除不合格品（reject-less）
- 消除粗心造成的错误（careless mistake-less）
- 消除不合标准（nonstandard-less）

杉山友男开创了名为“消除工程”的改善活动，并被广泛接受。例如，该公司提出了关于消除空气工程的三项原则：

- 不要搬运空气
- 不要储存空气
- 消除不会创造附加价值的空间

杉山友男发现在摩托车的消音器及排气管的包装里，空气占了93%，他就针对这一浪费进行改善，从而实现大量节省。此后，为了更有效地利用仓库空间，同样采取减少空气的原则。山叶公司根据这一经验，设计了以货币形式计算节省空间的公式，并且发动了全公司“消除空气”的运动。

在杉山友男的心目中，每一个人只要能用心去发现浪费，都可以为“消除工程”添砖加瓦。

时间的浪费

日常工作中的另外一种浪费是时间浪费，虽然大野耐一的七大浪费理论里没有包括这一浪费。时间利用得不当就会造成停滞，始终待在同一个地方的材料、产品、信息及文件是不会产生附加价值的。在生产车间，暂时停滞的浪费，是以库存的形式存在的；在办公室里，这一浪费发生在文件或信息放在桌上或是在计算机内，等待决策或签名时。只要有停滞，就会有浪费，同样的情况，七大浪费也会造成时间的浪费。

服务行业中浪费的分类

我的同事在全球改善咨询集团里主导了许多改善的转型活动，他们发现不论什么样的作业流程或是业务部门，都有浪费存在。同样是七大浪费，在工程、医疗、软件开发、零售、农业、港口、地方政府等地方都有不同的体现。图6-1展示了服务行业中典型损失的分类。

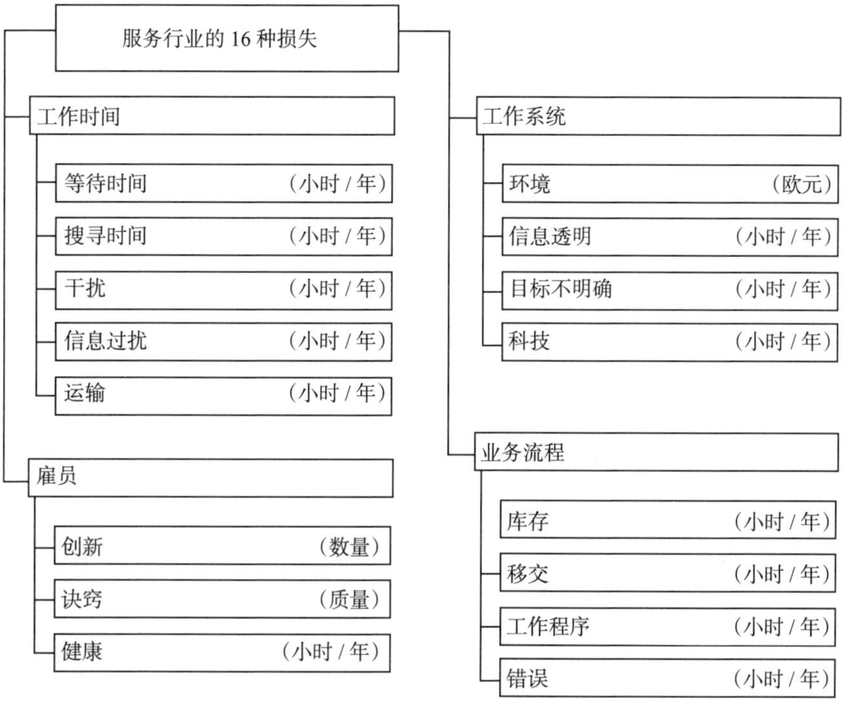

图6-1　量化白领浪费的“损失树”模型

2004～2010年，全球改善咨询集团和德国弗朗霍夫协会（Fraunhover Insititute）[⊖]进行了一系列研究，发现白领员工能发现工作中27%～38%没有创造附加价值或者浪费的行为，图6-2为调查问卷。

改善的理念能为办公室里的工作节约很多时间，而且常常内容简洁。“如果你站着开会，那么就会比坐着开会更有效率。”全球改善咨询集团的高级顾问塞巴斯蒂安·雷蒙说：“这通常能节省将近50%的会议时间，你可以按周或年来计算。”

⊖ 弗朗霍夫协会，又译“弗劳恩霍夫协会”，是德国乃至欧洲最大的应用技术研究机构。——译者注

观察对象：每周工作时间

	小时	%
总工作时间	40.7	100

时间损失的原因	描述	小时	%	排序	最少	最多
搜寻	文件、档案等各种类型的信息	1.5	3.7	4	0.0	10.0
等待	IT 程序、同事、签名等	1.5	3.7	5	0.0	12.0
干扰	实际工作中由干扰造成	2.5	6.2	1	0.0	11.0
寻觅	不见了的信息、失去联系的同事	1.8	4.5	3	0.0	15.0
参与	没有效率、时间过长的会议，并且没有结果	2	5.0	2	0.0	8.0
整理	过量的信息、广告、电子邮件、垃圾邮件等	1.2	2.9	8	0.0	13.0
澄清	委托不清、不明确或者混乱的任务	1.4	3.5	6	0.0	10.0
纠正	不正确、不完整的输入	1.4	3.4	7	0.0	12.0
追踪	复杂、冗长或官僚化的流程	1.2	2.8	9	0.0	10.0
传递	用于复印或张贴的纸张等	0.9	2.3	10	0.0	5.0

总时间损失	15.4	38

实际有生产效率的时间只有：

净工作时间	25.3	62

图 6-2　办公室里的时间损失研究：调查后的结果

尽管信息技术使商务变得更有效率，但仍旧存在很多浪费，需要改善来消除。“如果能够测量以下两个数据并且加总，你会惊讶的。你每周用多少时间来整理过量的信息？你从作业流程中获得所有信息需要用多久？”雷蒙说。

传统方法虽然也能更好地改进机器、软件和管理项目，但总会增加成本。而消除浪费在注重减少现场成本的同时，改善了质量和交期。

这种浪费在服务业中更为普遍。通过消除前述的没有附加价值的时间瓶颈，服务业应当可以很大程度地提高效率和用户满意度。因为几乎没什么代价，消除浪费成为了公司改善营运最简单的一种方式。我们所需要做的，就是去现场，观察正在进行的作业，发现浪费，然后采取行动消除它。

浪费、不均、无理

浪费、不均、无理，经常一起使用，在日本并称“3 MU”。就如“浪费”提供了改善开始时的便携查核表一样，“不均”及“无理”这两个词堪称现场改善开始时的便携备忘录。“不均”有“变动”的意思，而“无理”则指的是“滥用或过载”。任何事，只要费力或不规律，就表示有问题。而且，不均及无理也构成了必须消除的浪费。

不均

一旦本来平稳进行的工作中断，或是零部件、机器没有跟上，抑或是生产计划发生意外，就会产生不均。例如，假设作业员在流水线上工作，每个人都在重复规定的动作，然后送到下一个工人处，只要有一个人用的时间比别人长，就会产生不均和浪费，因为这样每个人都不得不配合最慢的那个作业员。不均的概念也可用于产品、服务质量的变动上。在流程间或加工结果上寻找这种变动，是开始现场改善的捷径。

无理

无理是作业员、机器以及工作流程的一种“费劲状态”。例如，一个新雇的作业人员，如果没有接受充分训练就接替有丰富经验的资深工人，那么他就可能不堪负重，从而效率低下，甚至犯很多错误，最终导致浪费。

当我们看到作业员工作时挥汗如雨，就应该意识到工作强度过高，并考虑减少压力。当我们听到机器中吱吱作响，就该意识到负荷过重，有异常情况正在发生。因此，结合浪费、不均和无理，就是检查现场是否有异常情况的便捷手段。

消除浪费在所有的改善活动中是最易着手的，因为一旦人们懂得这些技巧，就容易发现浪费。消除浪费通常表示，要放下一些一直在做的工作，然后花少量代价来改善。为此，管理部门应当积极带动改善事业，首先就是消除浪费，无论是在生产现场、行政部门，还是在服务提供过程中。

消除公共部门的浪费

非洲联盟（以下简称非盟）由 54 个国家组成，通过颁布共同的社会和经济政策，来倡导和平、稳定和良好的治理。正如其他许多公共服务组织一样，它从不同捐赠者那里获得的资源很有限。为了尽可能地利用资源，非盟想要倡导一种又好又省的文化，这就需要培养官员对改善原则和方法的认知。

为帮助实施改善，全球改善咨询集团结合公共部门的实际设定了一系列现场改善的准则。图 6-3 为公共部门改革的 4P 模型。

第一项是“人员参与”，包括激励高层管理者以及培养员工成为“改善标兵”。14 个月以来，全球改善咨询集团认证了超过 100 名非盟员工，覆盖了 4 个部门，包括行政与人力资源部、财务部、会议服务部以及医疗中心。

第二项是“工作现场改进”，运用像 5S 和可视化管理的方法，找出并消除浪费，从而改善工作环境。这转而增强了非盟的士气。第三项是“流程改进”，第四项是“政策评估”，这两项是建立在前两项坚实的基础上的。

非盟的职员完成了 100 多个现场改善项目。这些项目的主要目标是改善流程交付周期，政府部门的流程交付周期通常非常长，使其公共服务显得缓慢、浪费且没有竞争力。通过改善可以减少各种事务流程的传递、积压和等待方面的浪费，进而提升速度、效率以及客户满意度。例如，发放身份证件的时间从原来的

11 ～ 13 天，缩短为不到 1 天。

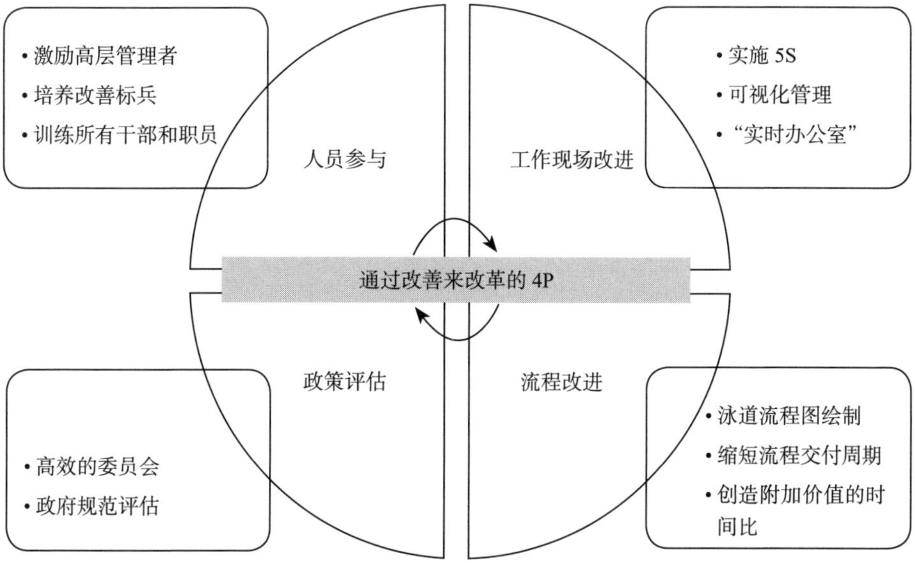

图 6-3 公共部门改革的 4P 模型

职员薪酬发放的流程也进行了交付周期缩短，把先前的 6 个步骤缩短为 1 个步骤的流程。通过对各种活动实施标准化，以及对排班的负荷水平进行均衡化，成功将这一部门的流程交付周期从平均 24 天缩短为最多 4 天。

采购医疗用品或者其他商品的流程交付周期也大幅减少，从 10 个月降为 3 个月，这是实施信息 5S、基于用途和优先权对商品进行分类以及为需求调整采购政策的结果。

政府部门的浪费通常被称为"官僚主义"——大量的书面工作、过长的流程交付周期以及整合不良的子流程。所有这些造成了对管理机构"效率低下"与"心不在焉"的成见。为了消除这些浪费，需要流程中的员工积极参与，这可以通过 4P 模型来完成。在非盟，改善让人民公仆能够又好又省地改进服务。

Gemba Kaizen 第7章

现场之屋的基础

根据丰田公司自己的说法，它之所以能成功地维持追求卓越的文化，凭借的是其战略中的两大支柱，分别是“改善”和“尊重人性”。丰田称之为“丰田之道”。我曾长篇大论地介绍过改善，在全球巡回演讲，我也曾试图精确表述现场改善，这是一个以人为本的系统，也只有当以人为本时才会起作用。

然而，我曾看到过许多倡导精益生产的公司，把改善的重点放在改善和丰田生产方式中的工具和技术上，却忽略了以人为本的重要性。我鼓励所有学习改善的学生以及教导改善的老师，认真阅读本章以及第9、10、13章，其内容专门针对主管、经理和总裁。

第2章提到过，现场之屋需要有员工参与这一坚实的基础，例如团队合作、提高士气、自律、质量小组、提案建议制度，以及相关的日常事务——沟通、授权、技能发展及可视化管理。管理部门必须承诺持续不断地进行这些活动。只有当员工士气高涨、懂得自律，并且有改善意识时，他们才会做好维持及改进现行标准的工作，从而达成QCD目标以满足顾客。

大部分没有受益于改善活动的公司，都是由于在引进这一理念之初没有建立起必要的基础。幸运的是，我们不用等到所有基础建立完备，并且现场每一个人都转变了观念后，才能看到改进的效果。员工一旦参与改善的工作，就能改变他们的想法和行为。例如，在现场实施了健全的 5S 后，员工就会自觉地遵行他们所承诺的事务。现场改善产生的效果如此深远，以致现场的作业员能够第一时间发现其中的好处。

乔治食品公司的作业员玛丽娜·柯卡利对她自己在公司里的改善经历做出了如下评价：

改善活动一开始，每个人都为之震撼，有些东西不一样了。以往员工来这里只是为了工作，获得固定的报酬，然后回家。而现在改善让人大开眼界——我认为它确实做到了，它能让人三思而后行。我想我们已经学到了，将工作做得更好，是为了我们自己，而非为了外面的任何人。我们的工厂看起来更干净、整洁，并且更安全。

我个人认为，改善不仅在工作上对我有所帮助，在家里也同样如此。改善使我三思而后行，每天都想做得更好。我们不想再等问题发生后才采取行动。无论在哪里，我们都想把工作做得更好。不是为了问题本身，仅仅是为了做得更好，这就是改善教给我们的。

学习型企业

比尔·福特是澳大利亚新南威尔士大学工业关系研究中心的一位客座荣誉教授，他提倡学习型企业的观念。他引用迪克·杜塞杜普“训练是用在猫狗身上的，人需要的是学习”的这一观点，并且说道：

一家学习型企业，就是企业内的每一个人、团队及企业本身，都不断地学习，并且分享知识技能的发展、转移及应用，从而持续发展，不断获得竞争优势。这样的企业有团体工作的氛围，利益相关者（股东、经理或者工人）有着共同的发展目标。

为了建立现场改善的基础，我们追求共同的目标，也就是建立一家包含管理层和工人在内的学习型企业，来实现共同的目标与价值。改进是一种生活方式，员工为自己的工作感到自豪，他们不断提高自己的技能，也有权在现场解决问题。可以将工作看作一项使命，一个实现满足感与自我成长的途径。

所以，现场应当成为学习的大本营。为建立学习型组织，管理层必须为现场员工提供学习经验。如前所述，现场学习的工具，大部分依赖一些常识及简单的查核表——问五次为什么；5S；浪费、不均和无理；以及遵行不接受、不制造、不流出的信条。

在现场的学习必须以人类基本价值观为基础，如尊重人性、重承诺、果断、节约（资源的合理利用）、清洁并且有秩序。这里的“学习”是“实践”的同义词。现场员工需要的不是太多的理论教导，而是实践及演练的学习机会，身体力行，动手动脑。东海神荣公司引入了5S和标准化，其总裁田中义人说：“回想起来，我们领悟到自己的工作就是去做那些应该做的事，也就是那些我们承诺要做的事。换句话说，一家优秀的公司体现在每个人各司其职。同时，我们领悟到，最好的学习经验来自身体力行的实践，纸上谈兵是不够的。”

这就是为什么日本总是强调在现场改善活动中进行实践。以下是实践现场改善的十条基本准则。

- 摒弃墨守成规的生产理念。
- 思考怎样去做，而不是为何不能做。
- 不要找借口，从质疑现行的做法开始。
- 不要追求十全十美，即使只能完成目标的50%，也要立即动手做。
- 立即改正错误。
- 不要为改善花钱。
- 碰到困境时才会迸出智慧的火花。
- 问五次为什么，找出根本原因。
- “三个臭皮匠，顶一个诸葛亮。”
- 记住，改善的机会有无数多个。

在现场，员工工作时的种种习惯根深蒂固。一旦开始现场改善，就必须克服这些强烈的心理抵触。上述的十条准则有助于管理层引入现场改善。

就如日本公司在推行现场改善时要面对一些阻碍一样，西方的公司也必须做好面对这些阻力的准备，并且坚定不移地实施现场改善。

吉姆·克劳福德是Excel公司的价值管理及产品研发的副总裁兼执行董事，多年来在公司里推行改善活动，以下是他个人的观察结果：

改善对我个人影响最深的，就是了解到我们的工作流程，是通过一连串的作业方式衔接而成的。这一认知使我领悟到，我们可以通过改进工作流程，来显著地取得长期效益。

我曾认为干得越快越勤，就越能取得激动人心的成果。但这样努力的结果往往让人失望，如何大规模地改进仍旧令我困惑。

我们抱着对快速飞跃式改进的坚定信念，增加人力和物力，想方设法，却最终都没有达到目的。

我们只能通过改进工作的流程来改进成果，这是一个简单的道理，但常常不被理解。问题的关键在于为什么管理者不太能理解这一概念，希望通过我个人意见的分享能让你们找到答案。

我从一些作为标杆的例子中发现，获得成功的公司都有致力于改善活动的管理者。这些管理人员认同了这样的观念：改善成果不是管理者能在短期内可以达到的，而需要通过在长期过程中管理工作流程时，支持他人的长期努力获得。

带领一个组织从黑暗走向光明，也需要耐心和勇气。Excel公司的转变是痛苦而缓慢的，在要求巨大改善成果的压力下，企业内部对长期努力的勇气难以凝聚。为达成长足改进所需的领导力和毅力，只能来源于对“结果的可持续改进，源自对工作过程的持续改进”这一概念的深刻理解。

雷伦（Leyland）卡车公司和Excel公司两个案例，解决了管理层应如何构建企业内部结构使之成为学习型企业的问题。依据教育与培训的不同定义，教育的内容是教我们未知的事情，而培训的内容是教我们已知的事情——不过希望通过培训，使所教的正确做事方法成为人的第二本能。换句话说，在培训的过程中，人们是通过实践来学习——不断地重复练习。想要获得技能，不能单单阅读书籍或是听场讲座，而必须要实践！

提案建议制度及质量小组

提案建议制度及质量小组是现场之屋的重要结构，用来证明员工能积极地参与改善，以及管理层已经建立起了改善的辅助工作制度。日本的公司提案建议制度与西方国家的提案建议制度有显著的不同。

美国模式的提案建议系统侧重提案的经济效益，并且给予经济上的奖励，日本的模式则更看重激发士气的效益以及员工的积极参与程度。日本模式包含两部分：个人提案和团体提案，包含由质量小组、自主管理小组、零缺陷小组及其他小组活动所提出的提案。

现在，大多数大型制造企业和约半数的中小企业都在采用提案建议制度。提案建议系统除了使员工具备改善意识以外，也成为员工与上级、员工与员工沟通的桥梁。同时，此制度也为管理阶层协助作业员处理问题提供了机会。所以，提案建议制度既能够发展员工自身素质，同时也成为了工作场所的双向沟通渠道。

一般而言，在处理员工的提案时，日本的管理人员比起西方来要更灵活。日本的管理人员只要认为提案有下列贡献的任何一种，就愿意做出改变。

- 使工作更容易。
- 能排除单调沉闷的工作。
- 能减少工作中的不便。
- 使工作更安全。
- 使工作更有效率。
- 改进产品质量。
- 节省时间和成本。

日式管理与西方管理在观念上大相径庭，西方管理者过分关注改变的代价以及其经济回报。

本书中多次提到标准化的含意，当现场员工参与到现场改善中，并且提高了标准，他们会自然而然地形成主人翁意识，从而自律地遵守这些标准。

相反，假如这些标准是由上级强制颁布下来，现场的员工难免在心理上产生抵触情绪，这也是为什么要让现场员工参与到提案建议制度和质量小组的活动中去的另一个原因。

形成自律

毋庸置疑，自律是现场管理之屋的基石。能够自律的员工是值得信赖的，他们能准时上班、能维持干净有序且安全的作业环境，也能为达成 QCD 目标而遵守现有的标准。在我主持的改善研讨会上，我经常要求与会人员写下有助于培养员工自律能力的方法，以下是我收到的一些答案：

- 逐步给予奖励。
- 盯住他们做好事情。
- 上级乐于回答问题。
- 培养注重实干的企业文化。
- 让员工了解流程，从而改进标准。
- 进行考核。
- 鼓励顾客参与。
- 推行提案建议制度。
- 建立质量小组。
- 建立奖赏制度。
- 把要求表达清楚。
- 定期检查流程。
- 提供测量的回馈系统。
- 培养合作的氛围。
- 对要求给予明确的指示。
- 让员工参与标准的制定。
- 解释为什么。
- 设立一个榜样。
- 教导员工“怎么做”以及“为什么”。
- 让员工看到进步的成果。

- 排除隔阂。
- 鼓励正面的同事压力。
- 创造一个没有威胁的环境。

员工一旦参与到现场的改善活动中，如维持厂房环境、消除浪费、检查标准，他们马上就能看到这些改善所带来的好处，并且乐于接受这样的改变。在这些过程中，他们的态度和行为都会发生转变。

例如，我在第 5 章中说过，5S 的最后一个步骤是教养（自律），如果员工能够坚持完成这五个步骤，那么他就有了自律的品性。一个参与检查和提高工作标准的员工，就会自然而然地形成主人翁意识，并且愿意遵循这些新的标准。

员工在其他的改善活动中同样能够通过消除浪费和可视化管理形成自律。因此，自律也可以解释成“各司其职”。自律是现场改善活动的天然副产品。

可视化管理是现场之屋的另外一个重要基础，这将在第 8 章中详细说明。

第8章 Gemba Kaizen

可视化管理

现场每天都会发生各种各样的异常状况，但生产状况只有流程可控和流程失控两种。前者意味着生产顺利，后者则代表出了问题。实施可视化管理需要清楚地展示出现物——实际的产品、图表、表单及绩效记录，以便时刻提醒管理者和作业人员那些影响质量、成本和交付成功与否的要素，这些要素包括了从宏观的企业整体策略的展现，到微观的生产绩效数据，或是最新的员工提案建议表。由此，可视化管理是现场之屋的重要基础。

问题的可视化

现场的问题需要可视化，否则就不能“检测”出异常情况，也就无法管理好整个流程了。所以，可视化管理的第一原则就是要曝光问题。

如果冲床上的模具坏了，生产出不合格品，但又无人知道的话，那么过不了多久，不合格品就会堆积如山。但是如果机器装有自働化装置——只要一有不合格品发生，即能自动停止生产，那么只要机器停止作业，我们就会立即发现问题。

有时，宾馆里的旅客会到前台讨要阿司匹林，或者询问附近有哪些好的餐馆，如果宾馆不能满足这些要求，那么异常情况就发生了。如果宾馆的管理者可以把顾客经常有的问题整理出来，那么他就可以发现服务中不周到的、亟待解决的地方。

这就是可视化管理，即让所有员工——经理、主管以及工人能够看到异常，从而立刻采取解决措施。

现场产生的大部分信息，都需要经过层层传递，才能到达最高管理者那里，在这一过程中，信息变得越来越抽象，并且越来越远离事实。如果采取了可视化管理，管理者一到现场就能看到问题所在，也就能当场做出指示。可视化管理也能让员工更方便地解决这些问题。

制造企业的现场最好能够做到：一旦检测到异常就停止生产。大野耐一曾说过，一条永不停止的生产线，要么是太完美（当然，这是不可能的），要么就是极差劲。一旦生产线停止，每一个人都会意识到有问题发生，并且会在之后的工作中尽量避免同样的问题再次发生。生产线停止是现场可视化管理的典型例子之一。

接触真正的事实

如果说将问题可视化是可视化管理存在的第一个理由，那么第二个理由，就是要使工人和主管人员能直接接触现场。可视化管理是一种用来判断现场是否受控，并且在异常发生时发出警报的实用方法。实施了可视化管理之后，现场的每个人都能够处理和改善流程，从而实现 QCD 目标。

当我们领着客户参观工厂时，工厂的接待人员通常会给我们看他们的展板，这能让每个人看清楚生产计划以及各项生产的推进情况。每家工厂的展板材质会有不同，有的用白板，有的用纸张，有的用磁铁，但所有这些展示板都清晰易懂，目的都是帮助员工时刻了解现场生产的实际情况。

在一个高科技电脑屏幕随处可见的年代里，尽管屏幕上简单的视觉信息对外行人来说可能是晦涩难懂的，但它们确实是最有用、最强大的精益工具之一。特种硅制造公司（Special Silicone Fabricator，SSF）是一家在多个地方设有工厂的高科技合同制造商，在企业精益转型的征途上已经走过了近十年。采取可视化管理方法，是该公司在精益生产历程中迈出的重要一步。

21 世纪第一个十年的中期，SSF 经历了一个转折点——公司业绩有显著的增长，但与此同时，市场正转向小批量、多品种的生产模式。现行的生产计划方法已经不堪重负了，这就造成了“无理”的发生。雪上加霜的是，众多房间里日益陈旧的设备让生产流程的可视化变得更为困难，而顾客服务部甚至位于另一幢楼里。

据 SSF 的总裁凯文·梅尔说，订单的及时交付率很低，而且如果能去除掉那些不产生价值的时间，生产周期有望缩短为原来的 1/10。顾客服务部花费时间最多的地方就是向客户解释为何延期。梅尔进一步解释了 SSF 公司是如何运用改善来扭转这一局势的：

我们决定在生产洁净室里设置一块磁性白板，并且试图将某一主要价值流的生产工作指令及其执行状况全部罗列在白板上。白板上内容的初始格式由负责该作业的价值流经理来定，按照时间和流程顺序来展示。板上会用磁体来标记生产任务、客户名、数量以及交付日期等信息。随后通过安装在白板前方的摄像头，将第一手信息传送到公司局域网。客户服务部由此就可以提供给客户更精确的信息。

通过罗列出所有的生产工作指令信息，再结合其他精益生产工具，如价值流图和 5S，我们能够迅速减少生产交付周期时间，并且提高及时交付率。现在，客服部门能够给客户更多的好消息，而不是坏消息。事实上，网络监控已经退出历史的舞台了。

我们已经将生产白板用于公司的所有价值流上。值得说明的是，这些白板采用的格式并不单一，它们都是根据各自的流程、产品和体系独立设计出来的。同样需要说明的是，这些白板交由生产者管理，因此他们可以持续改进白板的格式和展示信息的类型。在每季度持续改进团队会议上，各价值流之间通过正式的和非正式的方式相互交流。会上作业人员将拿走他们白板上的磁体，这样他们就可以直观地看到瓶颈，并且制定相应的对策。结合岗位轮换培训和产业内部训练，营造一个良好的柔性营运组织。我们甚至可以把生产线上的标杆工作反映到生产控制白板上。

上述例子反映了，当员工能够“看到”他们对工厂计划的贡献，切身体会到自己是生产流程里的一员，他们就能够更好地参与到工作中去。人们常常会忽视这一简单的概念，这却是人本思想的一部分。切记，可视化工具对于改进有着非同凡响的作用，这也是5S要设置标准让异常能够被及时发现的原因。可视化永远是每个采取改善活动的公司所要做的第一步和最后一步。

可视化管理的5M

现场管理有五个要素：人员（manpower）、机器（machines）、物料（material）、方法（methods）及测量（measurements）。任何与5 M有关的异常情况，都必须以可视化的方式呈现出来。以下是关于这五个要素可视化管理的细节。

人员（操作员）

- 怎样评价工人的士气？可以通过提案建议的数量、质量小组的参与情况以及缺勤次数来衡量。怎样才能知道今天的生产线上有谁缺席，以及由谁替代其工作呢？这些可以在现场通过可视化呈现出来。
- 怎样评价员工的技术水平？可以在现场设置展板，以显示出哪些工人已经接受过哪种工作培训，以及哪些人还需要额外的培训。
- 怎样才能知道操作员的工作方式是不是做得正确呢？标准就是用来显示正确的工作方法的，因此现场必须展示出例如单项作业标准[⊖]和标准作业指导书等。

机器

- 怎样才能判别机器是否在正常生产出优质的产品呢？如果机器装配了自働化及防错（pokayoke或mistake-proofing）装置，那么一旦错误发生，就能立刻停止。当管理者发现某部机器停下来时，就需要去了解停机的原因。

⊖ one point standard，又称one point lesson，是日常工作中发现和解决问题后形成的书面成果，通常涉及作业中一点或很少几点的作业经验，有时被称为“单点课”。

是否为计划内的停机？由于换模，还是质量出现问题或者机器发生故障？又或者是因预防保养而停机？
- 必须标示出润滑油的液位、更换的频率以及润滑油的类别。
- 应当把金属外壳替换成透明的，这样作业员就能够看到机器内部的故障。

物料

- 怎样才能知道物料流动得顺畅与否，是否过多？生产的产品是否过量？可以标示出最小库存量。一旦最小库存量确定下来，就可以运用看板系统——在制品上贴有标签或卡片，用于上下流程的指令之间的沟通，这样一来，异常现象就变得非常明显了。
- 要标示出物料储存的位置，同时标明库存数量和零件数量。通过运用不同颜色来防错。可以利用信号灯或蜂鸣器来突显异常现象，如缺料的情况。

方法

- 主管如何才能知道作业员是否正确工作？每个工位都贴有标准作业指导书，上面写得清清楚楚：工作顺序、周期时间、安全注意事项、质量查核点以及变异发生时的应对措施。

测量

- 怎样判断流程是否正常运转？必须有测量工具，并清楚地标示出正常的作业范围，如发动机上要贴感温贴纸，以感测是否产生过热的现象。
- 怎样才能知道改善是已经完成了，还是仍在进行中？
- 如何确定精密仪器是否已经正确校准了？
- 在现场要展示出以下这些趋势图：提案建议件数、生产进度、质量改善目标、生产率提高数据、换模时间缩短程度以及意外事故降低的程度。

可视化管理与复杂性

最近，我去了新西兰，参观了位于汉密尔顿的不锈钢设计有限公司

（Stainless Design Limited），我看见那里的工人运用一系列均衡箱（heijunka 或 leveling）来处理顾客订单，帮助他们做工作计划，平衡物流，并相应地管理资源。这是一个可视化管理的很好实例，成功地把复杂问题简单化。

这家公司可谓居于金属制品行业的核心地位，它也面临特别的挑战，因为公司并不大批量地制造同样的产品，而且超过 80% 的订单是一次性的。

班组长对每个订单加以评估，然后使用均衡箱来确定交货日期。他们解释说，所有外部和内部的生产可以用均衡箱来直观地安排。

生产排程制定好后，各班组长会把各自的生产指令打印在一张卡片上，然后和组员一起分析班组内每日的生产负荷并对各项工作进行排序。

各班组需要评估均衡箱和顺序板，确保工作按时完成，而且任何问题都能被发现并且解决。为了适应工厂里频繁的收集、分配物料的工作，"水蜘蛛"（water spider 或 mizusumashi）的角色应运而生。"制造水蜘蛛"把零部件和制造件传送到总装配人员那里，期间没有任何复杂的环节，只是运用可视化管理和有效的交流。

"物流水蜘蛛"一天运转四次，可以结合均衡箱来很方便地查看需要收集和最终分配的物料。

这里的中心思想很简单：现场团队可以运用简单的纸板和标签来管理复杂的生产计划，并且保证物流顺畅。

可视化管理的 5S

你也许早就知道，可视化管理和维持厂房环境有很大的关系。当我们进行 5S 的时候，会发现这一行动的直接结果就是将可视化管理变得更容易了。维持良好的厂房环境更容易发现异常，以便能及时改正。

5S 的方法也可以从可视化管理的角度来描述：

- 整理（去除不需要的东西）。现场只能放置一些现在或者近期需要使用的物品。当你走进现场时，是否发现一些没有在使用的在制品、物料、机器、工具、模具、架子、叉车、箱子、文件或闲置的私人物品？扔掉这些，这样现场就只剩下需要的东西了。

- 整顿（将剩下的东西摆放整齐）。现场的每一样东西都必须各就各位，在需要时随即可以取用。每样物品都应该有一个特定的位置，并且必须放在那里。地面上的标线有没有正确地标示出来？通道上有没有障碍物？整顿做得好的话，你会很容易发现摆放出错的东西。
- 清扫（将机器和工作区域彻底打扫干净）。机器、地面和墙壁是否干净？你能否检查出机器上的异常之处（震动、漏油等）？清扫做得好的话，任何异常情况都将无所遁形。
- 清洁（保持个人清洁并且每天完成上述的 3S）。员工是否穿着合适的工作服？他们戴了护目镜和手套吗？他们是否持续将整理、整顿及清扫当作日常工作？
- 教养（标准化）。要明确规定每一个人的 5S 职责。而这些职责他们自己是否能够看到？你为他们设定标准了吗？员工遵守吗？工人必须将数据记录下来，做图表，并且依据要求，按小时、按天或者按周进行点检工作。管理阶层可以要求作业员，在下班前每天将数据资料填妥，作为养成自律习惯的手段。

良好的 5S，意味着只要机器正在运转，它们就能生产出质量良好的产品。

公布标准

当我们走入现场，可视化管理即能展现绩效的考核结果。我们能够直接观察到异常情况：生产线旁有多余的物料箱；运料的叉车没有放在指定的地方；通道上放满了箱子、绳子、不合格品及地毯等（通道只是用来通行的，不是一个储存场所）。

可视化管理的做法是将作业标准张贴在工作站的正前方，这样不仅能够提醒工人正确的做法，而且更重要的是，可以让管理者判定工人的工作是否符合标准。当作业员离开了他们的工作岗位时，我们就知道出现了异常情况，因为，挂在工作站正前方的标准作业表已经明确规定了作业员在工作时间内必须待在岗位上。如果作业员无法在周期时间内完成他们的工作，那么我们就很可能完不成今天的生产目标。

虽然有制定标准来规定工人怎样做工，却通常没有明确规定在异常发生时该如何应对。所以标准应当首先定义异常情况，然后再列出应对的步骤。

每日的生产目标同样需要可视化。公告栏上要列出每小时、每天的目标和实际数据。这些信息能给予主管预警，从而采取必要的对策以完成目标，如调动人员支援进度落后的生产线。

现场所有的墙壁都可以转变为可视化管理的工具。应当把下列信息张贴在墙上及车间里，让每一个人知道 QCD 的现状。

- 质量信息。每日、每周及每月的不合格品数、趋势图以及改善的目标。
- 不合格品的现物。应当陈列出来，给所有的员工看这些现物，有时称为“斩首示众”。
- 成本的信息：生产率数据、趋势图及目标。
- 工时。
- 交期的信息：每日生产图表。
- 机器故障数值、趋势图及目标。
- 设备综合效率。
- 提案建议件数。
- 质量小组活动。

对于具体的流程，可能需要额外的信息。

设定目标

可视化管理的第三个目的，就是使得改善的目标清晰化。假想有一家工厂为外界所迫，必须在 6 个月内降低某特定冲床的换模时间。在此例中，我们就在机器旁边设立一块布告栏。首先，将现在的换模时间（如 1 月份为 6 个小时）画在图上，接着画上目标值（6 月份为 1.5 个小时），之后在两点间连一条直线，表示出每个月所需达成的目标值。每一次换模时测定时间，然后标在图上。当然，为了帮助作业人员达成目标，还必须给予他们特别的培训。

一段时间后，令人难以置信的事情发生了。图上的实际换模时间，开始沿着目标直线走！这是因为作业员对目标有了认识，而且了解到管理部门期望他们达成目标。一旦换模时间数值跳到目标线之上，他们就知道有异常（如工具遗失等）发生了，然后采取行动，避免将来重蹈覆辙，这就是可视管理很有效的作用之一。数字本身并不足以激励员工，如果没有目标值，数字就是死的。

伊藤让是松下电器公司的前任质量管理中心部长，他对目标值能激励员工的效力做了以下的注解（我的著作《改善：日本企业成功的奥秘》中也引用了这几段内容）：

我在电视机工厂时，观察焊锡工人工作是一种很有趣味的经历。平均来说，每一位工人为每个产品焊 10 个焊点，每天做 400 个产品，一天总共要焊 4000 个焊点。假设一个月工作 20 天，那么一个月就要焊 80 000 个焊点。一部彩色电视机大约需 1000 个焊点，当然现在大多用自动电焊机了。而不合格率需要很低，一个工人每 500 000 ~ 1 000 000 个焊点中，不得超过一个缺陷。

到我们工厂参观的访客，经常会颇感惊讶——如此单调乏味的工作，却又没有任何严重的错误。话又说回来，让我们想想看其他人类所做的单调的工作吧，如走路，我们终生都在走路，一而再再而三重复相同的动作，这是一种极度单调的动作；但仍然有些人，像奥林匹克运动会的选手，他们热衷于打破纪录，这就类似于工厂里质量控制的方法。

有些工作可能很单调，但如果能够给予工人一种使命感，或是一个追求目标，那么即使在单调的工作中，他们也能保有工作的兴趣。

改善的终极目标，就是要实现最高管理层设定的方针。建立公司的长期和中期政策以及年度方针，以可视化的方式呈现给员工，这是最高管理部门的职责之一。通常这些方针除了张贴在现场，还要陈列在工厂的大门口处和餐厅里。这些方针从最高管理层逐层往下展开，最后就会到达现场，那么每个人都会知道从事改善活动的重要性。

当现场的员工了解到他们的活动与公司政策密切相关时，就会产生使命感，也就能够体会到改善活动的意义。可视化管理有助于确定问题，凸显出目标与现状之间的差异。换言之，它是稳定流程（维持的功能）以及改进流程（改善的功能）的一种工具。可视化管理是鼓励现场员工达成管理目标的有效工具。将达成的目标及向目标前进的趋势，以可视化的方式表现出来，可使作业人员发掘许多的改善机会，增加其工作绩效。

第9章 Gemba Kaizen

现场主管人员的角色

自2000年以来，管理领域最重要的新发展之一，就是重新发现和传播产业内部训练（Training Within Industries，TWI；有时译为“一线主管技能培训”或“督导人员训练”）。本书第1版中对TWI的介绍，使得它在创立后即被遗忘的近半个世纪之后，又重新引起了人们的兴趣。TWI理念是丰田公司构建和发展管理者的角色、责任和技能的基础。可以说没有TWI，就没有丰田今天出色的现场管理。

现场的主管人员常常不了解自己的正确职责，他们总是做一些“救火”、人事管理以及为完成生产数量目标而牺牲质量的工作。甚至有时候，他们脑中连每日生产数量目标这一概念也没有，而仅仅是在能生产的情况下（除去因机器故障、人员缺勤、质量问题而产生的生产中断）尽可能多地生产。这种情况的发生，很大程度上是由于管理者没有向基层的主管人员解释清楚如何管理现场，甚至对基层主管人员的角色和职责也没有进行精准的定位。

产业内部培训

基层主管人员这一角色，在日本已经存在了50年之久。日本的发展很大程度上得益于“管理者培训”（Management Training Program，MTP）和“产业内部培训”项目。这些培训项目由美国传至日本，意在帮助日本开发出自己的管理培训课程体系。MTP 主要面向中层管理者，而 TWI 则用来培训基层主管人员。

以下是有关这些课程的起源及发展的摘要，引用自亚兰·罗宾逊 (Alan G. Robinson) 及许乐德（Dean M. Schroaeder）合著的《培训、持续改善与人员关系：美国 TWI 课程及日式管理形态》(《加州管理评论》)：

爱德华·戴明 (W. Edward Deming)、约瑟夫·朱兰 (Joseph Juran) 等美国专家，对日本的工业发展做出了极大的贡献，也因此赢得了崇高的历史地位。然而第二次世界大战（以下简称“二战”）后，由美军占领当局所创办的 TWI 训练课程也许更富有影响力。至少有 1000 万日本管理者、基层主管人员及作业员是 TWI 课程或其衍生课程的结业学员，直至 1992 年，日本仍在沿用这些课程。TWI 对日本的管理思想和实践确实产生了深远的影响：许多所谓日本式的管理实践思想，都可以将其源头追溯到 TWI。

在美国，TWI 的发展要追溯到半个多世纪前，它在提高工业生产水平以赢得二战方面发挥了重要作用。尽管 TWI 在那时非常成功，但战后就一蹶不振了。到了 1992 年，在美国几乎没有人运用，人们甚至不知何谓 TWI。

但在日本，TWI 的境况就相当不一样了。二战以后，日本的工业水平退后到不足 1935 ~ 1937 年的 10%。面对逐步扩大的社会秩序混乱、动荡不安和饥饿的威胁，美军占领当局自然想起了 TWI。于是他们制订了一整套的培训计划，用来提高日本全国的生产力和质量水平。虽然 TWI 影响了全世界的许多国家，但毫无疑问其在日本的成效是最大的。从 TWI 进入日本至 1992 年，几乎没有改变，但它在日本管理界里却备受推崇，而且被视为与国家利益有重大关系，以至于需由劳动省来加以监督。劳动省的职责是在全国各地对讲师予以认证以及规定使用标准的培训教材。

TWI 针对基层主管及领班人员，提供了三种标准训练课程。第一，工作教导训练，指导主管人员训练属下作业人员的重要性，以及如何去开展。第二，工作方法训练，着重于如何激发及实施改进工作方法这一思想。第三，工作关系培

训，涉及有关主管人员与属下作业人员之间的关系，以及领导方面的课程。

日本产业训练协会及各种专业组织开展了这些培训课程。同时，许多日本的先进企业也开设了这些课程，以此来适应培训基层主管人员的需求。

在二战后美军占领日本的时期，美国空军创立且发展了 MTP，并将其引入了日本。日本的通商产业省、日本经济团体联合会和日本雇主协会联合会共同实施 MTP 近 50 年，因此 MTP 深深地影响了日本的管理思想和实践。虽然许多被认为是日本式的管理实践都可追溯到 MTP，但此课程在欧美却鲜为人知。正如亚兰·罗宾逊及山姆·史特恩在《战略性的国家人力资源开发指南：日本的管理训练课程的演练》(《人力资源开发》，1995）中所指出的：

至 1994 年年底，有超过 300 万的日本管理者从 MTP 课程或其衍生的课程中毕业。而且在许多日本公司，完整地修完 MTP 课程成为晋升中层管理者的硬性指标。

MTP 教会了数代日本管理者中的很多人三件要事：

- *人际关系及员工参与的重要性。*
- *持续改善工艺和产品的方法论及其价值观。*
- *科学合理地运用“计划 – 执行 – 观察”循环步骤，来对人员和生产进行管理。*

第一点，人际关系及员工参与的重要性。这为日本质量小组活动的形成奠定了基础，它发展了内部的辅导员体制，设置了如大哥哥、大姐姐、小组长等类似职位，并且形成了员工参与的活动组织，如运动社团及读书会，能够促进员工之间的相互启发。

第二点，持续改善工艺和产品的方法论及其价值观。这与当时日本以“改善”的理念来经营企业的潮流完美契合，有助于管理者及主管人员检查并改善他们的工作流程。

第三点，科学、合理地运用“计划–执行–观察”循环步骤，用于对人员及生产进行管理。这与戴明提出的 PDCA 循环一样，在日本渐为人知，并且将永无止境的 PDCA 循环这一理念深植人心。甚至在今日，许多日本的管理者仍喜欢使用“计划–执行–观察”这一名词。

MTP 及 TWI 课程还衍生出另一早期的管理工具，而且这一工具直至今日还为每一位日本管理者所知和使用，这就是 5W1H 方法——why（为何）、what（何事）、where（何处）、when（何时）、who（何人）以及 how（如何）。5W1H 方法为质量小组成员解决问题和管理者参与现场改善提供了一种广泛使用的检查套路。

虽然在过去的 50 年里，MTP 及 TWI 几乎没有改变，但也还是或多或少增加了一些新的元素。特别是有些公司开发了一些符合自己需求的课程，包括 QCD、标准化、可视化管理、消除浪费、5S、节拍时间。这反映了日本管理界多年来引入各种改善实践后的转型，这些改善实践包括全面质量控制、全面生产维护和及时制生产等。

转型后的 TWI 建立了典型的日本式现场主管这一角色。

投入管理（人力、物料和机器）

主管人员是指在现场里直接管辖 20 个左右的生产线作业员，并且负责其生产结果的人。管理控制的幅度，因公司及行业区别而有所不同，同时其职称也有所不同，有的称为组长（group leader）、领班（foreman）、班长（hancho，源自日语），还有的称为师傅（meister，源自德语）。（顺便一提，“班长”日语原意为主管或老板，用在现场意指主管人员。）

现场主管人员主要管理从投入到产出这一全过程。投入即 3M：人员（manpower）、物料（materials）及机器（machine），有时也将方法（methods）和测量（measurement）算入，并称为 5M；产出是指质量、成本和交付，或简称为 QCD，有时也将士气（morale）和安全（safety）加入，并称为 QCDMS。

主管人员要负责达成 QCD 目标，但是为达成这一目标，他们必须管理好三个基本的 M：人员、材料和机器。

主管人员的第一要务，就是要管理好属下员工。话虽如此，我们还是经常会听到有些主管人员这样说：“是的，我知道应当按照进度生产出合格的产品。但是你看，我的属下对于做好分内的工作缺乏兴趣，而且他们也没有接受过良好的训练，所以甚至都不按照标准进行工作。我也没办法啊！”

没有一位主管人员有资格来说这样的话。如果属下员工不积极，那么主管人员就应该开展各种计划来激励他们；如果员工不遵守作业标准，那么就必须采取解决对策。后者产生的原因也许是现行的标准已然落伍或不可行，或者是作业员缺乏培训而无法遵行作业标准，抑或是在其工作环境中有太多的浪费、不均和无理使人难以遵守标准。那些只会责怪属下员工的主管，是不称职的。

某家生产电子产品的工厂雇用了一些家庭主妇在下午从事一些兼职工作。管理部门发现，这些兼职员工生产的不合格品率远高于全职员工。有资料显示，大部分的错误都发生在下午 3 点左右。于是管理人员问她们，每天的这段时间里，到底在想些什么，得到的回答大致如下：

大约这个时间，我会突然想到，我的孩子正从学校返家，继而开始担心他们是不是能找到我留在冰箱内的点心。

我开始思考晚餐的事，在想自己该去附近的哪家商店买鱼。我想知道哪家商店正在大甩卖。隔壁那条生产线的 A 太太对这些事情了解得比较多，也许下班后我该去找她。

在与这些兼职员工沟通过后，管理者明白了问题所在，于是决定在下午 3 点设立一段休息时间，并且安排一间大型会议室供这些兼职员工使用。管理者告诉这些兼职员工，他们可以在这段时间内交谈有关点心、买鱼和大甩卖之类的事情，但在休息过后，她们必须专心工作。这样一来，公司的不合格品率有了显著的降低。

下图为主管人员的因果关系图（见图 9-1）。这种类型的图标称为石川图，是根据其研发者石川馨教授的名字来命名的。因为其形状类似鱼骨，所以又被称为鱼骨图。这里的成果（结果）即指质量、成本和交付，其原因（过程）就是物料、机器、人员、测量和方法。根据实际情况，可以将更多的“原因”加进图中（在本例中就是环境）。

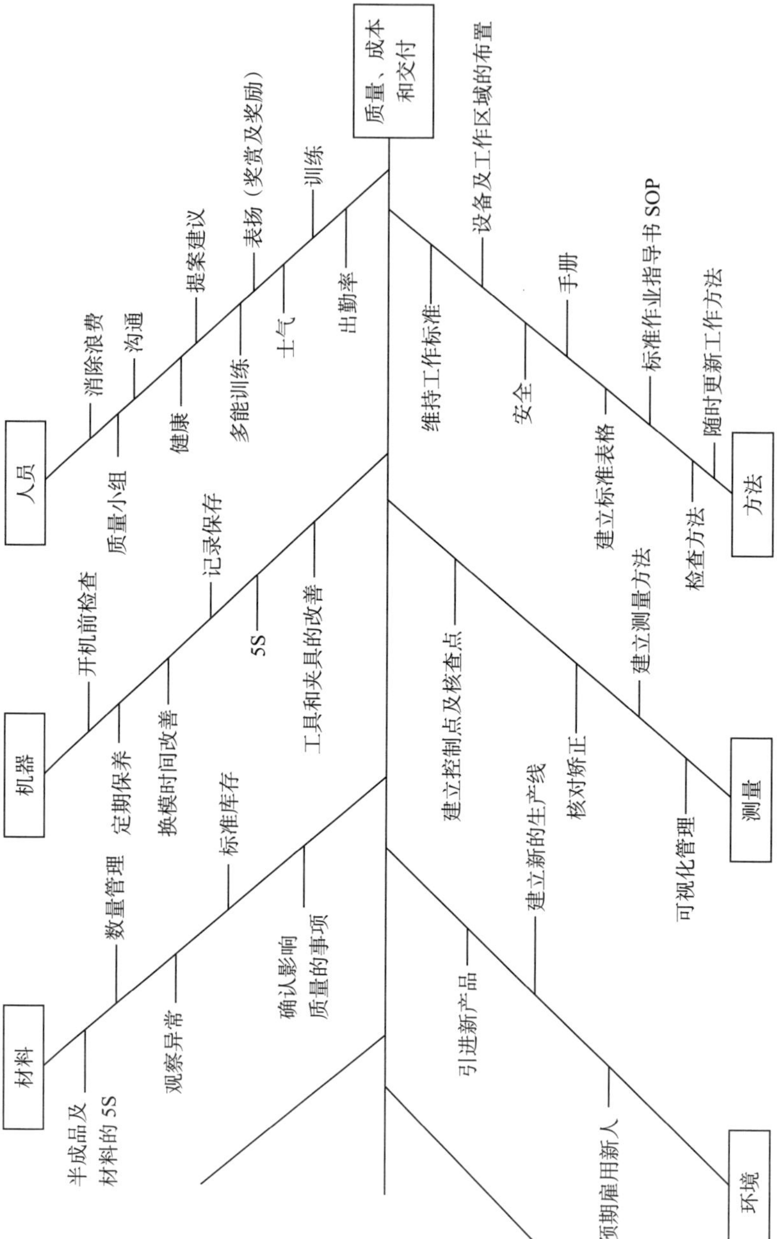

图9-1 主管人员的因果关系图

主管人员可以通过管理这些“原因”来实现 QCD 的工作目标。此图表示，现场主管除了必须将材料及机器管理妥当以外，也必须管理好人员。为做好此事，他们必须管理好鱼骨中的数根小骨：培训、沟通、质量小组、提案建议、奖赏与表扬、缺勤者及士气。每当他们发现与人员有关的问题时，就应该去想方设法解决。

丰田汽车肯塔基州制造公司主管人员的一天

在丰田汽车公司，安全被放在现场管理的首要位置，其次是质量和交付。安全是获得良好质量的必要前提，而有了安全和质量才能谈交付。这里假设成本与产量的目标同时也达到了。那么主管人员的第二项主要任务就是培养提高属下人员的能力。为了完成这一工作，主管人员必须把丰田生产体系（Toyata Production System，TPS）的知识和管理技巧运用到管理组织上。

史蒂夫·博克霍特是丰田汽车肯塔基州制造公司的一名生产组长（group leader）[⊖]。他离开丰田以后成了一名顾问，积极帮助各个企业实现丰田式一线监管系统。他分享自己对一线监管系统、必要的培训和主管人员工作流程等方面的第一手经验。

丰田生产体系是文化驱动的，需要相互尊重和相互信任。组长要管理好所谓的“迷你企业”业务才能获得整个体系的成功，而组长管辖范围内的绩效评价指标与企业总体目标是一致的。每名组长负责的“迷你企业”可以有多达五个班，也就是说，可以有一名组长、五名班长，以及最多七名根据部门分配的作业员。

在丰田，想要有晋升机会的作业员必须上一系列核心的 TPS 课程，来获取成为班长和组长等管理职位的能力。这些工作需要的能力有可视化管理、标准化

⊖ 在丰田公司的现场管理体系中，普通的作业员被称为 team member（组员，TM），数名 team member 组成 team（班），有一名 team leader（班长），数个 team 构成一个 group（组），有一名 group leader（组长）。team leader 是半脱产的，仍属于作业员，而 group leader 是脱产的，是最基层的管理人员，相当于一般公司里的“主管”职位。在这一部分，我们用“组员”“班长”和“组长”表示丰田公司里相应的职位。需要特别说明的是，这里的职位体系与第 10 章丰田阿斯特拉公司不同。——译者注

作业、解决问题、快速换模、全面生产维护、看板、均衡化以及自働化等的实践知识。

标准化作业是丰田生产体系的基础工具之一，用来对关键环节上的安全生产和产品质量标准进行规定。图 9-2 展示的是一张标准化的工作表，记录了一些为确保质量和安全生产而需要注意的关键点。

一旦班长通过了“岗位指导培训”，他们就可以进一步接受“培训培训师”（train-the-trainer，又称为 T3）的训练，由组长传授知识，他们进一步传授给作业员。这种教学方法对于“将质量落实标准化作业之中”是十分有益的。当作业员学会了一个作业标准，他们会从“三个方面”理解标准：安全、质量以及他们负责的单个工作要素的诀窍。这样一来，他们可以凭借自己的感觉来对将要完成的每个工作要素进行检查了。

组长每天的工作是从一场“站立会议”开始的。会议内容包括：公司有关信息的公布；当天的生产目标；质量警报（供应商和上一班的质量信息）；人员方面可能需要的调整；现行的项目；表达对作业员努力成果的认可等。

组长需要制订好自己的每日工作计划，积极做好安全措施检查和质量审核，确保生产支持系统到位，跟踪班长参与的项目，并且在当日的管理人员会议前准备好经理要求的报告。组长带着对讲机（以及一个外线电话的寻呼机），与班长和其他组长保持交流，一旦有问题发生可以立即做出反应。

现场时时刻刻都能看到组长的身影，他们的标准工作就是“到现场观察”，从而收集数据并解决问题。“走动式管理”这一术语描述的是组长最高水准的可视化管理方法。灯或其他的视觉信号被称为安灯[⊖]，是作业员和班长呼叫组长以寻求帮助的一种手段。安灯通常每天呼叫几十次。

每当作业员发现下列异常情况，他们就需要按亮安灯：

- 标准化作业不能正确完成。
- 原材料的规格存在偏差。
- 机器作业的周期时间大于节拍时间。

⊖ 安灯，英文为 andon，来自日语，也叫暗灯。——译者注

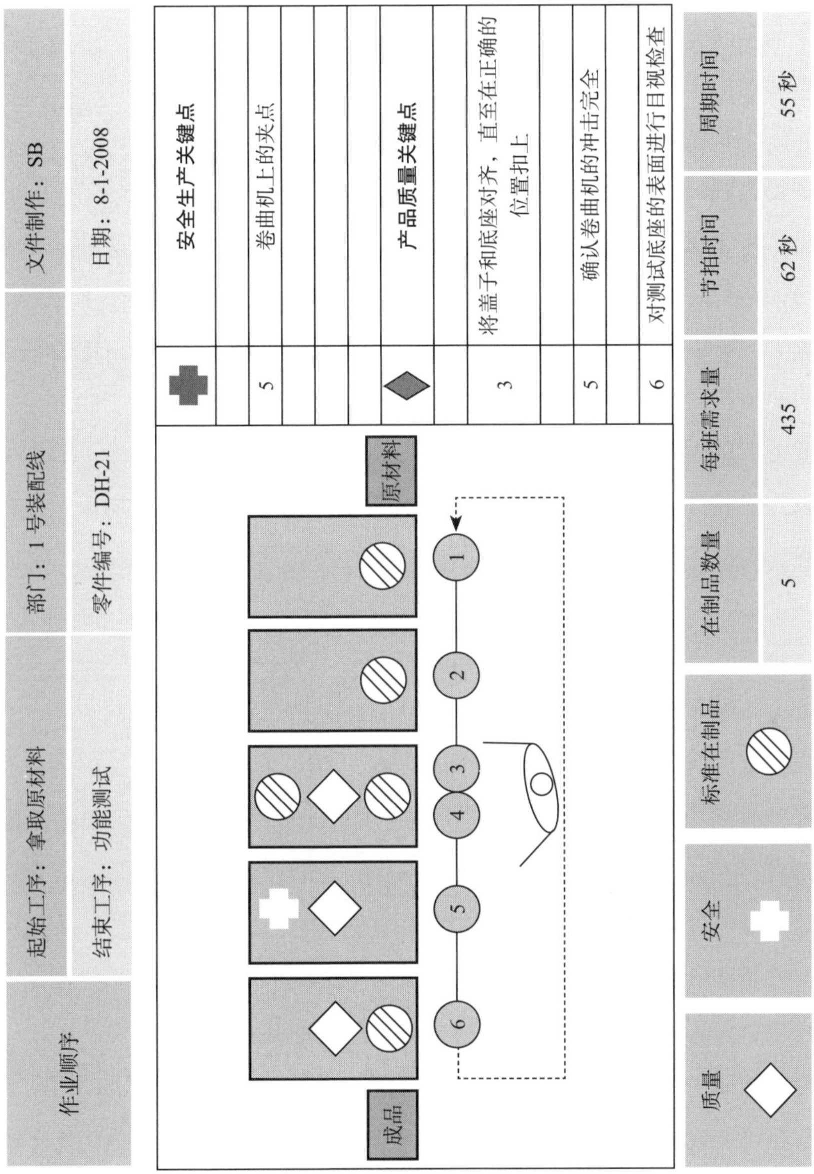
作业顺序
起始工序：拿取原材料
部门：1 号装配线
文件制作：SB
结束工序：功能测试
零件编号：DH-21
日期：8-1-2008
成品
原材料
6
5
4
3
2
1
安全生产关键点
5
卷曲机上的夹点
产品质量关键点
3
将盖子和底座对齐，直至在正确的位置扣上
5
确认卷曲机的冲击完全
6
对测试底座的表面进行目视检查
质量
安全
标准在制品
在制品数量
5
每班需求量
435
节拍时间
62 秒
周期时间
55 秒

图 9-2　质量、安全关键点

- 供应商零部件短缺导致等待。
- 在检查进料零部件时发现前一道工序有质量问题。
- 防错装置检测出不合格品而导致机器停止。
- 工具报废导致产生废品以及停工。

所有问题记录时都要进行根源分析，并寻求解决对策，支持小组（负责维护和工程）需要明确自己的角色是应对生产需要。

在现场巡视时，组长和他下属的员工不仅就每天的生产活动方面有所沟通，并且也就工作之余的个人问题进行沟通。组长还按季度为下属员工及其配偶安排社交活动，这些让个人和团队的联系更加紧密。

辅导下属员工，在晋升通道上获得进步，是组长的另一项职责。组长每年会进行一次业绩评估，用于衡量员工的发展情况。这是一个用于对员工能力进行认可的有效的工具，其非常强调丰田生产体系和人际沟通能力。

组长的主要日常任务是追踪整个小组的绩效，设立改善项目以期达到或超越年度目标。组长要追踪的关键领域如下。

安全

- 安全未遂事故和根本原因分析，以及应对措施。
- 安全损失时间（事故）和根本原因分析，从而消除它们。组长需要完成一份完整的报告，其内容关于解决这样的安全问题，并将它呈现给高层管理者。
- 这些报告在组织中层层传递，用以排查流程中类似的情形，也叫 yokoten[⊖]。
- 对安全事项及相关的提案建议设置追踪机制。
- 建立个人防护装备的标准，并指导员工正确使用这些装备。
- 专门培训班长每天检验工作区域的安全，并能及时应对各种异常情况。
- 安排团队成员做日常安全会谈，讨论车间里或他们个人生活中的安全未遂事故。

⊖ yokoten，源自日语，大致意思为将处理方法扩展到其他类似的地方。——译者注

- 每月和班长巡视浪费情况，调查七大浪费，同时检查丰田生产体系 4S 原则（丰田称之为 5S）的实施情况，确保每样东西都有其自己的位置，并且都在它自己的位置上。
- 根据标准对员工进行安全关键点检查，并对不符合标准的地方予以改正。
- 更新安全日历，跟踪每天工作情况，并检查应对措施，保证其运行良好。

在丰田，组长的首要任务就是要在团队中营造一个有安全意识的文化氛围。

质量

- 组长在负责的区域里适当地设置追踪机制，检查质量缺陷，找出其根本原因，并寻求解决对策。
- 用帕累托图分析、归纳报废品，优先改正或消除问题。
- 建立一个追踪机制，用以检查供应商提供的原材料是否存在缺陷，用帕累托图将检查结果可视化地表现出来。
- 维护好供展示的各种质量边界样品。
- 供应商需要了解这个系统，并展示出解决问题的能力。
- 合理设置追踪机制，检查机器废料，分析问题根源，并寻找清除问题的对策。
- 组长每天需抽样检查自己负责的生产线的产品质量，追踪产品质量绩效趋势和稳定性。

组长要负责其生产线上的所有质量问题，评估现场的实时绩效，这是维持客户（即下一流程）需求质量的关键。

交付

- 为了确保及时交货，需要不断监测机器周期时间。
- 监控按小时或按分钟的交付状态板，了解问题。
- 在事前和事后评估标准在制品，调整需要的库存水平。

组长需要与技术支持小组交流，下达指示来减少由于人力、物料、机器或方法造成的机器停工。

成本

- 了解流程中所使用的工具成本，以每件产品的工具成本作为衡量指标，记录趋势。
- 为了持续调查绩效的机会成本，进行消耗品和外部供应商成本的总体成本预算数据跟踪。
- 理解改善单位工时的机会。
- 实行团队成员交叉训练。
- 测量设备运转率，寻找改善的机会。
- 训练队长运用4M分析法处理问题。
- 安排各个小组每周开会处理问题，指导员工采取正确的应对措施。

组长必须激励、培训并指导组员进行改善活动，这样每个人每年都能提出至少12个点子，从而提高安全、质量、生产率以及达到成本目标。

组员还要评估特定的体系，如TPM、看板系统、标准工作的遵守、换模时间和程序、机器能力变化以及缓冲库存等，在丰田生产体系的这些领域里追踪绩效。这样，组长不仅需要检查其团队工作的结果，而且还要检查流程和标准，从而确保结果。评估的时候运用简单的卡片，来标识出需要检查的标准及其位置。这不仅要靠组长的努力，也要由各层管理部门来实施。这种一系列分层的检查评估称为“T形卡”(kamishibai)。

所有的绩效指标都是TPS的动力。在丰田，组长带头进行绩效管理，与组员一同把改进流程当作第一要务。

乍看之下，丰田的组长和主管人员的一天可能看起来很满，甚至可能有些压抑。然而事实上，他们用标准来规范主管人员每天做什么，虽然工作高度紧凑，却不需要做那些非常琐碎的决策和选择。

有一点很明确，主管人员必须身兼数职，管理责任范围内或者超出范围的所有流程。在yokoten管理方法的指导下，主管人员还会参与到其他工厂的改善活动，通过与其他工厂人员分享学习和实践经验，从而改进绩效标准。现场管理者要目光远大，并且要对其手下员工有充分的信心。

早市

“早市”(asaichi) 是日本公司在日常管理活动中应用的一种方式，在现场由主管和生产线上作业员一起消除不合格品。早市的本来意思是每天农民贩卖新鲜产品的市场，日文中“ asaichi”有“每天早晨的第一件事”的意思。而现场的“早市”指的是，把陈列不合格品作为每天早上的第一件事，以便能根据现场现物的原则，尽早提出具体可行的改善对策。值得一提的是，参加“早市”的人员都是站着的。“早市”与其他有关解决质量问题的活动是不相同的，主管和作业员必须起到带头作用，承诺不把相同的问题留到明天。

现场没有人愿意生产出不合格品，然而这种情况还是无法避免。这其中的原因有很多，包含以下各项：

- 突发的设备故障。
- 设备受到故意破坏，超过承受界限。
- 未能遵守标准。
- 原材料或零件不符合规格。
- 未能做好 5S 的维持。
- 粗心大意或心不在焉而犯错。

除非管理阶层下定决心，一件一件找出问题的真正原因，否则现场不久将充斥着堆积如山的不合格品。现场的“早市”活动，包括了以下步骤：

- 作业员将在流程中产生的所有不合格品放入红箱子，加以标示，并记在“早市质量报告”上。
- 隔天早上，负责的主管来“早市”时，带上报表和现物，将不合格品摆在桌上。
- 主管和作业人员一起检查这些不合格品，并且讨论对策。
- 把不合格品区分为三类（A、B、C)，并且尽快采取解决措施（见图 9-3）。

很重要的一点是，主管和作业人员要亲自接触现物（在这个例子中就是不合格品)，他们应该看一看、闻一闻、尝一尝（如果有必要)，然后讨论究竟是现场的哪一道工序、哪一台机器造成的。

类型	特征	比例（%）	举例说明
A	原因明确，能够立刻采取解决措施	70 ～ 80	没有遵守标准；原材料超出规格
B	原因明确，但对策不可行	15 ～ 20	发生在安装调试时；设备频繁停止
C	原因不明	10 ～ 15	系统突然失控

图 9-3　不合格品分类

解决了 A 类问题之后，必须采取措施防止同类问题再次发生。至于 B 类和 C 类问题，主管必须向其部门经理报告，随后经理举行会议，想出解决方法，并向厂长提交成果报告。

公司刚开始举办“早市”时，与会者可能会发现桌上有太多的不合格品。然后如果能持续进行 3 个月，那么不合格品以及会议的时间，都会大幅减少，同时工厂的生产能力和利润也将跟着得到改进。

厂长每天应参加工厂内不同区域的“早市”，以便熟悉每个地方可能遇到的问题。图 9-4 展示了一份早市报告的范例。

工厂	部门	管理者	主管	作业员

1. 发生日期：1995 年 10 月 9 日，下午 2 时
2. 零件编号：123456-G1062
3. 流程和机器：键槽工程 (F-3214)
4. 发生件数：4 件
   · 当日生产件数：920 件
   · 不合格率：0.43%
5. 不合格状况说明：（可以的话，绘图表示）
6. 原因（已经确认 / 已查明 / 尚未认定）：
   机器的四个螺丝之一松动，造成机器震动
7. 解决措施：
   以正确的扭矩上紧螺丝，此后没有发现同类问题
8. 防止再发生：
   要求安装单位加入一条新标准：确认 ___ 机器上紧螺丝后的扭矩

图 9-4　早市报告的范例

在丰田自动织机工厂（Toyota Automatic Loom Works），开始大批量生产之前，作业员会每人发一本小册子，这本册子记录了所有相关的标准。小册子刚开始是

专门用于培训的，等到生产开始之后便作为参考，其中包含了下列标准：

- 组织结构图和工厂布局图
- 作业安全规则（同时明确违反规则的后果）
- 关于如何在流程中保证质量的信息
- 作业顺序表
- 标准作业程序
- 操作异常的程序（包括异常的定义、如何发现异常以及发现异常后向谁汇报）
- 不合格品的定义（有关质量的问题）
- 看板使用规则

丰田自动织机工厂一度在所有工厂里推行改善活动。后来，管理者意识到推行改善必须遵循帕累托图原理（用于解决问题的一种图表工具），优先选择改善项目。因此，与其在工厂的所有领域无差别地推行“现场改善”，不如选一条流水线作为样板，总公司和所在工厂尽力帮助这条生产线实施改善。一旦有了实质性的进展，就把改善活动扩展到其他的生产线。最高管理层需每月来视察一次样板生产线，并评估其日常管理和改善活动，评估重点如下：

- 建立了什么样的标准？
- 如何去遵守标准？
- 谁在管理这些标准？
- 谁在进行改善？
- 生产线主管起什么作用？

由于工厂的管理者分领班、主管和组长等几个层别，所以最高管理层也要监督这些管理者，以及他们所负责的工作内容。

最佳质量保证生产线认证

30 多年来，日本的企业不再使用所谓的“允收质量水平”（acceptable-quality-level，AQL）了。AQL 是一种质量保证（quality assurance，QA）制度，它允许在交给客户的产品中存在一定比例的不合格品。例如，客户和供应商可以事先达成这样的协议，客户可最多允许供应商所交货物中有 1% 的不合格品存在，并且供应商会对此做出相应的补偿。

然而，日本的大多数公司早就已经摒弃这种质量保证的方式了。除了首批之外，这些公司都采用免检收货的方式，但是在首批检查的时候，即使只发现一个不合格品，他们都会把整批货品退回给供应商。

随着高速自动化生产线的广泛使用，或许一个不合格品的产生就会造成严重的后果；即使是小错误，也会迅速累积，从而给公司造成巨大的经济损失。因此日本的汽车制造业提高了质量要求：从原先的 0.1% 提高至（30 ～ 50ppm）。为了达到这样的质量水平，就需要消除流程上存在的问题。

因此，供应商就必须检查他们自己生产线的实行质量保证的方式。生产线上的主管就需要努力改进其生产线的流程能力来满足客户的要求。衡量这些努力是否成功的标尺就是流程的不合格品率和客户退货件数。这一体系在日产公司的供应商中，被称为“最佳质量保证生产线”或称“QA 最佳生产线”。

当生产线在达到某一质量水平之后，主管人员就要考虑申请最佳生产线认证。为达到这个目标，主管和生产经理会共同组织一次对生产线的评估。同时，主管邀请总公司质量保证部门的主管来该生产线参观及评估。评估标准已经事先拟定好，其中包含各种不合格品及客户退货的统计数据资料。

图 9-5 展示了一张日产汽车公司的供应商获得的“最佳质量保证生产线证书”。最佳质量保证生产线证书背后的含义是，首先有一条生产线能达到必需的改善水平，然后将改善扩展到其他的生产线，一直到全厂都达到相同的质量保证水平后就能获得此证书。

表 1　批准要求

质量保证绩效		等级		
		C	B	A
客户退货		退货件数 /3 个月	退货件数 /6 个月	退货件数 /12 个月
最终检查不合格率（ppm）		< 500	< 50	< 10
制造过程不合格率（%）	返修	< 0.5	< 0.1	< 0.01
	废品	< 0.1	< 0.05	0

图 9-5　最佳质量保证生产线认证体系

表 2　质量保证体系认证的评估项目

标准化	55 项查核点
按标准工作	34 项查核点
设计 / 流程变更的质量确认	16 项查核点
5S	31 项查核点
教育和培训	6 项查核点
解决问题	7 项查核点

图 9-5 （续）

制定更具挑战性的目标

在如今多变且竞争激烈的环境里，面对着客户日益严苛的要求（要求更好的质量、更低的价格和更短的交货期），管理者只有制订一个明确的管理计划，持续改进 QCD，才能满足客户的这些需求。因此，管理阶层必须不断设定更高的 QCD 目标，并激励属下员工不断实现这些目标。新的目标一旦达成，管理层就必须制定下一个，于是属下员工就要永无止境地从事改善。公司若想保持不败，管理者就必须带领下属不断改善，建立起迎接挑战的企业文化。这些公司也明白，一旦丧失了这种挑战精神，公司就将失败。这样的挑战精神应当是现场的主要支柱。

然而，今天的大多数的管理者已经丧失了挑战的热情。特别是许多现场主管，只是努力维持现状，虽也终日苦干、大声吆喝、东奔西跑，却没有明确的目标，更不要说追求进步了。

主管人员想要成功，其主要任务之一就是制定具有挑战性的目标。主管人员必须对现在的流程有充分的认识，才能制定出合适的挑战目标。

现场主管人员的假想管理职能

如前所述，管理者的工作可分为两项主要的职能——维持及改进。

维持，是指要能保持现在的水平，也就是说要确保属下人员遵守现行标准，以达到预期成果。维持的目的是要确保事情不会失控，这是要付出一番努力的。如果没有做好维持工作，现场状况就会日益恶化。

改进，则是指通过持续不断地设定新的、更高的目标来强化及提高现有的标准。改进可以进一步区分为改善和创新。简单地说，改善就是更好地利用现有的内部资源，即人员、机器、物料、方法及测量。改善是通过改变员工做事的方法来完成的，而不需要花费大量金钱。一般人总会习惯于过去的工作方式，因此改善者必须富有挑战现状的精神。

我认为，过度耗用资源已经产生了一些未曾意料到的弊病：没有改善的动力，不想动脑筋寻找改善的方法。经常等到知道了改善的必要性时，竞争的机会早已从身边悄然而逝了。

从改善的观点看，现场主管人员的工作应该细分为两项职能：

（1）维持。稳定并保持现有流程的工作，一旦发觉异常，要将流程恢复正常。

（2）改进，这与维持同样重要。

在这一方面，管理者必须核查现场主管人员是否已达成上级管理阶层所要求的目标。维持通常指的是“日常活动”，而改进则是“改善活动”。

主管人员必须开展以上这些活动来完成 QCD 目标。第 3 章已经指出管理者真正的挑战是要同时做好质量、成本和交付的管理。主管不应该只考虑达成生产目标，也不应该为了达到生产目标而牺牲质量或成本。现场主管、现场督导人员应该经常努力来达到管理层及客户要求的 QCD 目标。

接受过正规培训的日本现场主管人员在参与方针展开活动时，经常会将 2 ～ 3 项的年度改善目标牢记在心，如减少不合格品及降低库存。一旦承担起这样的责任，主管人员不论在事实上还是在精神上，都会认为他们是公司管理团队的一分子。

第 10 章 Gemba Kaizen

现场管理者的角色及职责

丰田阿斯特拉公司的改善

第 9 章介绍了现场主管的角色及其职责。每一家大型制造业的现场管理都分为若干层级，如何明确各自层级的角色和职责，是一个十分常见的问题。下文是一项来自丰田阿斯特拉公司的改善案例，该案例将生动地说明，明确现场管理者的职责范围是非常有价值的。

丰田阿斯特拉公司是丰田汽车公司与阿斯特拉国际公司的合资公司，位于印度尼西亚，生产乘用车与商用车。自 1971 年开始营运，现已有 5000 名员工。

虽然丰田阿斯特拉公司已在印度尼西亚营运多年，但直到 1991 年该公司才意识到明确其现场管理者职责的重要性。其现场管理者分为主管、领班及组长，但各自角色的定位往往混乱不堪。当问题发生时，经常不知道应该找哪一位管理者来处理此问题，也不知道应该由谁来负责想出暂行对策及新的方法、防止问题再次发生并将其标准化。

此外，还有许多其他问题需要加以留意，如制度、程序以及关于人事的问题。同样需要加以管理的还有许多不同的领域，如质量、安全、成本降低、5S 和生产力。

丰田阿斯特拉公司曾派遣许多不同层级的现场管理者赴日本的丰田汽车公司培训。然而，当这些管理者回到印度尼西亚，并尝试应用所学知识时，这种现场管理者角色定位不清的问题仍然没有得到解决。终于，在 1992 年，公司开始着力重新规定各层级现场管理者的角色与职责。他们的第一步动作便是，派遣改善推行办公室经理埃迪·佩因诺赴日本深入学习丰田公司本部是如何规范各层级管理者角色的。

丰田阿斯特拉公司的现场管理者分为：组长、领班、主管及部门经理。每一个类别的下属与上级管理者之间的比例如下：

- 组长——每位组长管理 8 位作业员。
- 领班——每位领班管理 2 位组长。
- 主管——每位主管管理 2 ～ 3 位领班。
- 部门经理——每位部门经理管理 2 ～ 4 位主管。

该公司执行的第一项任务就是，理清不同管理者的角色和他们职责的优先顺序，以避免冲突和混乱。为此，许多管理者都参加了由改善办公室和人力资源部门共同发起的晋升前后的培训课程，以及问题解决研讨会及小组讨论会。以上措施对明确管理者的职责贡献颇大。其结果是，指定了各级现场管理者的职责优先顺序角色（见表 10-1）。

表 10-1　丰田阿斯特拉公司的各级现场管理者

管理职位	职责优先顺序	职位要求
组长	• 质量及缺陷监管 • 生产线停产的责任	• 有能力协助作业员在其工作区域遵守标准作业程序和标准作业表，并协助领班制定及推行工作标准及质量标准 • 负责制作标准作业表
领班	• 生产力改进 • 成本降低	• 有能力改进工作条件（生产力、成本和质量），并提升下属的技能 • 为上述任务准备活动计划，并与主管商讨
主管	• 人力资源管理 • 解决与人有关的问题	• 有能力协助区域经理改善生产控制体系、标准作业程序、质量控制、安全、培训，以及开发有多技能并善于思考的员工
部门经理	• 方针展开 • 处理下属提出的特定问题 • 解决与人有关的问题 • 新产品开发协调	• 为质量、成本、交付、安全和士气建立足够挑战性的目标 • 督查停线超过 20 分钟的生产线、安全违规事件、事故及经常性缺陷

职务手册

管理部门确定了这些管理职位的任务优先顺序以后，就开始着手制定一个评价各层级管理者绩效的制度。为此，人事部门印发了口袋职务手册，以明确现场各层级管理者的职责，并将手册分发至每个管理者手中。

总体而言，手册中将管理者的任务分为两部分：管理者的日常活动（他们每天所应执行的事务）；管理者所负责的特定事项。对组长及领班，手册制定了在工作时间里应完成的事项清单。（对主管和部门经理而言，此手册没有列出类似的工作事项清单，因为他们的职务无法像组长和领班一样，可以明确地规定。这意味着主管和部门经理有更多自由来履行他们的职务。）

管理职位的任务、工作事项及责任与管理者的绩效评估和薪水直接相关。例如，组长被要求监管缺陷，做好记录，将资料填入查核表或图表，并将这些查核表及图表张贴在现场的大型布告板上。每位组长和领班都有自己的布告板，此板也供第二班、第三班的管理者共同使用。（通常也将作业员的技能矩阵和其他图表张贴在此板上。）

手册明确地说明了哪些事务需要监督、哪些资料需要收集以及需要使用哪种类型的查核表。在每一个流程里，为评估目的而监督的事务不一定相同。但是手册一般都会考虑到下面的重要事务，如质量、安全、生产力、成本降低、培训和全面生产维护。

通过每天在这样的布告板上查询及填入资料，组长和领班就能集中注意力处理需要当即处理的事项。而他们的主管就可以通过布告板迅速评估这些组长和领班处理事务的主动性、维护及改善效果。接着，主管可以把从组长和领班那里得到的资料进行汇总，并张贴于自己的布告板上。区域经理也有类似的布告板。事实上，这些在布告板上一系列的查核表及图表，成为了管理者之间的“可视报告系统”，它们能被用来迅速确定那些需要注意的工作事项及优先顺序。布告板也成了管理者间意见交流的“可视监控系统”。

在每一班开始前，大家会聚集在布告板旁，由组长依据来自布告板的资料，花费 5 分钟时间来对某些问题（后面会提到）进行一些说明。（同样，布告板可以告诉访客现场的运行情况。当访客或高层管理者从事“现场访查”时，通过浏览布告板，就可以了解每一条生产线的进展情形，还可以增加他们对各生产线生产进度的了解。）

在每个月月底，部门经理和主管要共同评估他们下属（组长和领班）的工作绩效。评估结果将张贴于布告板上。需要评估的事项摘自职务手册，分为活动事项、主动度、贡献度或努力度。这些类别与下属所负责的维持与改善项目有关。以下为评估组长的一些主要项目：

- 由于内部原因导致的生产停线次数
- 检查与确定安全事项
- 质量缺陷
- 未遂事故（Hiyari[⊖]或 near miss，惊吓）报告
- 提案建议
- 质量小组
- 5S

评估 TAM 领班的主要项目如下：

- 安全认知
- 缺勤率
- 由于外部原因导致的生产停线次数
- 单件产品所需的人工时数
- 质量系统
- 提案建议
- 质量小组
- 未遂事故报告
- 5S
- 成本降低活动

⊖ Hiyari，在日语中是“冒冷汗”的意思，在国内也称为受惊吓、虚惊，是由于人的不安全行为、物的不安全状态引发的事件，虽然后果不堪设想，但未造成人身伤害（或人身伤害较轻）。——译者注

组长的职责

组长是从作业员中晋升上来的，他们领取额外的工作津贴。如果表现出色，组长很可能会升任更高等级的管理职位。组长的主要职责是维持质量，以及处理生产停线事件。组长必须在其组内成立至少一个质量小组，每个质量小组必须每年完成两个主题活动。组员须每月碰头两次。组长的另一个职责是处理组员的缺勤情况。如果组内有人缺勤，组长必须找人顶班，或者由自己来顶替缺勤者的工作。

每天，组长必须填好查核表。某些重要事项（如生产停线）需要每个小时记录一次。正如前面提到的那样，在每班开始工作前，组长会召集组员开一个 5 分钟的短会。短会的内容有：

- 前一天所发生的事故
- 夜班所遭遇到的问题
- 没有完成的目标
- 曾经发生过的任何电机或机械故障

组长也需要处理生产停线事件。一旦发现问题，作业员有权立即按下生产线旁的按钮，将生产线停住。生产线停止后，计时器就开始记录停线的时间。组长每小时检查一次计时器，如果停线时间超过正常时间，就必须检查问题点及异常的原因。每个月根据以上数据，来设定停线次数目标。毋庸置疑，总停线时间会影响到小组的生产能力。

领班的职责

领班的主要工作是改进生产力并降低成本。为达成此目标，领班需要降低“人工时数”（kosu），并且消除所有种类的浪费。人工时数的定义是作业人员总人数乘以实际工作时间，再除以此段时间内生产的数量。例如，如果某一流程有 10 位作业员，工作 9 个小时（含加班时间），生产了 200 件产品，那么人工时数的计算如下：

$$10 \times 9/200=0.45$$

每一个工作小组都必须计算其单位产品的人工时数。每个组长、领班及主管必须设定每月目标，以降低人工时数。

在此之前很长一段时间内，TAM 公司并没有使用人工时数作为改善生产力与降低成本的依据。然而今天，每位管理者（甚至是最底层的小组长）都能够根据人工时数来改进生产力及降低成本。公司的每一位员工都十分清楚人工时数改进与其他生产数据之间的关联，因此任何层级的员工都知道如何通过自身的行动来降低人工时数。

主管的职责

主管的任务主要与人员有关。例如：

- 培养多技能作业员
- 质量小组
- 安全

领班与主管每周开一次例会，讨论如下事项：

- 安全
- 生产力
- 成本
- 质量
- 缺勤率
- 提案建议
- 质量小组

每一位领班与主管都必须每周向上司提交一份工作周报。

现场必须管理的事项

总的来说，在现场需要管理的事项如下：

- 生产力
- 成本降低（包括人工时数的降低）
- 安全
- 人员训练
- 改善活动
- 5S
- 提高员工技能
- 质量
- 生产停线次数

如前所述，公司已制定好了用于描述现场管理者角色与职责的手册，且所有管理者的工作分为两个部分：

- 日常活动事项
- 所负责的特定事项

日常活动事项栏，一项一项地详细描述了管理者在一天之内应做的事。管理者负责的特定事项分为以下类别：

- 生产
- 成本
- 厂房环境维持
- 质量
- 人事及训练
- 安全

对于每一项类别，手册提供了一张管理者应执行的事项表。所有这些工作职责由组长、领班和主管共同承担完成，但每个层级管理者的执行事项与参与程度各有不同。

组长的日常活动事项，以职务手册为例

工作之前

1）进入工厂，走到现场。

2）检查前一班的报告。

3）工作前的准备：

① 工作小组的组成，以及检查所有机器设备、夹具、工具及其他辅助材料是否已经准备就绪。

② 如果有人缺勤，将其记录于报告中，然后通过领班找到替代者。

4）早操及5分钟早会。

上午工作时间

1）开始工作：确认所有人按时开工。

2）工作流程变更：协助领班实施新改进后的工作流程的培训。

3）点检生产流程：领导线上作业员遵守标准作业书。

4）上午休息时间：

① 例行对某些预定的质量事项进行抽样检查。

② 指导作业员克服其工作上遇到的异常。

③ 当领班正在开会时，协助或执行领班的工作。

5）开展在岗培训，以发展多技能的作业员工。

下午工作时间

1）查核检验的结果：

① 查核上午由质量控制人员所做的检验结果，并向领班寻求改善的指导。

② 依照领班的指示，对发生的问题采取暂时的对策，并向领班寻求永久解决办法的指导。

2）协助作业员从事修理与返工的工作，并且检查及评估其结果。

3）调查生产停线的原因：向领班提交暂行对策及预防措施的建议。

4）必要时下达加班工作指示。

5）领导作业人员在现场执行5S活动。

工作结束之后

1）撰写本班工作报告，并向下一班交代有关信息。

2）领导质量小组会议：积极参与质量小组活动，并鼓舞作业员工士气。

组长的特定工作事项，以职务手册内的生产、成本及质量为例

公司的职务手册也详细描述了组长在前述的工作职责类别，即生产、成本、全面生产维护、质量、人事、培训及安全。以下为组长在生产、成本与质量方面工作事项的范例。

生产

1）实行月生产计划：

① 安排作业人员，使生产流畅。

② 培训及协助新作业员的工作。

2）准备每日生产：

① 点检生产设备、工具、零件及材料。

② 按照领班要求执行任务。

③ 启动机器，并确认其工作正常。

3）追踪：

① 调查异常的原因。

② 向领班报告。

③ 采取暂行措施。

④ 设计永久对策。

⑤ 向领班报告采取的任何行动。

⑥ 依照指示协助领班完成工作。

4）作业完成后：

① 准备下一班工作；如果发现任何异常，要告知下一班作业人员。

② 确认每一个开关都处于“断开”状态。

③ 协助上司准备每日工作报告。

5）处理生产停线：

① 调查外部生产停线。

② 调查内部生产停线。

③ 确定停线原因，并采取相应措施。

6）为生产线导入新产品型号做准备。

① 协助领班。

② 学习新产品型号，并指导作业员。

成本

1）成本改进计划：向领班提出口头意见和建议改进计划。

2）降低人工成本：提出构想及协助上司实施人工成本降低措施。

3）降低直接成本：

① 记录材料耗用量。

② 研究材料消耗增多的原因，并提出解决对策。

4）节省能源：

① 确定是否有泄漏，如空气或供水。

② 发现泄漏后，决定是否自行处置，还是寻求协助。

5）日常改进事务：

① 准备改进。

② 协助领班指导下属的改善工作。

6）其他：

① 与下属开会，说明成本降低的成果。

② 时时刻刻提醒作业员，以强化其成本意识。

质量

1）维持并提高质量水准：

① 向组内成员说明当前的质量水准与目标。

② 监控流程的质量输入信息。

③ 分析原因及采取对策。

2）每日贯彻“将质量融入生产”[⊖]的信念：

① 检查每日生产的第一件与最后一件产品。

② 定期检查以杜绝质量缺陷。

③ 检查作业员是否遵守作业标准。

⊖ 英文中用 built-in quality，意指用可靠的生产流程保证质量，也可以通俗地理解成“把好制造过程的质量关”。——译者注

3）当发现缺陷时，采取相应对策：

① 内部原因造成的缺陷——修理好，向领班报告并提出对策。

② 外部原因造成的缺陷——向领班报告，请求修理的指示。

4）其他：

① 组内每日开会。

② 向组员通报遇到的质量问题，并进行讨论。

③ 加强所有组员的质量意识。

领班的工作事项，以职务手册内的“成本降低”为例

领班在“成本降低”领域的工作事项如下。

计划改善

1）与组长研讨后，准备将成本降低计划提上日程。

2）协调本部门内的各项改善活动，并向其他部门寻求特定改善事项（如新工具等）的协助。

3）监督与跟进成本降低的进程。

降低人工成本

1）监督每月人工时数降低的活动，并追踪其进展。

2）如果目标没有达成，找出其原因并采取对策。

降低直接成本

1）关注原材料、消耗性工具、耗材和油品等的实际消耗量与计划消耗量的差异。

2）如果实际消耗量超过计划消耗量，研究消耗增加的原因，并采取对策。

节省能源

1）确认是否有泄漏，如压缩空气和供水，并拟定行动计划以阻止泄漏。

2）培训及鼓励作业员在使用完设备后随手关掉电源。

日常改善

1）为改善活动准备图表并监视人工时数。

2）根据发现的问题指导改善活动。

其他

1）领导小组会议，并说明成本降低活动的进展。

2）鼓励每一位员工提升成本意识。

主管的工作事项，以职务手册内的人事及培训为范例

主管在人事与培训方面的工作事项如下。

培养下属

1）向所有下属员工告知有关公司的现状、经营环境及管理方针。比如市场最新发展及新产品等重要信息，也要让下属知晓。

2）为每一位员工准备长期培训计划。

3）对员工能力及其改善成就进行记录，并不断更新。

培养多技能作业员工

1）监督培训日程与项目，以培养出多技能的作业员。

2）监督多技能作业员培训项目的执行方式，并持续关注。

技能指导

1）通过在职训练来对作业员进行技能培训。

2）根据以往经验与实践，对每一工位所需技能进行标准化。

强化设备知识

1）加强对设备结构、功能和作业手册的认识。

2）指导领班与组长加强对设备的认识。

3）检查并根据需要修订作业手册。

指导新作业员与调职者

1）向新作业员及调职者说明单位内的组织结构。

2）给予下属一些工作事项的指导。

3）评估、准备及修订供领班使用的“新作业员指南”。

4）依据手册去指导和监督，对新人进行跟踪指导。

从事人际关系活动

对于非正式的活动。例如，在“人际接触活动”中给予指导意见，并关注后

续发展状况。(每个月每个小组可以在工作时间内举行会议，以增强人际关系，并有时间娱乐放松与自由交谈。)

贯彻质量小组活动

1）担任质量小组活动的高级辅导员，给予相关协助及指导意见。

2）协助并指导开展质量控制会议、研讨会及培训课程。

3）在下属的质量小组中，对质量小组活动的顺利推进给予意见并关注后续发展。

4）开展活动以提升对质量小组活动的理解。

鼓励提案建议

1）宣传及指导提案建议活动，以达成每个小组的提案建议数目标。

2）监督提案进程，并给予指导。

3）对那些不太积极的组员，单独征求意见。

4）审查提案建议。

建立工作纪律

1）组织会议及提供咨询，以营造更积极的工作氛围。

2）确保下属确实遵守了工作纪律，并反馈违纪现象。

3）对经常违反纪律的组员，给予个别指导。

4）检查下属纪律的推行情况。

其他

1）对加班工作给予批准及指示。

2）年假的监督及跟催。

3）对有特殊问题的作业员，给予个别咨询。

部门经理的角色及职责，以职务手册为例

如前所述，组长、领班及主管的职责可以被明确地规范，然而关于部门经理的职责（制定更完善的内部制度与程序）就无法进行明确的规定了。举例而言，质量保证职能的部门经理应当承担如下职责。

方针与目标设定

1）向每一位领班逐项制定质量改善目标。

2）设计达成目标的策略。

追踪目标达成的进度

1）定期检查部门目标。

2）采取解决问题的对策。

3）追踪对策执行的结果。

4）执行结果不满意时，要给予下属一定的指导。

5）在区域经理的职责范围内，直接承担重要的问题。

改进质量保证体系

在流程中注重质量，并达成百分之百的质量保证。

成功制定职位角色与职责所必备的条件

丰田阿斯特拉的职务手册，明确地规定了其各级现场管理者的角色与职责。然而，为使手册产生效用，就必须满足下列两项基本条件。

- 必须要有培训计划，以帮助管理者获得他们各自履行职务所必需的工作技能。
- 必须建立制度和程序来管理质量、成本和交期等事项，以便每位管理者确切地知道各自的职责所在。

对于负责减少质量问题的组长，以及必须减少人工时数的领班来说，他们必须确切地了解如何衡量结果，使用何种查核表，以及如何计算数据并报告。组长也需要拥有解决问题的能力。

过去25年来，丰田阿斯特拉在建立内部制度与程序方面不懈的努力，使得他们成功地规范每位管理者的角色。与此成功有关的管理培训计划，处处体现了消除浪费、无理和不均的思想，这些消除3MU的思想往往与生产车间现场的改善活动密不可分。

当此消除3MU的思想被应用于员工培养时，无理也许可以解释为“员工在工作上的紧张感”。如果作业员没有足够工作技能却去执行其工作，则会感到紧张压迫。当这些作业员不能及时地充分了解与工作有关的信息时，他们就很容易犯下错误。当作业员不能理解他们为顾客所做而产生的附加价值时，他们将产生更多的浪费与成本消耗。为了消除无理，作业员与管理者必须接受培训以执行各自工作。特别地，对企业经营环境改变的适应能力，被视为极为重要的特性之一。丰田公司认为员工开发非常重要，必须持续不断地去执行。

员工开发

在职培训

丰田公司培训体系的一个重要支柱就是在职培训，它被用来培训员工的工作技能。丰田公司开发了一套名为“丰田工作指导方法”的在职培训课程。

培训材料最初是来自 TWI 课程，包括工作关系、工作改善和工作指导。

课堂正式培训

在丰田公司，各种课程由认证的培训师进行讲授，如“丰田工作指导方法”就是由认证的培训师讲授的。其他在公司内讲授的课程还有丰田生产体系、问题解决、晋升前及晋升后培训、安全培训以及技术培训等。

自主活动

这类的培训活动与上述两种相比，较随意，不会强制员工参加。这类活动包括质量小组、提案建议制度、未遂事故报告及质量未遂事故报告。管理层认为这些活动能激励员工的思想，并教导一些极有价值的东西。下文将说明自主活动中的一种，未遂事故报告。

确认潜在的问题

未遂事故报告

TAM 公司有两项特殊的活动计划，用于提前预测潜在的问题。一种称为“未遂事故报告”，另一种称为“质量未遂事故”或称为“危险预知培训”——预先判定有潜在的危险。未遂事故报告指出了不安全的情况，或可能最终在工作场所引起意外事故的活动。而质量未遂事故报告则预先指出会导致类似不合格品出现的质量问题的情况。

两种未遂事故报告表通常与一般提案建议制度配合使用，以确定潜在的问题。如果附上未遂事故报告或质量未遂事故报告表，提案建议可能会更有建设性，相应地，这样的建议也会得到更高的评价。换句话说，对能事先预测或发现问题并将其解决以免潜在问题真正发生的员工，管理层将给予奖励。管理层认为，这样解决问题的办法，比在事故发生后解决更具有价值。例如，一位喷涂车间作业员，担心厂内的吊车可能会打到其头部。因此他建议移开一个阻碍视线的障碍物，以便能较清楚地看到移动的吊车链条。另外一个案例是一个“陆地巡洋舰”的试生产过程中，出现了质量缺陷。一位金属抛光作业员发现，当作业员打开车辆后门时可能会出现凹痕，故其提案是在两边的车门上装上阻撞器。

潜在问题发掘的培训

丰田阿斯特拉公司有一项特别培训计划，用以提前发现危险，课程包含安全、潜在问题的发掘和未遂事故报告。这项培训计划提升了员工对不安全状况及行为的认知，强化了对安全事务的敏感性，并且有助于增加未遂事故报告的数量。

改善活动的益处

在营运了 25 年后，印度尼西亚的丰田阿斯特拉公司已建立起浓厚的改善文化。1995 年，平均每位员工每月提案件数为 7 件，比大多数日本公司都要多。管理层估计这些提案建议可为当年节省下 500 万美元。自 1990 年以来，人工时数的降低或生产力改进目标为每年 10%，并且每年的目标都达成了。在 20 世纪 80 年代初期，阿斯特拉在工厂内有一个“汽车医院”，有多达 400 多辆的“汽车患者”。今天，所有成品汽车都直接交付顾客，而且在工厂内的成品车平均库存时间为 6 个小时。曾经在丰田阿斯特拉公司工作过的改善顾问克里斯迪安托·佐加回忆起很早以前的日子。那时他习惯在进入现场时随手拿一个塑料袋，以捡起遗落在地上的螺丝、螺母。有时，在装配好的汽车里可以发现螺丝、螺母甚至还有零件标签和饮料罐。然而这样糟糕的状况已然成为过去。这些改变显然归功于管理层多年来的坚定决心，但恐怕你很难相信，像丰田阿斯特拉公司这样一家优秀的企业，一般员工月薪只有 150 美元！

今天，制造业都在寻找自己的国家之外的新生产基地。继新加坡、印度尼西亚、马来西亚及泰国后，这些公司正将目光转向越南、缅甸、中国和印度。这些地区的工作文化转型，就像在印度尼西亚的阿斯特拉工厂的成功转型，并非不可能。对在北美、欧洲或其他工业化地区的公司而言，这也许是一项很大的挑战。这些公司的员工挣着 10 倍于丰田阿斯特拉公司的工资，却还是固守传统的西方监督与管理方式。

Gemba Kaizen 第 11 章

从及时制到全面流动管理

总的来说，当今有三种主流的优秀制造流程，它们互有竞争，却在思想上相通。它们是质量管理、流动管理及资产管理。这些流程的名字会发生演变，如从全面质量控制到全面质量管理，再到六西格玛。又如从全面生产维护到全面生产力管理。类似地，及时制也发展成为了一个更加复杂的生产方式——全面流动管理。

为使质量、成本和交付（QCD）成功达到既定目标，同时满足客户需求，一家制造企业必须进行三个方面的主要活动：全面质量控制（TQC）或全面质量管理（TQM）；全面生产维护（TPM）；及时制生产（JIT）。

在大野耐一的领导下，丰田汽车公司创造了及时制生产方式。丰田生产方式的两大支柱：一个是“将质量融入生产”，另一个就是及时制。许多公司更喜欢将这种生产方式称作“精益生产方式”或“某某公司生产方式”。本章将采用“及时制生产方式”的称谓，并进一步详细介绍“全面流动管理”。

上述三个主要的活动体系，虽然都是为了达成 QCD 的目标要求，但其本身目标却各不相同：全面质量控制是以总体质量作为主要目标，全面生产维护则着眼于设备的可靠性与质量，而及时制则有关管理上的另外两个重要指标，即成本与交付。最高管理层在引入及时制生产方式之前，必须首先建立起全面质量控制与全面生产维护的坚实基础。许多人误解了及时制，其中一个最普遍的误解，是将及时制理解为是由供应商做的事情。为了享受到供应商及时交货的好处，买方公司本身必须先改善自己公司内部的作业流程，以达到最有效率的境界。及时制是一种既能降低成本，同时又能满足客户交付需求的革命性的方法。

爱信精机公司安城工厂的及时制

如果读者有机会去日本参观爱信精机安城工厂，将更能理解及时制。这家工厂生产床垫、工业缝纫机、气体加温泵及空调。在进入床垫生产区时，人们也许会期待看到一个宽阔的空间，周围堆满了床框、弹簧和布料，作业员则在其中装配床垫。然而事实正相反，访客看到的是一个很紧凑的作业空间。在一个差不多篮球场大小的区域里，有 7 条单独的生产线，每天生产 750 种不同颜色、样式和尺寸的床垫。

除了床褥缝制机以外，每一条线上的机器都按照工艺顺序排列，主要工艺包括弹簧绕制、弹簧组装、多针头缝制、切割、凸缘缝纫、垫料、边缘缝纫、带边缝纫以及包装。每一道工艺都与下一道工艺相联系，不容许有多余的空间存放半成品。在各工艺之间，只允许一个工件流动。床褥缝制工艺每一次仅有制作一个床垫的布料。每一个工件在工作站间移动时，顺便就完成加工工序。在编织机开始编织床罩 20 分钟后，床垫就已做好，并准备出货至散布于全日本的 2000 个家具店，从而达到及时交货。

对于最畅销的型号，在生产线终端会有一个小储藏间，可存放 3 ～ 40 个床垫的标准库存量（数量依据每日销量而定）。每一个床垫都定点放置，并贴上看板标签（生产指令便条）。每收到一件订单时，就出货一件，贴在床垫上的看板标签就被取下并送回生产线起点，充当生产指令。这种生产方式可以确保畅销型号的床垫，保有最少必要的存量。对于非标准型号的床垫，则不设立储藏间。这些床垫将直接从生产线装货，然后送至下订单的家具店。

爱信精机在收到经销商订单的第二天，就开始生产床垫。这只有在生产提前期非常短时（2 个小时），才能实现。有时会收到来自酒店与度假村的大订单，这时，公司会将生产任务分配至各个生产线，每天生产一定数量的床垫。公司将生产任务平均分配到其他型号的生产线上去，以免干扰到正常的生产进度。这就叫作“均衡化”（heijunka，也译为“平准化”）。这类的大订单使得公司必须寻求外部仓库，直到交货日为止。虽然及时制经常被称作“零库存生产方式”，但保持零库存往往既不可能，也不现实。

深入思考上述的生产方式之后，我们发现如下五点。

第一，我们可以感受到有一条无形的线连接着客户与生产流程。较短的生产交付周期使得公司可以在接到订单后才开始生产，并使得现场员工在生产时，时刻将客户牢记于心中。这就好像顾客在生产线隔壁等待领取产品一样。

第二，这种生产方式具有较大的柔性，以满足顾客的需要。配合看板的运用，使得畅销型号的床垫一旦被销售出去就会立即得到补货，从而最小化库存。

第三，这种生产方式可以在线上迅速对异常做出反应。如果有不合格品发生，整条线会因没有存货而停产。换句话说，管理层必须协力处理问题，以使生产线不停产。每一个质量问题、设备功能异常问题，以及人为错误导致的问题都必须妥善解决，以使生产线不会停产。及时制要求现场持续进行改善活动，并要求管理者与作业员都严格遵守纪律。爱信精机曾荣获过戴明奖与日本质量控制奖，这充分证明了其对质量执着的追求。

第四，及时制允许柔性的生产计划。爱信精机只生产满足客户订单数量的床垫。即使是那些最畅销的型号，公司也不会依照未来的需求预测生产，只会针对该型号制定最小库存量。另外，一旦生产启动，就绝不允许在制品发生停滞，产品必须在最短的时间内生产完毕，并立即出货至客户。对大多数产品来说，无需仓库，在道路上行驶的货车就是仓库。

第五，这种生产方式有助于企业更精确地预测市场。理想的境界是，只当收到所有的订单时，生产才会启动。然而，事实上这是不可能的。爱信精机根据过去的经验得知，每天对最畅销型号床垫的需求量是 40 套，所以此型号床垫的库存量也就保持为 40 套。取决于各型号床垫的需求程度，每日库存量为 3 ～ 40 套。看板方式只根据每天的销售数量来补充生产。对其他型号的产品，仅在收到订单之后才开始生产。请记住及时制的定义之一是“只按照订单的数量与顺序进行生产”。从爱信精机或其他实施及时制的公司中，我们可以看到一些及时制生产的特征。另外还有些特征无法直接看出来：

- 节拍时间与周期时间（完成一个产品的理论时间与实际时间）。
- 拉式生产与推式生产（只生产下一道工序所需的产品与按照本道工序的生产能力生产）。
- 使生产流动起来（依据生产顺序重新布局生产设备）。

节拍时间与周期时间

节拍时间（takt time）是指总生产时间除以客户订单数。对批量生产的产品而言，其节拍时间以秒计算。对生产时间长的产品，节拍时间可能会以分钟甚至小时计。如果 A 生产线一天生产 80 套床垫，其作业员每天工作 8 小时，那么节拍时间的计算如下：

8 小时 / 天 × 60 分钟 / 小时 ÷ 80 件 / 天 = 6 分钟 / 件

它表示，如果 A 生产线的每一道工序都在 6 分钟内完成，那么每 6 分钟就会生产出一个床垫，从而在当天结束时将生产完 80 套床垫。

单词 takt 源自德语，意为管弦乐团指挥所用的指挥棒。节拍时间是个奇妙的数字，因为它体现了市场需求的脉动。这是一家企业中每位员工赖以生存的数字。正如在行板与渐强的乐曲中挥舞的指挥棒，市场的指挥棒一直在变动，生产现场必须随之反应变动。如果每一道工序的生产时间都超过了节拍时间，产量就会吃紧；如果每一道工序的生产时间都比节拍时间短，生产就会过剩。如果生产与节拍时间相符，现场的步调就会与市场需求的脉动一致。当公司的管理达到足够的柔性，现场就能即刻随着市场的需求脉动而变化，做到只依订单数量生产。

节拍时间是一个理论值，它告诉我们每一道流程生产产品需要多少时间。相反，周期时间则是指每位作业员完成一个产品所耗费的实际时间。在现场，发生异常是可能真实存在的，一旦异常出现，周期时间就变长了。及时制的目标是要使周期时间尽可能接近节拍时间。

为达成此理想，所有类型的异常都应妥善处理。在未实施及时制生产方式的公司里，周期时间与节拍时间相比要短，在许多案例中，仅有节拍时间的一半。这增加了在制品和成品的堆积，造成了库存过剩。

生产线之间也必须检查周期时间是否一致。不论某一条生产线有多么快，如果其他生产线的周期时间很慢的话，总体的效率也不会提高。

推式生产与拉式生产

当今多数制造企业的生产方式属于推式生产。每一道工序都是尽其能力生产，然后不管下一道工序是否需要，全数将其送至下一道工序。这种做法在一定程度上来自以下思想："只要生产工序正常，就尽可能生产，因为我们永远不知道什么时候会再出差错。"

在一家生产床垫的公司，这样的想法会使得织布机织出尽可能多的床罩，或是弹簧绕制机制造出尽可能多的弹簧圈。在传统的企业里，这些流程通常被安置在与装配线相隔离的场所。很有可能，织布机与弹簧绕制机被放置于工厂角落远离装配线，它们持续生产的在制品将先送往仓库，然后才送至总装线。

在这种生产环境下，作业员不会，也无须知道客户对产品的数量与时间要求，这就是典型的推式生产方式。同理，在总装线，作业员很可能装配着尽可能多的产品，成品被送到仓库，然后等待订单下达。推式生产方式需要大批量生产，结果产生库存及搬运的浪费。

相反，爱信精机是依据市场的需求量来拉动生产，一旦收到客户订单，整个工厂都会立即进行生产。公司致力于预估近期客户的需求量，并建立起柔性生产以应对需求波动，而非根据预测订单量生产库存。

爱信精机的项目经理三矢敏彦说，床垫生产不同于自动化生产，因为每天没有固定的产量。换句话说，没有任何生产计划，唯一的床垫生产计划只是客户的订单。对汽车业而言，每天的生产量则是较为平稳的。

顾客光顾2000家家具商店的任何一家时，通常想购买并立即拿到床垫。不像购买汽车，购买床垫的顾客不愿意等待过久。虽然这些家具店保存有一些有竞争力的床垫型号，爱信精机的生产方式使得公司具有足够柔性，并以最短的提前期生产所有品类的产品。今天，2000 家家具店中的任何一家都可以提供 750 种不同型号的产品以供选择，如果顾客居住在工厂方圆 100 千米的范围内，那么他隔天就可以收到货品。如果爱信精机没有这样的生产方式，那么它可能就需要建立一个庞大的仓库了。

使生产流动起来

在拉式生产方式中，所有流程都需要按工序顺序重新布置，使得工件在工作站之间有序流动。但是由于某些机器设备过于庞大笨重，或有多种用途，严格按照流程顺序放置这些机器设备是不可能也不现实的。虽然如此，我们也应想尽办法，把这些孤立的设备纳入到生产线中。

一旦建立起这样的生产线之后，下一步就是开始“单件流”的生产方法，每一次只允许有一个工件在工序之间流动。这会缩短生产交付周期，并使得在流程中间不容易产生在制品库存。

一家生产航天零件的工厂曾经进行了单件流生产方式的模拟。它设想将所有流程都联系起来，并且在流程之间只有一个工件按照产距时间流动。在工厂刚开始实施模拟时，它总的生产交付周期达 8 周之长，即从开始生产到最终产品出厂长达 8 周之久！模拟显示，生产提前期不应超过 4 个小时。工厂的设备布局因此需要重新布置，来配合单件流生产方式。最终这些改善活动也解决了许多瓶颈问题。

然而在开始单件流生产之前，诸如质量、机器故障以及缺勤等问题都必须加以解决。直到这些问题都被解决了，单件流生产才可能开始。因为每次这些问题出现，都会导致生产线停产，曾经微不足道的问题便显现出来了。企业会因为生产停止而损失金钱。正因此，管理层必须妥善解决这些问题，所以说单件流的生产线会强制工人去寻找并解决问题。

除了缩短生产提前期以及减少多余库存以外，单件流同时也能帮助作业员立即定位质量问题，因为上一道工序产生的问题可以立即在下一道工序中辨识出来。单件流也带来了百分之百的检验，因为每个工件经过了每一个作业员。

而单件流的另一个优点是它不需要大型的设备。机器设备只需要足够大，以便在节拍时间内处理完一个工件即可。传统生产流程基于大批量生产的概念，这需要大型机器一次处理大量工件。高温处理与喷涂就是绝佳的例子，在一家工厂，我曾看到一个高温加热炉像室内游泳池一样大。

在松下电器公司的一家工厂里，过去曾使用一部大型烤箱来热处理微型开关。然而自从引进了单件流生产线，公司发现从附近超市随手购买的烤炉就足以达到目的了。正如我之前提到的，机器通常工作过快了。单件流生产线中的机器可以比传统批量生产中的机器更小。这些机器也比较缓慢，这对较慢的节拍时间来说刚好合适。这些机器通常价格低廉，公司甚至可以将其自行设计并制造出来。假如有一家公司使用昂贵而高速的生产线，制造大量的产品，如果它希望增加生产柔性，通常会以较低的成本设立一条额外的生产线，专门处理小订单和急单。因为不需大量投资，管理层可以将这些额外的生产线专门用于处理小订单与急单的生产。同时保留原先的主生产线，以保证大批量生产，尽可能减少在主生产线上频繁换模的需求。通常这些小型的生产线会布置成U形，作业员可以轻易地从一道工序走到下一道工序。这样的安排使得生产可以根据需要的周期时间来进行调整，从而让企业有更大的柔性来处理多样化的客户需求。

爱信精机引入及时制的过程

20世纪80年代中叶之前，爱信精机的8个销售办公室都拥有各自直接交货至家具店的床垫库存。在当时，公司提供220种不同类型的床垫，并且需要30天的库存。该公司的20位作业员每天生产160个床垫，每件床垫的工时为75分钟。

三矢敏彦说："业务员每月给我们的销售预测从来没有准确过。这就像是在观测水晶球占卜一样，总是不断地修改计划，使我们的供应商很难跟上变化。在生产线上我们缺少某些供应商提供的物料，但同时我们又有堆积如山的库存。"

那时候，工厂拥有一座2200平方米的仓库，以应对销售的波动和某些特殊型号床垫的缺货。生产以市场预测作为依据，具有下列缺点：

- 很难精准地预测需求。由于生产提前期过长，就需要有风险地进行长期预测，因而计划不会很可靠。
- 不得不频繁变动生产排程。对变动的市场信息及时做出反应是非常困难的，因为很多流程中的生产计划也需要跟着改变。
- 现场里制造了许多的浪费。现场人员为免于被指责存货短缺，他们倾向于每月制定很大批量的生产计划。
- 仓库避免成品库存短缺是十分必要的。管理这些仓库产生了额外的成本支出。

爱信精机改善的第一步

1988 年，爱信精机决定不再根据预测生产，而要改为依订单生产。它做的第一步就是剔除仓库。当时遇到的第一个问题是：先处理哪种类型的库存，成品床垫还是在制品床垫？公司选择先从成品开始，这包括了所有成本的总和，如人工成本、材料成本、加工成本及设备成本。

看板的引入仅仅是为了保持标准型号床垫的必需量，也就是说，仅仅根据其每日销量，按比例保留那些最畅销型号的床垫。为了储存最畅销的床垫（每天销售超过三套），在生产线末端附近建立一个“储存点”。当畅销型号的床垫离开了储存点，就揭下贴在床垫上的看板标签（生产指令便条），并送回生产线前端，作为明日的生产指示单，以补充销售出去的那些床垫。

爱信公司在推行看板方式之前，每周安排一次生产排程，计划生产不同种类的床垫，如单人床、双人床、半双人床。在新的生产方式下，曾经每周一轮的生产排程方式缩短为每天一次。今天，生产排程周期更是缩短为 2 个小时。

此阶段改善活动的重点是，按照订单接收的顺序生产不同型号的床垫。为此，减少换模时间成为了关键。通过缩短换模时间，公司床褥缝制机的换模次数增加了 60 倍之多。

1986 年，即实施改善活动的两年前，爱信精机生产的床垫型号有 220 种。在第一阶段改善完成后，此数字提高到 335 种。尽管如此，其成品库存却降低至 2.5 天，改善前则为 30 天。虽然在此期间公司仅增加了一名员工，但其每天却比过去多生产 70 套床垫。每套床垫的工时，则从之前的 75 分钟降至 54 分钟。

爱信精机改善的第二步

1988 年，爱信精机使用看板来消除工厂与家具店的库存。1992 年，爱信精机准备启动改善的第二步：消除工厂内的多余库存。

在降低在制品库存的过程中，该公司开发了一种名为装配优先顺序表的方法，规定了 750 种不同型号床垫的装配优先顺序，以配合交期的需要。客户订单从爱信精机在全日本的 2000 家经销商和 8 个销售办公室通过网络传送至工厂。生产线从供应商那里及时收到所需的聚氨酯、棉花、毛毡和床布等，并将其最终装配成床垫。全部 7 条生产线都被这样安排成生产任何型号及尺寸床垫的单件流生产方式。

工厂为 7 条生产线配置了 5 台床褥缝制机。接收到的订单及交货日期决定了床褥缝制机的生产顺序，每一个床垫仅生产一个床褥。因为公司必须生产 750 种不同型号的床垫，如果没有装配优先顺序表，此生产方式的功效就不能发挥出来。此种生产方式，仅允许床褥缝制机保有 2 个小时的库存量。也就是说，床褥缝制工艺只能提前 2 个小时进行生产，没有人知道在那之后装配线需要生产何种型号的床垫。

工厂不会给现场员工提供每日生产排程，(包括生产的数量与类型)，以防现场员工按照自己的便利性来生产床垫，而非按照客户需求来生产。此生产方式仅提供给现场人员 2 个小时的生产预测，这对于处理急单已经足够了。一位兼职员工使用个人电脑，依据每天的订单来准备顺序表。

爱信安城工厂同时还引入了许多其他及时制生产方式的事项，如床垫生产的均衡化。工厂在尽可能在自身达到柔性以满足客户需求的同时，将成本降至最低程度。

把及时制生产方式的好处延伸到其他行业

爱信精机已成功将及时制引入床垫制造，此行业具有高度的季节性需求。该公司已经采取了许多改善活动，以迎合在接到订单后及时生产交货的挑战。今天，爱信精机有两种生产方式：仅生产要补充库存量的产品；仅按订单生产。后者又可细分为两个部分：按照交付日期生产；按照提前下的订单生产。在零库存观念下，首先应当考虑按照交付日期生产。从酒店业或类似行业接到的提前下的大订单应排在第二位，因为订单通常集中在周末，有时会产生大的需求波动。将额外的生产需求量分散在一段时间里，可以保证公司生产的平稳，从而避免干扰生产线。

自从 1986 年爱信精机引入及时制生产方式，其生产力已经提高了 4.5 倍，总营业额提高了 1.8 倍，产品的样式从 220 种增长为 750 种。而库存却降为 1.8 天，为原先的 1/17。每件产品的工时从 75 分钟降至 42 分钟。为实现小批量生产，公司的生产换模次数增长了 40 倍，但总换模时间反而减少了。这应归功于按照实际需求进行的改善活动。

及时制生产方式也产生了其他好处，它不但减少了换模时间，同时也减少了工时与生产交付周期，并剔除了仓库。现在床垫可以立即出货，业务人员就可以给客户提供全方位的选择。此外，它消除了成品长期储存问题，也就消除了类似变色、弄脏与褪色的质量问题。

爱信精机是丰田汽车公司的主要汽车零件供应商，在汽车零件生产上，已经实施及时制生产多年了。从该公司成功地将及时制实施于一个完全不相关的床垫制造业可以看出，及时制生产技术与秘诀同样可以成功应用于许多不同类型的生产线上，爱信精机同样在其工业缝纫机的生产上应用了及时制技术。该公司也提供咨询服务，称为“丰田缝纫产品管理体系”，以协助制衣企业解决工厂设计、营运及管理问题。

对于那些忽视新发展趋势的生产方式厂商而言，他们很快就会发觉自己丧失了竞争能力，因为竞争对手已经开始享受到这种令人吃惊的生产方式的好处了。如果他们听取了松下电器公司的主管高木知惠的见解，他们就应该做得很好。在该公司引进了及时制生产方式后，她说：“每当我回顾改善前的那些日子，我简直不敢想象我们竟是这样经营企业的。那种生产方式简直是一种罪恶！”

全面流动管理[⊖]

基于25年实施改善与精益物流的经验，全球改善咨询集团创立了称为全面流动管理（Total Flow Management，TFM）的生产方式。这种细化的生产方式，使得无论在内部制造工厂还是集成供应链上都能顺利地运用丰田生产方式。

TFM是一种基于创建拉动流的改善战略，这是迄今为止最好的设计与管理营运活动以及供应链的方式。“创建流动”指的是创建物料与信息在整个供应链的流动。这种物料与信息的流动应当由实际客户订单或实际客户消费来驱动。物料与信息的流动在供应链环境中应该这样理解：首先客户从零售商购买（拉动）产品（物料），零售商拉动制造企业，制造企业拉动其供应商网络。这就是简化的供应链里的流动（真正的供应链在最终制造环节前后，应当有许多其他环节）。

这就是丰田在其供应链中发展与实施的战略，从汽车经销商回溯到所有的供应商。TFM就是这样一种生产方式，拉动流（由消费活动拉动的单件流），并且每个人都在随时随地大力实施改善，这是其主要的原理。

设计的起点就是你在供应链中所处的地方。你可能是在制造环节，或是在产品分销环节。通过实施这种生产方式，你将着眼于创建所处环节内部的拉动流，同时你还将考虑如何能将这种生产方式运用于你的下游供应链。这就是我所谓的“供应链的交付侧”。你也应该寻求将这种生产方式扩展到你的上游供应链，或我所谓的“供应链的供应侧”。这种生产方式的总体原理如图11-1所示。

图11-1所包括的范围就是你所处的供应链。TFM的主要目标是减少供应链的总交付周期。衡量交付周期的指标是整个供应链的库存量，按天来算。减少供应链交付周期的同时也会消除等待的浪费，这意味着创建了物料的流动。创建与维持这个流所需的整个系统、流程和标准，其要求非常严格，也会带来以下重要成果：

⊖ 改编自Euclides A. Coimbra, *Total Flow Management: Achieving Excellence with Kaizen and Lean Supply Chains* (Switzerland: Kaizen Institute, 2009)。

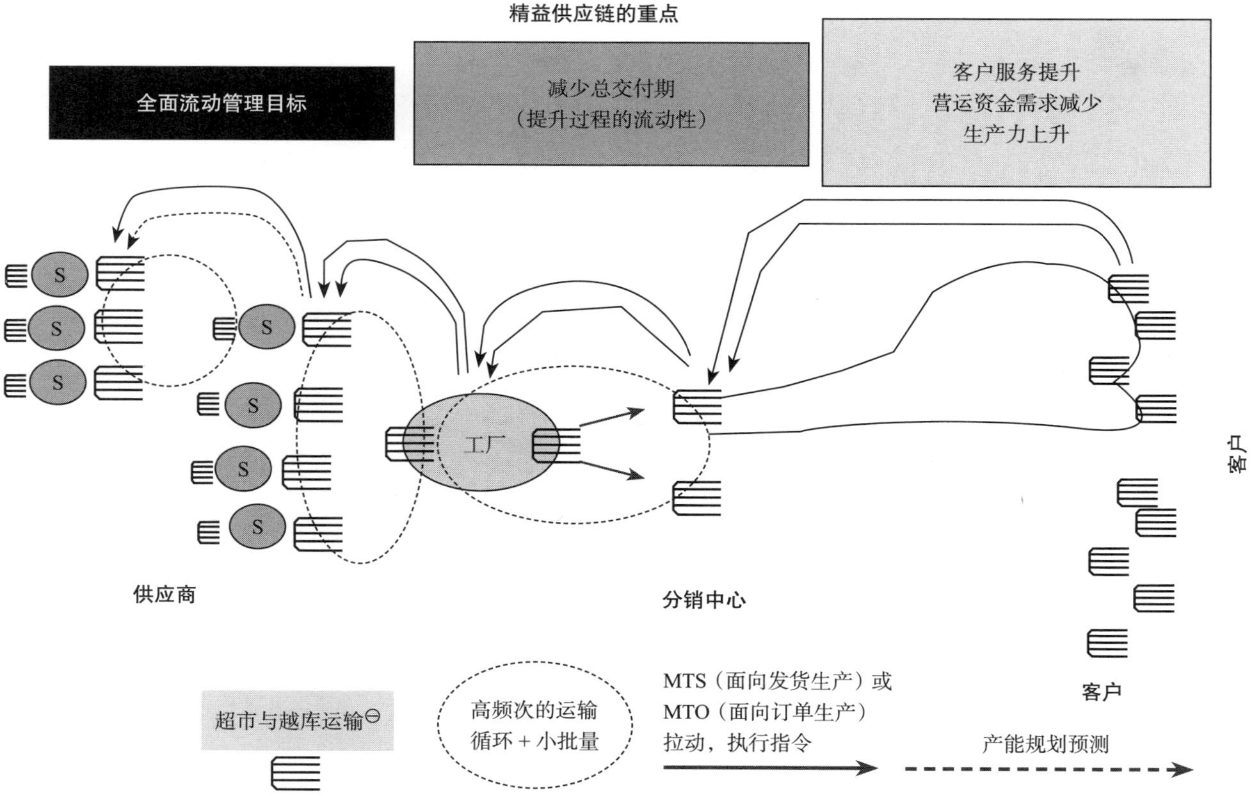

图 11-1　TFM 模型

⊖ 越库运输，Cross docks，指货物不进入仓库，直接在码头上重新配货后继续运输。——译者注

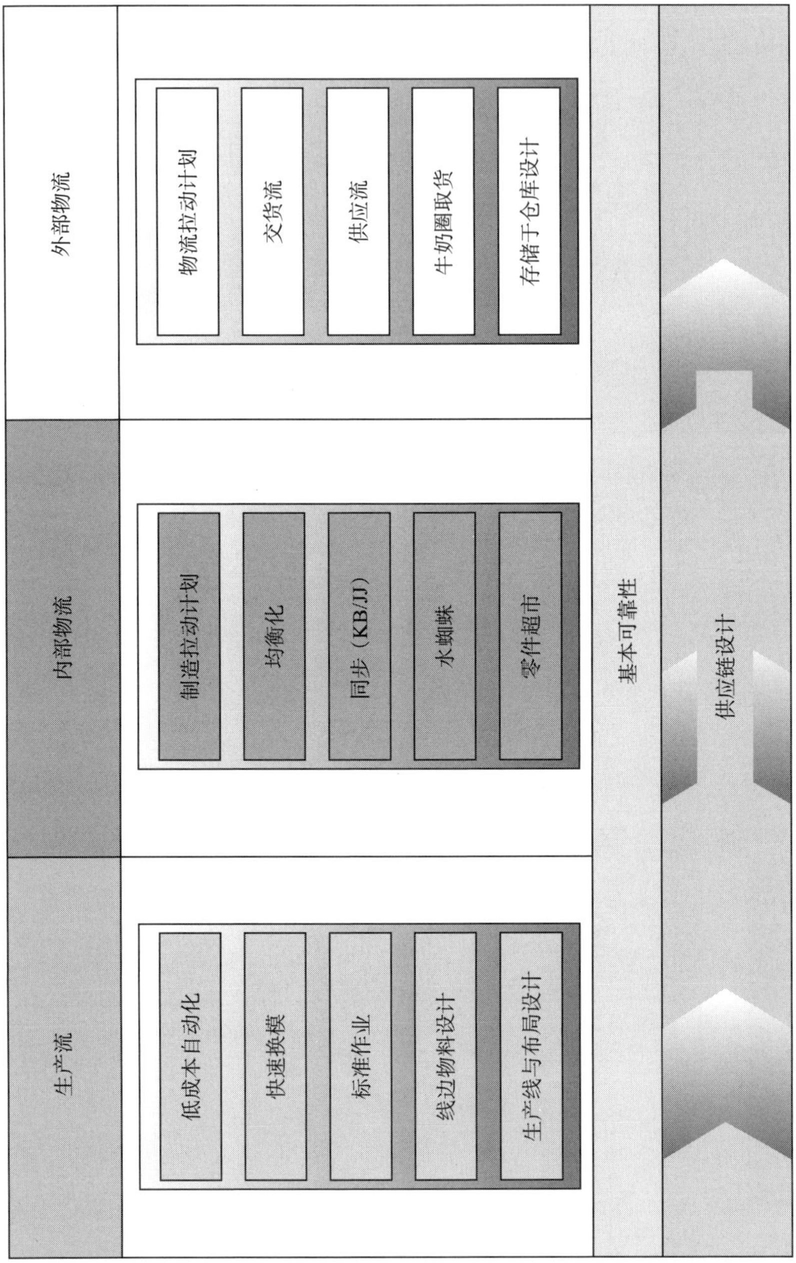

图 11-2 TFM 模型各要素的集成

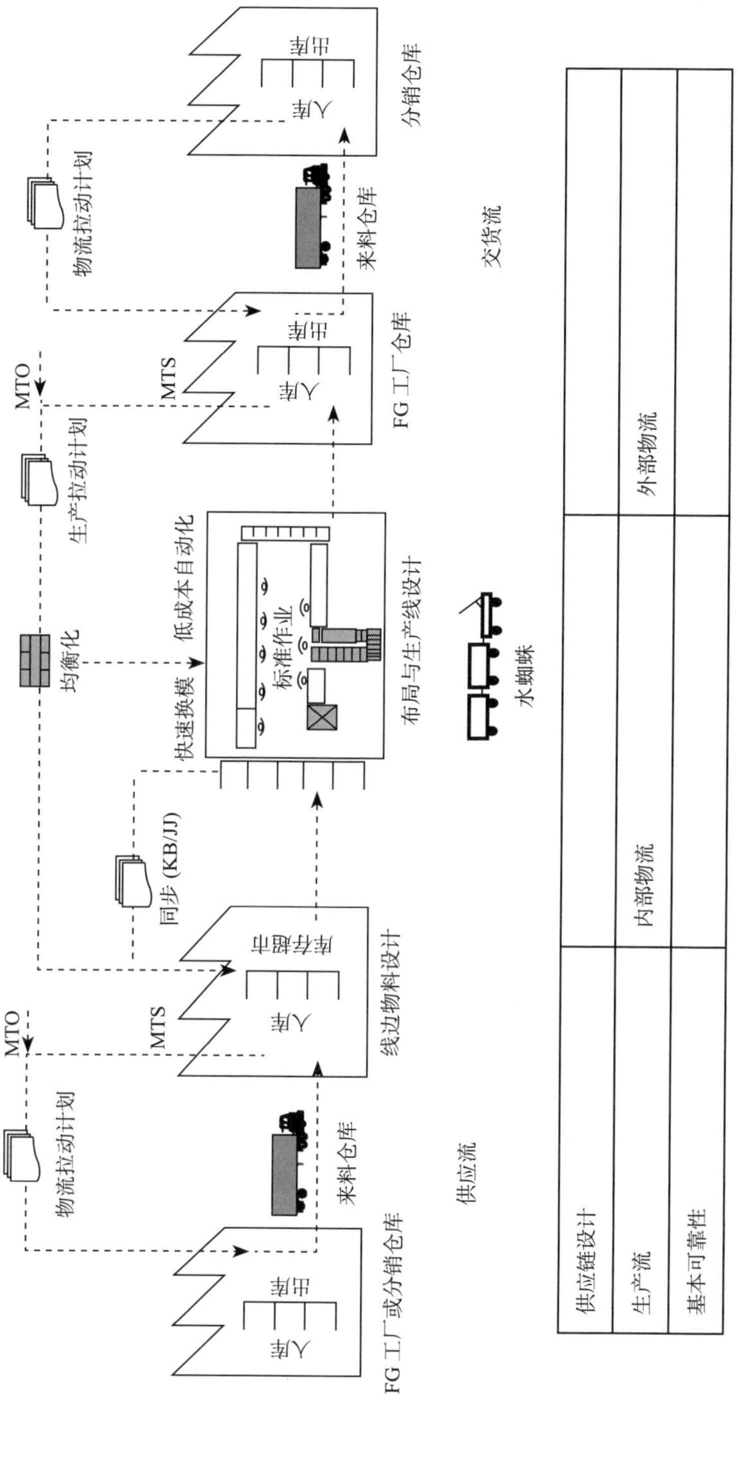

图 11-3　拉动式的物流循环

- 降低成本。
- 减少营运资金需求。
- 增加生产力。
- 提升质量。
- 提升客户服务与满意率。

这些成果是由产生的跨越整条供应链的流动所达成的，这个流动从客户消费作为起点。我们将会看到，一切始于实际订单，或补货订单。实际上，非常有必要创建单件流、单盒流和单托盘流，并通过引入运输领域的“牛奶圈取货”（对许多管理者来说，这是另一项颇具争议且令人难以置信的解决方案）来加速这一流动。对于创建生产或分销的指令来说，预测已经不再必要，但是预测对产能管理来说仍然有用。

事实上，我们所谈论的 TFM 是基于创建物料与信息的流动，目标是在 QCD 方面取得突破性成果，同时把公司的文化改造成为随时随地及每个人的改善精神。图 11-2 展示了 TFM 体系内，生产内部物流与外部物流活动的关系。

图 11-3 展现了三种形式的拉动式物流循环，可以发现，外部物流支柱分成了两个对称的部分：供应流与交货流。这些流需要我们去产生在仓储设计、入库、出库、牛奶圈取货与物流拉动计划中的流。

A 公司的 TFM 转型

A 公司是一家备受尊敬的全球制造集团的一员。该公司主要为家用市场生产水加热设备，如水热器及锅炉。1977 年，公司成立于一个欧洲的小国家，并开始在集团的许可下进行营运。当时，公司由创建它的家族所有。1988 年，该公司被该集团的母公司收购，成为该集团的一家全资子公司。

公司的创始家族兢兢业业地经营，希望公司得到长足的发展。从 1977 ～ 1988 年，该公司成为国内的市场领导者，业务卓有成效，品牌效应彰显。家族非常重视产品质量，这也成为其改善的主要方面。公司在这方面做得很好。当地大学为其建立了质量缺陷品数据库，并努力尝试发现并消除内部和外部失误。多年来，这都取得了非常好的效果。

该公司自建立以来，就一直非常赚钱。加入集团为 A 公司带来了新的视野。它迅速成为了集团的产品开发中心，并向所有欧洲市场出口产品，很快成为了欧洲市场的领导者。

可以说从一开始，公司就是一个模范，每个人都为公司的成功而努力工作。作为创始家族成员的公司 CEO，在将公司卖给这家跨国集团后，成为集团最好最大的工厂的管理者。他继续施行着自己优秀的管理方针，这些方针随着集团带来的价值观、愿景、金融实力、技术与知识而变得更加完善。

在前期，A 公司花费了很大功夫加强质量改进，之后它开始寻求提升绩效的其他方法。在 20 世纪 90 年代初期，"双箱法"被应用于减少装配线零件供应不足的失误，在同一装配线上也采取了一些其他的生产改善措施。

与此同时，冲压部门开始实施一项减少换模时间的项目。当时，将换模时间减半是很有可能实现的，即在冲压流程中将换模时间从 2 个小时减少至 1 个小时。还有一些项目建立了单件流生产单元，成功地达成了高度作业整合，也就是说，弯曲与局部装配等作业单元成功进行了整合。

从公司创立初始到 20 世纪 90 年代末，其改善战略的实施稳步前进。公司每年的生产力都会增长 10%，产品质量与客户服务水平也有所提升。同时，重视研发，一系列新产品成功发布，使得公司成为了集团里最大与最赚钱的子公司。

1999 年年底，该公司的一些关键绩效指标（key performance indicators，KPI）如下：

- 总库存量（原料、在制品及成品）：50 天。
- 内部不良品率：12ppm。
- 客户服务水平：91%。
- 装配生产排程计划达成率：50%。
- 生产率：70 件 / 人。
- 总装配线效率：75%。

1999 年年底之前，所有 KPI 指标都在不断趋于更佳。但从 2000 年开始，改善变得困难，所有 KPI 趋于稳定，不再进步。似乎短暂的改善增长期已经结束了。

在那之前，主要运用的改善工具如下所示：

- 质量问题解决。
- 快速换模（SMED）。
- 将作业整合成为单件流生产线单元。
- 双箱法（满箱 / 空箱看板）。
- 设备维护工作改善。
- 生产排程与同步系统（随后将详细讨论这一点）。

2000 年年初，集团总部决定启动一个集团持续改善项目，为此成立了专门的团队，并研究如何进行持续改善。启动这个项目的原因是，所有工厂都在使用各种工具以改善，却没有一个共同的改善战略或语言。同样，也没有办法衡量改善的程度。

A 公司的第一次审核得分仅为 28%。这在工厂内引起了震惊，因为他们认为已经尝试过了所有类别的改善工具，无法得知哪里还可以改进。

存在这样一种情况：现场人员很少涉及这些改善活动，如作业员与组长，所有的改善活动在最终被项目团队执行之前，很少能够让作业员参与。现场改善的方法并未被采用，改善措施都是由项目团队及工程部门提出与实施的。

另一种情况是，每一个人都深信自己进行的就是拉式生产方式。尤其是那些生产经理，他们声称在总装配线正是按照一小时批量来生产（这是真的，因为大多数情况下他们按照一小时的装配量来定义装配批量）。问题是，用于计算一小时批量的数据来自预测，而不是像一个真正拉式生产方式所强调的那样，根据实际的客户需求或消费量来定。另一个问题是，大多数情况下，该公司按照客户订单来安排装配计划。

这个困难的局面，因为该公司内部开发的一个在总装配线与部件装配线（或制造单元）之间实现同步化的系统，变得更加复杂了。据称，这个系统，基于一种中央物料需求计划（materials requirements planning，MRP）算法来运算，能够以小时为单位拉动装配线的零部件供应。

问题是，同步系统的质量实在不怎么样，其原因除了 MRP 系统本身的缺陷外，更有车间物料搬运方面的低效率。供应多数百种零件的物流系统非常复杂，根本毫无效率可言。

现在到了一个很关键的时候，现行的信息与物料流动方式已经达到其极限，如果工厂想越过现有障碍，就必须采用全新的生产方式。不得不尝试一种改良的拉式生产方式。事实上，真正的需求是，从推式系统到拉式系统的系统改变，并结合生产现场流动的改进。

如果用改善的眼光来看，这里充满浪费，改进的空间是巨大的。基本上所有的营运过程都可以成为消除浪费的对象。问题就是我们可以很容易地说出这里有很多浪费，但要消除这些浪费，就不那么容易了。只有当我们有一个强大的 TFM 改善的概念模型，并有一定的经验去运用它，我们才可能成功地消除浪费。

随着时间的推移，公司实施了许多相似的改善项目，并提供了许多培训课程（这是集团持续改善项目的优点之一）。到了 2004 年年末，在近 4 年间，工厂持续地在许多领域培训员工，并部署改善项目。但其推式生产系统从未改变，工厂也未对流程进行重大的改造。

结果是，所有主要 KPI 指标仍然提升缓慢，工厂再也没了以前那样施行改善的速度与活力。是时候尝试改变生产方式了！以下目标必须达成：

- 减少成品库存。
- 在终端客户服务中，达到超过 98% 的 OTIF（On Time In Full，OTIF，按时按量交货）。
- 装配计划的达成率超过 98% 的 OTIF。
- 减少零件与原料库存。
- 供应商交货方面，达到超过 98% 的 OTIF。
- 总生产率每年至少增长 10%。
- 持续减少质量不良品。
- 集团持续改善审核得分每年增长 10% ～ 20%。

最终，这些挑战被 A 公司接受。当今，市场竞争十分激烈，机会只会眷顾最好的那个。持续改善被定义为每天、每人与每处的改善，它是关键的竞争优势。A 公司已习惯了在其行业处于领先，对它来说，停止改善的脚步是不可想象的。当旧有系统达到其极限时，必须尝试更大力度的改变。

公司引进了一位负责财务、物流、生产与工程的新管理者，他决定做一些改变与创新。第一步是说服集团持续改善团队允许公司联系外部专家。这很困难，花去约一年时间才得以达成。

在 2005 年年初，拉动流项目的计划阶段开始了。该阶段的主要工作为：用价值流图分析现行状态，定义未来状态的愿景，根据 TFM 模型实施拉动流项目。

项目设计团队由生产、物流、工程、设备维护与持续改善部门的经理和其中某些重要部门的副经理组成。外部专家是来自全球改善咨询集团的两名改善顾问，队长是生产部经理。团队为公司最重要的产品族绘制了流动图，并就现行的工作方式、所有浪费以及存在的改进机会，达成了一致。图 11-4 展示了由团队绘制出的现行状态图，以分析价值流。

主要问题的结论如下：

- 成品库存太多了（15 天）。
- 成品库存不能实现其作用（最终客户服务水平为 93%）。
- 根据销售预测计划订单量。
- 计划部门在计划任务上工作过重，尤其是每周末（准备下周的计划）。
- 装配排程的达成率很低（50%）。
- 装配线的效率低，原因如作业员彼此分隔，物料补充供应差，用大托盘容器供应物料，员工标准化作业欠缺，生产线平衡也不是很好。
- 因为缺乏零件，导致许多生产停线与排程改变。
- 生产线物料供应与同步方面的问题重重。
- 采购的原料与零件库存太大。
- 管理者每天花很多时间用于微调和“救火”，压力很大却没有时间做改善。

绘制完现行状态图后，团队成员接受了一项培训，培训采用 TFM 模拟游戏，并用卡片计分，以利于学习 TFM 改变现行系统，并设计切合实际的拉动流系统的概念。团队成员十分惊奇地意识到，现状是可以改进的，希望与挑战油然而生。

观察过总装线后，未来状态远景图开始进入议题。这条线以前曾被断定没有大的改善潜力（记得集团的一个专家曾断言，其改善潜力仅为 3%），因而每个人都急于了解那些明显的浪费如何才能消除（通过改善的眼光来看）。

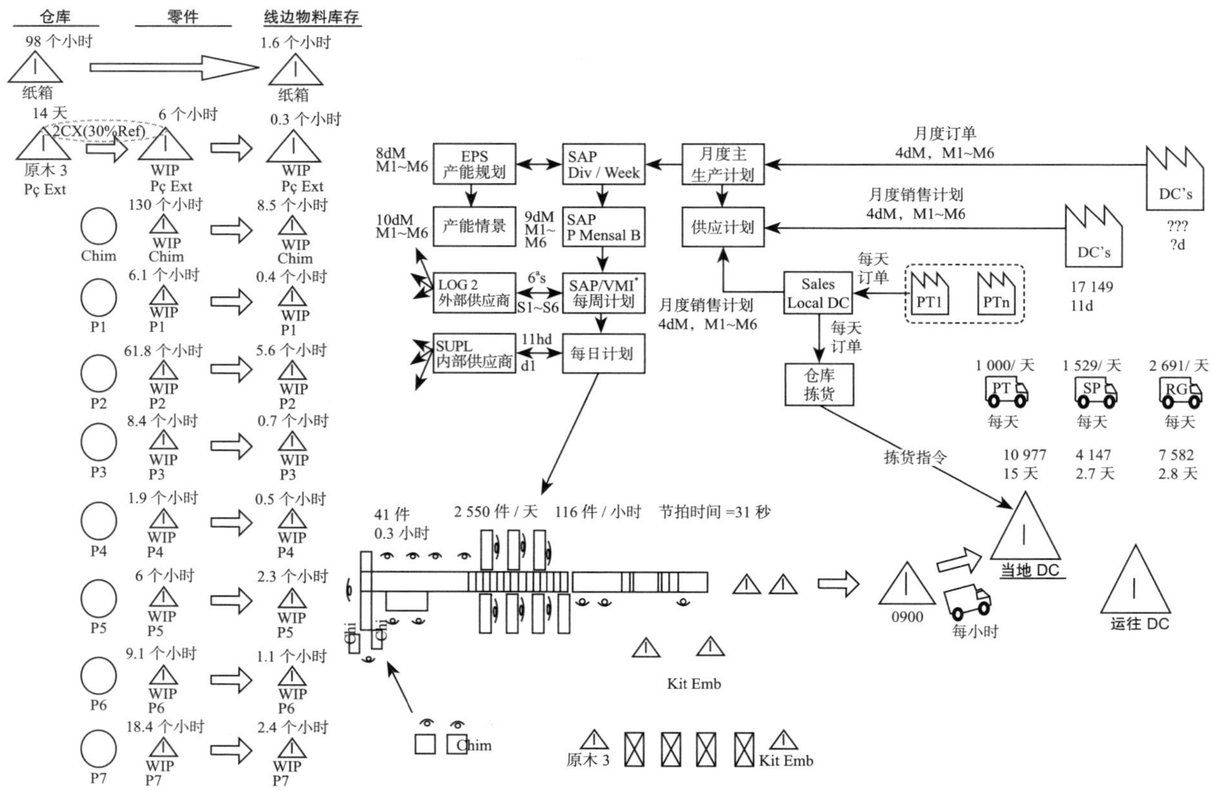

图 11-4　A 公司的现行状态图[⊖]

⊖ 关于图 11-4 与图 11-6，诸如 Junjo、MTS、MTO，因在本章里有提及和说明，所以未予翻译，仍保留其英文缩写。另外，chim，p1，p2，p3…，p*n* 都是该公司生产所需要的各种零部件，不需要特别翻译。另有个别的缩写，如“2CX(30% REF)”和 TTPS，“4dM，M1-M6”，译者也无从知晓其确切含义。总体来说，翻译到目前程度，已经能够满足有一定专业背景知识的读者的需要。——译者注设计团队花去4天时间绘制现行状态图并接受培训，另外用3天时间设计未来状态远景。还有2天被用于计划实施方案。整个项目计划阶段在一个月之内，陆陆续续一共9天。而第一阶段实施用了10个月时间。接下来让我们看看该项目的其他特点，及其实施过程是如何开展的。

团队开始应用精益生产与流动相关的概念，包括生产线设计、线边物料设计、标准化作业、快速换模以及低成本自动化等。虽然生产线有传送带，但很明显实际的单件流生产并未达到效果。由于作业员速度不同以及其他生产线问题，积累了小批量库存。同样凸显的问题是，作业员之间被隔离开来，且零件的供应十分滞后。

这种生产线可以被称为“循环时间[⊖]短而员工孤立的生产线”。循环时间仅为30秒，但换模时间却为5分钟。这是因为每次换模都需要在生产线的始端更换一个小压模，更换其零件非常困难。

很显然，一个更加精益的生产线应当如此：缩短循环时间，并具有高效的标准化作业。这样的生产线应当具有如下的特征：

- 产品种类较少。
- 容器小，触手可及，并且位置固定。
- 更好的平衡。
- 换模时间短，低成本，自动化。

新的生产线就被设计出来了，它的循环时间是60秒（这也意味着，需要有两条生产线，而不是原先的一条），其换模时间为零（将冲压工艺往上转移）。在计划阶段之后，小组详细地设计了第一条生产线，并建立了新生产线的实体模型。该模型的试验显示，其生产率提升了25%。图11-5对比了旧生产线与新生产线。

定义线边物料“超市”的特点同样是非常重要的。在这个案例中，大约一半的零件将由看板供应。线边物料设施被设计成了流动搁架，使得拉式生产得以补充。另一半的零件就没有空间存放了，因为其形状规格太多。变化多端的零件只能通过顺序补货（junjo）系统来供应。

⊖ cycle time，指单个工序生产一件产品的时间，也译为“周期时间”。——译者注

- 从员工孤岛与快速循环周期
- 到较慢的循环周期与高效的标准化作业：
  - 减少变动性
  - 伸手可及的小容器，且位置固定
  - 更好的平衡
  - 劳动力柔性
  - 零换模时间
  - 低成本自动化

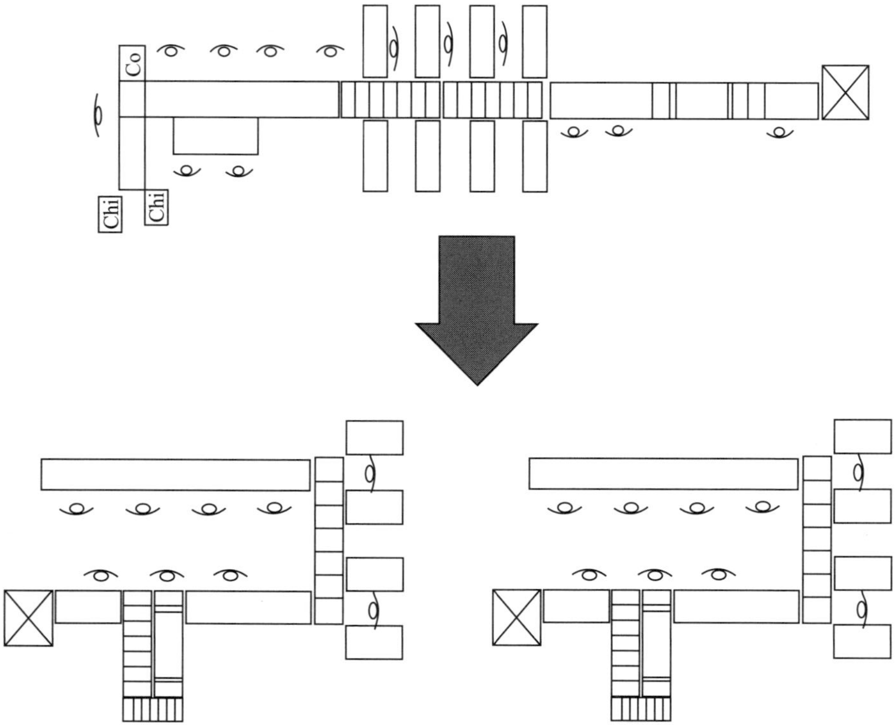

图 11-5　基于 TFM 原理的布局变化

如果有顺序补货零件，意味着同步系统必须完全防错。否则，由此产生的错误生产线供货排序，将会导致停线与装配排程变动等老问题重现。

TFM 生产方式的计划也必须是非常细致的。现行状态图表明，计划中有两种类型的顾客：国内分销中心（distribution center，DC）和国外分销中心。对两种类型的顾客都会进行每月订单预测。国内 DC 是工厂附近的仓库，假设其同样依据店铺的销售情况预测每日订单，并在第二天将这些订单发出。计划人员尝试管理此 DC 的存货，却没有国外 DC 存货的有关信息。在这两种情况下，计划人员依赖于销售部门的每月预测，来计划生产。

其流程先前已描述过，主要包含了如下几个主要步骤：

- 根据预测，维护每月的主生产计划。
- 根据月计划，决定每月产能。
- 根据月计划，决定每周装配排程（一周时间内保持不变）。
- 根据周装配排程，决定日装配排程。
- 根据周装配排程，来同步化部件装配与内部物料供应。
- 根据月计划，向外部供应商下单。

这就是典型的“根据计划来计划”的基于 MRP 的流程。主生产排程，一切从月需求预测开始。于是，第一个解决方案是仅使用预测来做每月产能计划的练习。

第二个解决方案是采用每日拉动计划算法，将补货水平与现有成品存货量进行比较。如果实际存货低于补货水平，就产生补货订单。这只能适用于国内 DC。随后将介绍，可以适用于国外 DC 的类似解决方案。

因此计划系统被分成了两个模块：一个是业务与产能计划系统，另一个是订单计划系统。订单计划系统是一个每日的供应商管理库存（Vendor-Managed Inventory，VMI）系统，在某种意义上由公司 A 每天检查库存与客户订单，并决定补货。这是由国内 DC 来做的。随后会做出计划，以将这一 VMI 系统推广至国外 DC。

新的订单计划流程可以归结为：

- 计算每日补货需求。

- 根据补货需求与 DC 订单来维护生产订单表。
- 将生产订单表转换成看板。
- 通过物流箱将看板分配至每日的生产。
- 在这个系统下，数据来源不再是预测，而是实际拉动订单。每日装配排程随之由从物流箱上确定下来的某一生产日期来决定。看板转变成为了均衡箱。均衡化的规则如下：
- ◆ 给每日的排程填入已有的看板订单量。
- ◆ 如果该订单量不足以满足合同预定的产能（生产物流合同），就安排一些来自国外 DC 的 MTO（按订单生产）订单。
- ◆ 如果订单量还不够，就安排一些畅销产品的 MTS（备货生产）订单，直到达到预先设定的最大库存量。
- ◆ 如果订单量还不够，就停止生产（意味着当天的生产时间缩短）。
- ◆ 如果当天订单量过多，就推迟一些 MTO 订单生产（取决于其最终交货日期）。
- ◆ 如果订单量仍然过多，就推迟一些畅销品的 MTS 订单生产，直至库存降至预先设定最低库存量。
- ◆ 如果订单量仍然过多，就通过周末加班生产 MTO 订单来增加产能。

这样的均衡化措施体现了每日稳定的生产排程。那些极端的解决措施（诸如被迫停线或周末加班）都是很少见到的。

有三种内部物流运输线：一种为外购件，一种为部件装配，还有一种为成品与包装。它们都能根据下游的超市补货与排序补货零件的要求而运作。对于看板零件，流程相对简单一些，仅仅是将零件超市的空箱换成满箱即可。

每一个物料搬运人员，即“水蜘蛛”，都对应着每一供应商管理的零件超市（经常使用的高周转率零件），以及一个排序补货零件的专用通道（有四个排序的手推车或容器）。主管根据收集到的信息，每一个周期选出一个排序手推车（或容器），并按顺序将其送至生产线。

图 11-6 展示了在项目第一年里的未来状态愿景实施图。

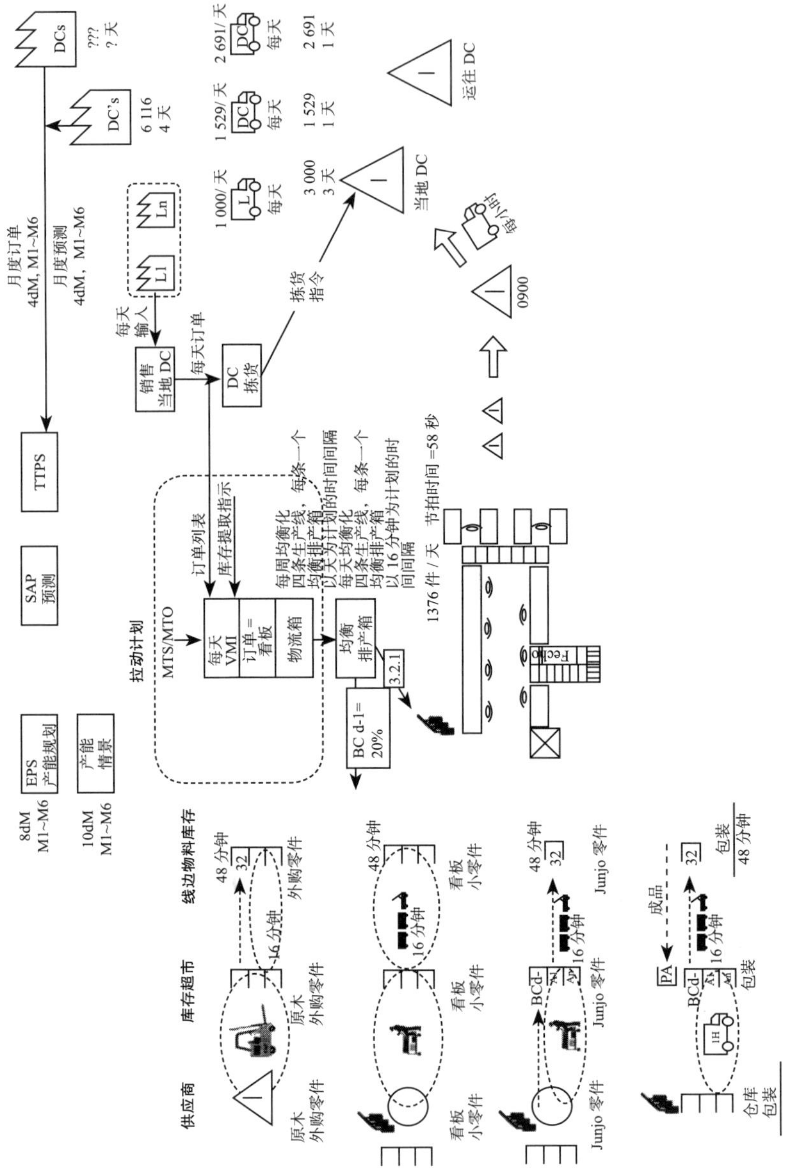

图 11-6　TFM 内部物流补给过程

生产率从此开始稳定增长，并且在初期的培训月之后，达到了 27% 的增长目标。公司已经在生产线旁的信息角开展由主管与作业员共同参与的每日改善短会。作业员将会了解到他们每天努力的成果，包括产出、生产率、质量，与是否遵照生产排程来作业等信息。

“物流拉动计划”子项目主要涉及向供应商下单的方式改变。之前的方式是每周或每月下达分订单，并进行一项 6 周的订单预测。尽管预测信息延长到了 8 周，但是做法跟原先差不多，因此供应商可以做好自己的产能规划。每周与每月的关于主生产排程的分订单不再发放了，而是采用一项拉动计划算法，被转化成为每日分订单。对各种零件的库存量每天都会进行查核，如果低于补货水平，就会产生订单，通常的订单量为每日消费量。与此同时，A 公司建立起一个试点的“牛奶圈取货”，从距离小于 6 个小时车程的供应商那里取货。多数供应商早已按照每日来交货，所以每日下达订单的做法难度并不大。对那些距离远的供应商，可以延长至每周取一次货。

2005 年 1 月，供应链设计工作完成，接着整个 2005 年都用于实施初始计划。在该年年底，项目在试点的总装配线开展。2006 年，TFM 转型被推广至所有的总装线。从 2004 年年底至 2006 年年底，公司的主要 KPI 的变化如下：

- 总库存量（原料、在制品及成品）：从 50 天降至 30 天。
- 内部不良品率：从 12.000ppm 降至 5.750ppm。
- 客户服务水平：从 93% 升至 98.5%。
- 装配生产排程的达成率：从 50% 升至 92%。
- 生产率：从 70 件 / 人升至 94.5 件 / 人。
- 总装配线效率：从 75% 升至 101%。

2005 年年底（实施项目的第一年年末），已有的拉动流使得 A 公司很容易就发现了供应链的新大陆。公司终于明白了一个全新的营运方式，比起 2000 ～ 2004 年的停滞不前，以上的成果简直就是一个巨大的突破。

此项目为 A 公司的改善战略带来了新思路，2005 年年底，接下来的 7 年直至 2012 年年底的新战略也制定出来了。新战略分为以下部分。

- 拉动制造战略：包括所有生产与内部物流领域的工具。实施的头两年重点关注总装配线，并且这一系统必须延伸至所有的内部“供货商”。目标就是使用 TFM 工具，让所有第 2 类和第 3 类物流循环尽善尽美（见第 2 章）。

- 拉动交付战略：包括所有外部物流领域的工具，应用于“供应链的交付侧”（前文有说明）。头两年重点关注本地 DC，而目标是用 VMI 管理全部的国外 DC。计划也包括将模型扩展至 DC，并使得第 1 类物流循环（从最终客户订单到最终客户交货与满意度）尽善尽美。也就是说，所有运输与 DC 运作将会得到改善。
- 拉动供应战略：包括所有外部物流领域的工具，应用于“供应链的供应侧”。头两年重点关注总装配线的外购件与供应商。计划也包括将模型扩展至全部供应商，并为所有仓库中的零件建立物流单元。

由于改善的成果喜人，A 公司现已恢复信心，并且坚信每年都会更上一层楼。公司对未来充满信心，因为已经部署了一个清晰明了的生产方式，并且所有员工都很支持这一生产方式。改善拉动流系统不再是一个理论或希望中的模型，它已被实际运用于现场的活动中，使得公司每天都变得更具竞争力。

第 12 章 Gemba Kaizen

线模公司的及时制生产方式

在本章中，我们将学习一个案例，该案例介绍的是线模（Wiremold）公司如何通过引入及时制生产方式（JIT）来实现柔性化生产的。

线模公司坐落在美国康涅狄格州中部的西哈特福德镇上，是一家已经有近百年历史的公司。该公司主要生产两种产品：配线系统产品及电源配置产品。1991年9月，新总裁阿特·伯恩上任，该公司自此开始全力开展以及时制为核心的现场改善。

改善工作启动的5个月后，我来到该公司参观，并且有幸和总裁伯恩及生产副总裁弗兰克·贾纳塔斯欧进行了一次长谈。经过交谈，我得知该公司经过5个月的改善，已取得了以下成果：某工厂释放了40%的厂房空间，库存（包括原材料、在制品及成品）水平至少降低了20%，流动资金周转率增加了30%，产品交期从原来的6周缩减为1周。此外，该公司还预期在该年年底之前，生产率可以提高25%～30%。显然，短短5个月现场改善活动的效果是极其显著的。我们之间的谈话，正可以提供一个及时制的生动写照。

今井正明："自从引入及时制后，贵公司的管理方式有了哪些改变？"

贾纳塔斯欧："我们公司以前的运营依托的前提是产品销售预测。也就是说，我们会对自己各类产品的销量进行预估，然后根据这个预估的数据安排生产进度，以批量的方式生产出可供销售好几个月的产品，之后把这些产品储存在仓库中。经过一段时间的存储，这些产品才会被销售出去。结果，有些产品的销量的确与我们的预期很相符，而有些产品要么生产过量了，要么生产的数量不能满足市场需求。这个方式会造成产品流动缓慢，并且占用大量资金的库存。

引入及时制后，我们更关注的是产品近期的销量水平。通过分析前 6 个月（特别是前 10 天）的销售数据，我们不断调整每天的生产排程，并确保大部分产品至少每周能生产一次，很多产品甚至每天都要生产。我们需要通过改善来缩短换模时间和消除浪费，以提高生产柔性，进而才能应对每日千变万化的生产排程。

与之前的销量预测方式不同，我们如今通过安排每天的产品组合生产计划来应对消费者的需求。具体而言，我们做出了如下几项改变：首先，在对消费需求进行一个评估后，我们定下我们的生产节拍时间，也可以说是我们产品的需求频率。节拍时间定下之后，以往的做法是以批量方式生产，尽可能多地生产出各式各样的产品，而现在，我们要制定合适的生产周期来达到节拍时间。

实际上，我们并没有一个衡量生产效率的方法。如今，在每天的生产需求以及周期时间都确定的前提下，我们将根据每种产品的预期产量进行生产力评估。在已知生产周期时，我们衡量自身生产效率的一个重要指标，是在合适的时间里生产出符合需求量的产品。如果说不能做到这一点，我们就会尽快寻找并确定问题发生在哪个环节，即到底是我们的供应商的产品质量不过关还是我们自己的生产系统发生了故障。因此，我们便可以尽快地找出影响我们的产量并最终危害到我们的客户服务的问题所在。”

今井正明：“身为总裁，在从事现场改善过程当中，您扮演的是什么样的角色呢？”

伯恩：“在我看来，在实施现场改善时，最高层管理者扮演的真的就是领航者的角色。我经常会被问到这样一个问题：‘在开始施行及时制时，我们需要做些什么呢？’我的答案嘛，首先是叫他们的最高层管理者全力投入到改革中去。如果他们不这么做，而是试图从底层开始实施改善，那么他们基本上是注定要失败了。

以我们公司的现场改善来说，我的角色不仅是领航者，我同时也是一位启蒙培训师——因为在我来公司之前，这里没有一位真正理解及时制的人。所以，我义不容辞地编写了指导手册，并讲授了最初的培训课程。在两天的课程里，我培训了大概 200 个员工。两天的培训已经很清楚地告诉了大家我们接下来要做的事情，以及我会是大家强有力的后盾。

我不想把这个改善任务委托给其他人，或者交给什么其他的专业团队来处理。因为我认为改善中很关键的一点是，最高层管理者必须坚守在领导者的位置，而且要尽其所能地参与进去。他们要做好以下几点准备：时刻做好去现场的准备；时刻做好与改善小组成员一起努力的准备；时刻做好搬挪机器的准备。可以说，如果最高层管理者不能全身心投入现场改善，那么改善的目标永远不可能实现。”

今井正明：“在施行及时制现场改善前，公司内的组织架构需要做出哪些调整呢？”

伯恩：“的确，在实施改善之前，我们对公司组织架构做出了相当大的调整。首先，我们试着将组织扁平化。意思就是说，我们将传统的垂直式的组织进行了一些扁平化的处理，比如将大家划分到各个独立的团队中；再比如，我们将原先那种根据流程（如冲压、涂装）来划分的部门，替换成以独立的产品来划分的团队——在这样的团队里，团队领导手中拥有着设计、制造以及将该产品推向市场而所需的所有资源。这便是我们调整组织架构的第一步。

为了支持改善活动，我们还特意成立了一个比较强大的及时制推进室。我们有六位聪明且潜力巨大的员工在为这个组织效力。他们最基本的工作就是：指导及时制生产以及确保改善的各项具体工作真正落到实处。除此之外，他们还负责到现场去跟各团队的领导一起工作，辅助实施改善。”

今井正明：“您是如何将及时制现场改善与传统的战略规划联系起来的呢？”

伯恩：“我之前担任过战略规划员的角色，让我印象很深的一点是，很多公司尽管可以制订出很多伟大的计划，但是他们在实施这些计划的过程中却会遇到各种各样可怕的难题。这其中的原因在于他们基本的交付体系（设计、生产及推出新产品的方式）有所欠缺。因此，尽管战略规划可能看起来很完美，但从开发、生产这些产品所耗费的时间以及产品的质量来看，他们的计划从来没有得到真正有效的实施。

与造房子需要坚实的地基类似，及时制就是我们线模公司实施改善的强有力的基础。正因为实施了及时制生产，我们才有了今天这些改善成果：产品生产交付周期从原来的 6 周缩减为 6 个小时；我们拥有了每种产品每天都能得到生产的柔性能力，只需要较低的库存水平。这些对于我们这样一家拥有至少 1400 种产品的公司来说，是一项何其艰巨的任务。但是，有了及时制这个基础后，我们便可以大幅度缩减我们开发新产品与投放进市场的时间，因此相比任何其他的竞争者，我们能够得到更多客户的青睐。如果我们只有策略却没有这样坚实的基础，我们也不可能这么快地推出我们的新产品，也不可能拥有这样多的之前没有的战略替代方案。因此我认为，改善其实不只是一种针对生产而提出的概念，其也是运营策略必不可少的一部分。”

今井正明：“既然如此，那为什么美国的管理者在经历了相当长的时间后，才意识到及时制或者改善能给企业带来机遇和挑战呢？”

伯恩：“大部分的美国管理者确实忽略了这一点。在遇到问题时，他们没有将注意力放在企业运营的真正基本要素上，而是把希望寄托在一些短期或者战略性的行动上。结果就是，我们在很多领域都落后了。但是要真正改变这一状况，其实是相当困难的。原因在于，大部分美国管理者都认为，只要我们还在赚钱，只要我们还有一定的市场占有率，那我们就已经运营得很好了——我是说，这些标准在新的评判规则出现之前也许还能值得相信，但之后就不好说了。

日本汽车行业的突然崛起也带来了它们对游戏规则的修改，这让美国的汽车行业陷入了前所未有的恐慌中——它们突然发现它们不再是想象中那么强，短短时间内它们已然落后日本一大截了。尽管现在美国汽车制造者已经在汽车质量上追上日本很多，但是它们在许多其他方面仍然处于严重的劣势，如生产力。这其中，新车的开发速度是它们最薄弱的地方。试想一下，如果你们公司开发一款新车需要 6 年，而你们的竞争对手只要 2 年，那么请问在你们的新车推出之时，这车跟它们已经更新了三代的车相比还有竞争力吗？

汽车行业凭借其庞大的规模已经吸引了大众较多的注意力，同样的情形在美国绝大多数其他行业中也在发生。

我认为对日本的抨击是社会的不幸，因为这会促使人们始终保留做事情的现有方式而不积极寻求改变。如今 90% 的美国管理者都没能深刻理解日本与美国的制造系统的差距所在。尽管他们会告诉你他们正在实施的是及时制生产，但实际上大部分都已经偏离了正轨而他们却不自知。他们当中有一半的人认为，及时制生产是一种库存管理体系，因而认为自己的任务就是竭力压榨供应商。另外，那些读了很多相关书籍后的人认为自己要做的就是建立一个流动的系统。然而，极少有人明白，为施行及时制生产，其实要做的工作非常基本、非常细致。更少有人知道，这其实是一件‘人际面’的工作，这意味着你必须要改变人们的态度，而这需要耗费很多时间和精力，也需要很多的教育训练。

我们正处在这样一个国家——人们都倾向于在一个季度甚至是一个月内看到显著的改变。这使得长期的改变过程很难得到注意和重视。我们虽说在不断地讨论、传播这一生产方式，但等到真正开始施行时，大部分公司却停滞不前了。”

今井正明：“达成这些成果的过程中，你们花费了多少钱？”

伯恩：“在资本投资上，我们实际并没有花费任何钱。我们或许在很多很杂很小的事情上花了一点钱，但总的来说，大部分的钱是花在了人员和时间上了，也就是在人员的培训和改善活动上做了些投资。这些培训和改善活动的目的在于改善工厂的环境，改变流程以及改进我们的工作方法。”

今井正明：“你是否认为及时制就是一种日式生产方式？”

伯恩：“说及时制来自日本，是一种谬论。当你去听一些人的课比如开发出及时制的大野耐一，并且问他是从什么地方获得及时制的灵感时，他会告诉你：灵感来自美国。更确切地说，他的灵感来自两个方面：一个是亨利·福特，另一个则是美国的超市。事实上，我觉得与其将这种生产方式叫作‘及时生产方式’，还不如称作‘及时制造的观念’。并且我认为，在对生产系统的简化和‘及时制造的观念’这些方面，实际上是没有日本和美国之分的。这其中的区别在于两个国家的公司是否愿意抓住这样的机会去实地做一些事情。而实际情况是：在大野耐一的领导下，日本的公司能够坚持施行这一生产方式，并且大野耐一花 30 年左右的时间并最终建立了一个完善的及时制体系；而在美国，或许还有一些欧洲国家，我们却没有足够的耐心将这一改革进行到底。总而言之，在我看来，及时制不是一个日本的生产方式，而是一个任何人都可以不需要投资太多就可以做到的事情。”

以上与两位总裁的对话发生在1992年，线模公司从这一年开始就一直持续不断地坚持施行及时制和现场改善。我最近收到了该公司副总裁贾纳塔斯欧的一封信，他在信中描述了他们公司的现状。

线模公司自施行及时制生产以来已经有4年时间了，现在已经不叫这个生产方式为及时制了，改叫它为线模生产系统。在这4年里，我们已经将交期缩短了67%，以前从接到订单到将货物发运，要花72个小时，现在只需要24个小时就可以了。另外，库存周转率提高了367%——从原先的每年3次增加到如今的每年14次，但是我们的营业规模却已增加了一倍。

通过实施以下三条原则，我们才逐步实现如今的成果：

- 依据节拍时间生产。
- 实施单件流生产方式。
- 采用拉动式生产。

当然，我们不单单只是遵照上述三项原则，还将这些原则与现场改善和团队协作策略结合起来运用到实际生产中去。并且，我们一边以多种标准来评估我们的改善成果，一边努力通过施行设定好的标准化流程来确保我们所有的改善成果能得以保持。我们还将生产体系从原来的“物料需求计划”——以批量生产为主，转变成一种由客户需求来拉动的单件流生产方式。这种新的生产方式由下面几个阶段组成：

第一阶段：重整工厂的组织方式和硬件设施。首先，依据各类产品的相似性，将整个工厂划分成不同的管理单元。然后，再依照5S原则，对工厂进行了大清扫。这样下来，我们以往存在浪费的地方便显而易见了。

第二阶段：缩短换模时间，严格遵守生产排程。前面也已提到过，现阶段的生产排程，已经不再像以往那样根据MRP预测制定的了，而是根据近期的销售状况而定的。我们此阶段的目标在于提高生产的柔性和响应速度。因此我们要做的就是尽可能缩短我们的生产周期，并且提高各个流程的可靠性。在每项改善活动实施后，我们的换模时间至少降低了 50%，并且在很多时候降低幅度达到 90%。通过持续循环地实施改善，我们成功地将换模时间从数小时缩短到数分钟。

第三阶段：利用改进成果——更短的换模时间和更高的流程可靠性，全面实施拉式生产方式。我们依照前一天售出的中等至大量产品销售数据，来安排今天的生产。我们利用一些缓冲库存，来应对客户每天的产品需求的多变性。

过去 4 年里，正因为逐步实施了这三个阶段的改善，我们才有了如今这样的变化：生产力保持着每年 20% 的增长率；产品不合格率每年下降 40%（目前 100 个在制品中仅有 1.4 个不合格品）；库存周转率增加了 367%；生产交付周期降低了 67%。

我们持续在每年实施 100 次以上的改善活动，并且试着让组织内的每一位成员都能参与进来。下一阶段的任务重点在于员工的培养和提高团队协作。我们已经预期到，创造力强且极具问题解决能力的员工，会给我们带来更巨大的收入。因此，员工必须具备这样的能力，即还能够在传统观点看来已经可以接受的地方，发现浪费的存在。

贾纳塔斯欧副总裁在信中还列举了一些线模公司过去 4 年里为提高生产的柔性所做的一些工作。

公司在过去 4 年中，一直致力于持续改善和及时制生产方式。我们已经在很多方面取得了很大的成功，其中一个成功的案例是“插座”生产线。在这条生产线上，我们生产超过 200 个种类的插座。

改善以前，我们以批量方式生产这 200 多种插座，所以每种插座一次会生产很多，但是具体到每种插座生产的顺序和两次生产的间隔时间上都具有很大的随意性。针对这一现象，我们首先做的是制定一个每日的产品组合生产排程，以此来提高客户满意度和降低库存水平。因此，我们需要分析这 200 多种产品以往每日的销售数据，根据这些数据来系统地制订每种产品每天的生产计划。计划制订后，我们基本上每周都要将这 200 多种产品样样都生产一遍，并且有很多产品基本上每天都要生产。

有了这种产品混合生产排程，便可以将具体的产品生产任务分配到制定的工人身上，由此我们发现了大量的问题。举个例子，很多装配工人没办法按照我们预期的速度完成每日的生产任务，这里面就暴露出很多问题，比如供应商提供的零件质量不佳，插座破裂，由于切线、误切或者线路紊乱等原因导致装配无法顺利进行等。这些还只是冰山一角。我们发现，仅在装配这一项工作上，就存在至少 60 个问题。为解决这些问题，我们必须每天追踪调查，而且要做很多细致的测量。仅仅用了 20 天的努力，我们就将所有操作任务拉到正轨上了。这绝对是所有团队成员共同努力的结果。

在插座生产线上，有一项比较特别的作业是三线插板的装配作业。这项作业每天都由四位不同的作业员分别独立完成，所以做出来的三线插板都不大一样。其中，使用一种用来压平的工具时会产生一些问题，而这个工具在装配插座的底板和面板时必须要用到。我们发现，这种压平工具形状不一，四个装配桌上的工具都不一样，而不一样的工具生产出来的产品质量必然参差不齐，有的还不错，有的就差强人意。因此，我们的对策是，挑选出使用效果最好的压平工具，并且统一使用这种形状的工具。

另外一个问题是由我们的接地线的中心线圈形状多变而导致的。这是一种既长又僵硬卷曲的线圈，但又是插座必需的组件。要知道，如果说装配时所使用的中心线圈不完全一样，那么就需要花一些额外的时间来将线圈装进插座内。因此，我们改进了中心线圈的卷曲设计，尽可能保证每一条线都完全相同。

还有一个问题在于我们的供应商提供的电线的质量问题。这些电线在从箱子里取出来的时候很脏，还有质量问题，这意味着我们的装配人员不得不注意检查和进行必要的清洗。为了消除这一麻烦，我们便要求供应商改善电线的质量和卫生情况。这样一来，我们就不需要花时间检查它们了，也不再需要因为这种问题而返工了。

另外一个例子是插座延长线的长度或金属片的长度都不一致所带来的问题。我们检查了一下这些零件的规格，并且制定了标准长度，接着培训操作员将这些零件按照限定的规格进行分类。这样一来，这些零件送达装配人员手中时的尺寸就一致了。

消除不必要的检查时间以及分类进行装配作业，对每天的生产排程的顺利进行都起到了一定的促进作用。4 年过去了，无数的改善项目或活动都得到了实施，我们也得以成功将这些装配线的产量提高了 67%。现在，不管是哪种产品，我们都可以每天生产，而且还不需要对生产布局进行较大的调整。我们已经将此生产线的周转率从每年 3 次提高到每年 14 次，并且质量问题极少出现。

除了贾纳塔斯欧副总裁的这封信，总裁伯恩还写了一篇关于线模公司改善成就的文章，这篇文章发表在《目标杂志》上，题目为“线模公司是如何通过现场改善焕然一新的”。

在以前的线模公司，一个产品从原材料到成品，需要耗费 6 周的时间。漫长的换模时间带来的后果就是单一组件的大批量生产。在其他组件还没准备好之前（这些组件可能在一周之内都没能安排生产），装配工作是没办法进行的，那么这一大批组件就只能在占地面积巨大的在制品库存区等着积灰！而我们的成品呢？在有客户购买它们之前，它们只能被送到 6500 平方米的仓库里乖乖等着。那时候我们的现金流非常紧张，尽管如此还要想方设法地买更多的仓库，来存放那些数量繁多的在制品和成品。

我们经历了很长的路程，一步一步把公司改造成现在这样：充满活力且不断成长。短短 3 年间，我们的销售额就翻了一番，利润更是增加到原来的 3 倍。我们的主营业务至少扩大了 50%，而且还并购了 6 家公司增加了产品线。值得强调的是，这 6 次并购中的 5 次，并购资金都不是外部借款所得，而是来自因库存减少而释放出来的资金。

我们的成功，并非是因为任何复杂的管理策略，也不是什么高额资本投入的成果。这一切改变来自我们改进了制造业务的管理，我们运用了现场改善。

1991 年年底，我们开始实施持续改善活动，在不到 3 年的时间里，已经实现如下改变：

- 在过去的两年里，生产力每年提高 20%。
- 生产交付周期，从 4 ~ 6 周减少到 2 天甚至更短。
- 产品不合格率 1993 年降低了 42%，1994 年上半年进一步降低了 50%。

- 库存大幅减少了80%，直接导致我们的仓储空间需求降低50%。
- 员工的奖金分红翻了3番。
- 机器的换模时间大幅度降低——在某些情形下，从原先的10个小时降低到10分钟以下。
- 新产品开发时间从原来的将近3年降低到6个月以下。
- 供应商家数从400多家锐减到100家以下。

我们成功的一个重要因素在于对待改善的正确看法。在线模公司，我们相信，改善是运营管理策略的一个基本组成部分。毕竟，客户看重的是我们公司的强大的交付体系。

如果说我们在质量和交付周期上让客户失望，那么策略再完美也无济于事。相反，如果我们在质量体系上做得比竞争对手更好，那么就可以胜过他们了。

改善现在已经是我们经营策略的一部分了，而且是牢牢地扎根在基础管理中。我们相信，一旦停止改善活动，就要落后了。

总而言之，任何想要开始改善的管理者，需要将下面3个要点铭记在心：

- 改变员工们的思维方式，是改善中至关重要的工作。对新事物心存怀疑是人们自然的反应，但是你必须通过一些效果显著和持久化的行动来消除这种阻力。从长远来看，你必须改变组织的文化，头脑顽固的人必须离开。
- 高级管理者必须带头领导变革。不仅在开始的阶段要如此，而且在从头到尾的改善过程中都要这样。他们需要不断地给组织施加压力。很多改善活动在推行不到一年或一年半的时间就搁浅，其中一个很重要的原因是缺乏领导关怀。
- 这是一项长期性的工作。你必须认识到一点：改善没有终点。每当被员工问及，“我们的改善完成了吗？”记住，你要时刻准备好你的答案——“仍然不够好！”即使你已经觉得改善得不错了。

第 13 章 Gemba Kaizen

总裁在改善中的角色

2011 年 11 月，我与亚阿特·伯恩在东京又进行了一次谈话。当时的伯恩已经从线模公司退休很久了，但是用他自己的话来说，他“退休失败”了。因为他又加入了一家位于波士顿的合伙企业（J.W. Childs，一家私募股权投资公司），在其中担任运营合伙人。这家公司通过并购一些企业然后转手卖出去赚取利润。伯恩在其中所起的作用，就是改进被收购公司的运营方式来提高其利润，而改善就是他的秘密武器。

正如之前在线模公司一样，伯恩总是从最高管理层开始进行改善。他在一些并购来的企业的董事会中担任主席，并要求“除了改善，别无选择！”这样的职位为他提供了一个独特的便利，即他可以记录下改善能带给转手后的公司的股东多少利润。同时，也使他深刻理解了高层管理者在推行改善的过程中的作用。

伯恩当时正带着被投资公司的经理参观一些日本工厂，目的是让他们能够亲眼见到一些好的改善案例。在日本，这种类型的参观样板工厂的学习活动很流行，我们全球改善咨询集团已经为客户提供这种服务很多年了。伯恩在东京有一个家，于是我很荣幸地拜访了他家，因而有了这次谈话。

我很想知道，自从上次的交谈过后线模公司的运营状况有何进展。于是伯恩总结了自 1991 年 9 月他担任总裁至 2007 年 7 月将公司售出，公司的一些总体的改善成果。

- 生产交付周期从 4 ～ 6 周缩短为 1 ～ 2 天。
- 生产力大约提高了 162%。
- 毛利润从 38% 增加到 51%。
- 换模频率从 3 次 / 周猛增到 20 ～ 30 次 / 天。
- 库存周转次数从 3 次增加到 18 次。
- 客户服务满意率从 50% 增加到 98%。
- 销售额从 1 亿美元上升到 4 亿美元。
- 营运资金占销售额的比例从 21.8% 降低到 6.7%。
- 营运收入增加了 14.4 倍。
- 企业价值从 3000 万美元增加到 7.7 亿美元。

今井正明："贵公司销量上的增长是怎么一回事？"

伯恩："在我任职期间，我们收购了 21 家不同的企业，差不多有一半的销量增长是来自这些企业的，另外一半则是缘于内部增长。"

今井正明："在你们收购的公司里，你们实施了改善吗？"

伯恩："对于每一家被收购的企业，我们都会立即对其进行改善。在这些收购的企业中，很多都是非常小的公司，有些甚至只能说是生产线。到达这些企业的第一周，我们就会开始改善。对于那些公司的员工，我们会努力让他们理解，我们公司的整体企业文化就是通过改善来逐步消除所有的浪费——不管他乐不乐意，他们都必须融入进来。事实证明，这样的做法往往很有成效。我们要让员工知道，公司在旗帜鲜明地做改善，绝不允许因为方针模糊而让新员工战战兢兢。"

今井正明："作为最高管理者，你在改善中担当什么样的角色？"

伯恩："我负责所有的改善前期工作。每次收购一家公司，我们都会走这样一套标准程序：一旦新收购了一家公司，我会以最快的速度赶到那里，然后我会把新收购公司的所有员工带到线模公司，再给他们做几个小时的精益生产培训，午饭过后我们的现场改善就开始了。

听到这里，有些人可能会有点震惊。但是你想象一下，如果你所在的企业刚被一家公司收购了，而且这家新的母公司的总裁能在收购后的第一周坚持来到你们的现场，亲自指导改善，帮助你们搬运机器设备，做这样或那样的改善工作，那你一定会印象深刻。

大多数公司在收购企业后，会花 6 个月来决定它们下一步要做的事情。而利用精益生产和现场改善，我们在收购的第一天就可以开工了，因为我们很清楚下一步需要做的是什么。这会持续地给我们带来很多利润，所以我们的收购资金将会很快得以回收。事实上，在很多情况下，我们收购一家企业所花的资金将会在收购后的 3 年内由这家企业全部赚回来。而这时，这笔资金就可以被我们拿来收购新的企业了。这一过程一直在重复，有点像是买了不断下金蛋的母鸡。”

今井正明：“在线模公司经历的这些，听起来好像为你现在的工作做了很好的准备。所以你可以描述一下你现在作为一位运营合伙人对公司所起的作用吗？”

伯恩：“说实在的，我只是坚持立足于一个我擅长的领域罢了，这个领域就是制造业。现在，每当我们准备收购一家新的制造企业时，我都尽我所能参与进去——去拜访这家企业，去参观工厂，然后确定这家企业到底值不值得我们收购，以及我们愿意花怎样的价钱去收购。如果我们成功收购了这家企业，那么我就会担任这家企业的董事长。

接下来，我的角色实际上就是代表 J. W. Childs 公司来与这家企业的管理团队协作，共同改善这家企业。因为我们只打算购买这些企业，然后转手卖掉，而不是继续运营这些公司，所以我们希望能够在相当短的时间内做出较大的改善。”

今井正明：“您能举个例子详细介绍一下吗？”

伯恩：“我早期接手的一家企业，叫作美国安全剃刀公司（American Safety Razor）。当我进入这家企业的时候，这家企业一点改善工作都没有做过，而且也没有任何意愿去进行改善。面对这种情况，我不得不从董事会成员开始施加压力，‘强制’这家企业实施改善行动。我还必须得找一个好的搞精益的家伙，来当公司的运营负责人。

通过在董事会层面的推动，以及聘请的精益运营负责人，这两个招数的组合使得（在我参与的 3 年时间里）该公司取得了很大的进步。改善成果是非常显著的：公司产生了大约 6500 万美元的流动资金，毛利率增加了 6 个百分点，及时交货和服务满意率从 80% 提高到 99%，到最后我们做到了 100% 按期交货，我们的生产力也得到了很大的提高。有些很具体的数据我记不住了，但是我记得很清楚的是，在我们转手卖掉这家企业时，售价是当初投资的 3.5 倍！”

今井正明：“从您的经历看来，您非常擅长通过各种案例来证明改善能够带来经济效益。那么有没有什么人曾经试图效仿您呢？”

伯恩：“在线模公司，已经有很多人通过文章或者各种书籍，包括你的这本《现场改善》，知道了我们，而且很多人跟我们说，‘我们也想做改善。’于是我们开始接待来我们工厂参观的人。我们相信这一活动会对他们有很大帮助，因为我们自己学到的很多东西，都是在新技术研究所（shingijutsu）带我们观看别人是如何改善的过程中学到的。

接待这些参观团队是需要花很多时间的，可是我们的企业还要正常运营，并且我们自身也还存在很多需要改善的地方。我们真的很想帮助他们，但我们也知道，如果一家企业的总裁没有亲自带领团队来参观我们的工厂，那他们回去也不可能做出什么改善。于是我提出了一个简单的要求：你们可以过来参观我们的工厂，但是你们的总裁一定要到场。如果你们的总裁没有出现，那很抱歉，你们不许踏足我们线模公司。这个要求一提出，所有的参观活动都立刻取消掉了。这千真万确，一点不假。”

今井正明：“这确实是我们一直遇到的问题——尽管改善的好处已经如此显而易见，最高管理者似乎根本没有做好改善的准备。为什么会这样呢？”

伯恩：“精益生产确实是一个概念上很容易理解，但不容易付诸实施的生产方式，因为很多总裁都不能够理解其中的基本理念。为了实施精益生产，他们需要在做事方式上做出一些根本性的改变，所有的内部人员都可能会反对这种改变。

假设现在你是一家企业的总裁，而且你手下有 8 位员工。突然有一天，你说：“我们以后将不再以大批量高速度的方式生产产品，而是全部改成单件流的生产方式。通过这一改变，我们每年的生产力将提高 15% ～ 20%，我们将会节省出很多的空间来，我们的库存将会大大减少，而且我们的交付周期将会大幅度降低——这无疑还将增加我们的市场占有率。

这些改变听起来可能非常厉害，但是对你的员工来说，这些也很可怕。就拿库存来说吧，他们保持现有库存水平不是没有理由的，一旦库存减少了，他们就会担心不能很好地满足客户需求。很多年来，他们一直都在用这种方式处理问题，所以他们坚信这就是处理问题的唯一方式。他们确信，库存一旦降低，他们就会遇到大麻烦。所以他们一定会反对这种改变。制造部门人员会告诉你，库存不能降低。市场和销售部门人员不但不希望看到库存降低，他们实际上一直在要求更多的库存。财务部门的会计人员也一直以来都在使用一种标准成本计算系统来核算成本，而这种不大批量生产的方式，不采用每月分摊固定费用的理念，会吓到她的！

即使你向大家介绍改善的案例时，大家也不一定相信。假设你是一家企业的总裁，你对制造部门的人说：‘你们知道吗，我刚参观了伯恩的工厂，我发现他们有一台与我们相同的机器，换模时间居然只需要 1 分钟，所以我要求你们也达到那样的水平。’听到这个，他们会认为你是个疯子，然后会列举出一系列理由来证明给你看，自己的工厂是不可能达到那种水平的。尽管你是这家企业的总裁，你也没有办法说服他们。因为根据他们 20 年的经验，他们认为这件事是不可能做到的。那你怎么办？你唯一能做的就是告诉他们，怎么做才能达到这个目标。然而很遗憾，大多数总裁自己都不知道要怎么做，所以也没办法说服他们的员工，所以他们的换模时间还是得保持在 2 个小时这一水平上。”

今井正明：“很多企业虽说打着精益生产的旗号在生产，却没有在完全意义上实施精益生产。通用汽车的人说他们的生产精而简，但是在我看来，他们的生产的确简，却并不精。”

伯恩：“我也有同感。我认为通用汽车和克莱斯勒在重组时，仅仅在财务上进行了重组，但是运营模式并没有多大改变。他们保留了原有运营模式里好的方面，去除了那些不好的方面。但是对于那些好的方面，他们并没有朝着消除浪费的方向做出更大的改变。他们的思想和注意力总是局限在这些问题上：劳动力的成本是多少？我能向工会争取到双重工资吗？我能把这个工作转移到低成本国家去吗？当然，还有很多类似这样的问题。

即便这样的公司有了一位新总裁，但是他们的管理理念还是没有发生本质性的改变，思维方式和看问题的方法都和以前一样，所以他们不可能在一夜之间变得强大起来。

对于任何试图实施精益生产的企业来说，或许有一个最大的挑战就在于客观评价体系的缺乏，即他们不知道改进什么可以帮助企业在未来得到更好的发展。我们不可能改变过去，因为它们已经发生了。我们能做的只有争取在下一季度或者下一年发展得更好一些。如果你比较一下丰田和通用现行的做法，你会很容易发现一点：丰田正在尽全力消除浪费，并建设一种改善文化，而通用正将注意力放在怎样做出漂亮的财务报表和取悦工会上。

之所以说通用汽车公司没有真正实施精益生产，还有一个原因，这就在于最高管理层的参与程度上。你知道通用的总裁到底参与过多少改善活动吗？在我看来，恐怕不多。对于股东来说，想要公司发展得更好而且赚的钱更多，就必须把精益生产被放在首要位置上。如果放弃掉精益生产这棵摇钱树，那这些高管这盘棋可就输大了！

今井正明："在丰田与通用汽车的合资企业——位于加利福尼亚的新联合汽车制造有限公司（New United Motor Manufacturing，Inc.，NUUMI）20周年庆典那天，一位通用汽车的高管在聚会结束后被邀请去公司的车间进行参观，可是他委婉地拒绝了，理由是他没有时间。即使在这家工厂从原先的不被看好到最后一跃成为通用汽车所有工厂中最负盛名的一个，这样的情况也时常发生。"

伯恩："我总结出一个现象，大多数的高层管理者，职位升得越高，就变得越愚蠢。为什么呢？因为组织就像一个金字塔。增值性的工作都发生在金字塔的底层，所以一个人如果离这些底层的增值性工作越远，那么他对于底层发生的事情了解得自然就越少——因为他们距离真正的生产太遥远了。另外，位于底层的员工为了尽量保住饭碗，是不会把不好的消息告诉这些金字塔顶部的人的，所以这些高管耳中听到的几乎永远都是那些好消息。这也是为什么总裁总把一切都正常这句话挂在嘴边了。"

对于伯恩提到的很多公司所欠缺的"客观评价体系"，我很感兴趣，所以我请求他将他做总裁时所使用的评价指标都罗列一遍。他表示，尽管这些指标并不适用于诸如银行和医疗等其他行业，但他为线模公司制定的一系列指标应该适用于任何制造业。

他还指出，除了要遵守法律之外，企业的正常运营还必须遵守五项精益生产指标的要求。不同于那些对已完成的生产进行评价的传统型指标，这五项指标更着眼于企业未来的发展。很多的企业都在试图“改变结果”，于是它们花了很多时间在回顾过去上。而线模公司从来不将时间花费在对每月的财务报表的研究上。线模公司的管理分成了六个价值流，每一个价值流代表了一类产品，并由一位价值流经理来主管。

伯恩每周都会和这些价值流经理开会，会上每一位经理都要汇报一下各自负责的价值流在本周内那五项指标的达成情况。在每周的会议上，大家的讨论的重点往往都要放在下一步的任务上，而任何对于过去情况的讨论都会被视作浪费时间。并且，会议室里摆放着一个巨大的数字时钟，用来提醒每一位经理汇报时间不能超过 10 分钟。

下面具体介绍一下那五项指标。

- **客户服务满意率**。它是指订单及时交付的比例。对于库存型订单，交货时间的理想水平是 24 小时。而对于定制型订单，理想交货时间则取决于客户在下达订单时的期望时间。如果一件产品是从中央仓库被发运出去的，那么分管这类产品的价值流经理就需要对这一产品整个的客户服务过程负责，包括最终发运过程，直至送到客户手中。
- **生产率**。伯恩比较喜欢用每个工人每小时生产的产品件数来描述生产率，但是由于线模公司数量众多的产品组合，这种统计方法就显得不切实际，而人均销售额就比较合适了。在线模公司，每一位价值流经理的生产率目标被设定成每年保持 20% 的增长率。不得不说，这是有点苛刻的。
- **质量**。这里的不合格品指的是整个公司范围内存在的不合格品，并且这方面的目标也十分苛刻——不合格品率要每年降低 50%。为达成这一目标，应对策略便是始终将眼光瞄准在最常见的 5 种不合格品上。一旦这 5 种产品中有一种的目标被实现了，那么就该解决下一种产品。伯恩指出，50% 这一目标通常没办法达到，但是他们每年 40% 的不合格品率降低幅度，已经远远超过了同类企业。

- **库存周转次数**。将库存周转次数从 3 次提高到 20 次，这是一项长期性的目标，很多经理人都将其视为一件不可能完成的事情。伯恩在其任职期间，也仅把库存周转次数提高到 18 次而已。
- **5S 和可视化管理**。5S 小组会每隔两周到工厂的各个区域考察一次，这些区域还包括了所有的办公室，然后将这些结果反馈给所有员工。考察中表现最好的生产小组会被授予一面锦旗，并且可以免费享用一周的咖啡和甜甜圈。对于生产车间的可视化管理是不间断的，并且质量和生产率的统计结果会被张贴在工厂里很明显的位置。

接下来，伯恩是这样评价这 5 项指标的。

伯恩："以上就是我所指的 5 项指标。如果你把这些指标放到精益生产中去，并且所有的生产都围绕着不断提高这 5 个方面，全力以赴地实现这 5 方面的目标，那么你们的经营必定会越来越好。如果有人说，不行，5 个指标实在太多了，我需要更少一点，那么我就会建议他把重点放在客户服务满意率和库存周转率上。如果这两方面能得到提高的话，那么其他几个方面也会发生相应的改善。为什么呢？很简单，如果你试图同时改进上述两个方面，那你的生产率、产品质量、厂房环境等方面都需要并且都将得到改进。"

今井正明："如果是要为通用汽车这类的大型企业制定这 5 方面的目标，您会对它们进行怎样的修改呢？"

伯恩："我不会做任何修改。就拿通用汽车来说，企业的生产率可以用每个员工每小时生产的汽车数量来代替，这显然比我们线模公司方便得多。所以我认为同样的指标也可以在通用推行。只要企业勤恳务实，我觉得指标上就没有什么区别，所以即使你在经营的是一家人寿保险公司或者是一家医院，你都不需要对这些指标做出多大的修改，你要做的只是一些细微的调整。

通用若要使用这 5 项指标来指导生产的话，最大的挑战在于成功取得工会的支持。而管理层和工会通常离生产太过遥远，所以想要做到这一点实在不是一件简单的事情。说到工会，很有意思的是，我们线模公司也有一个工会，而且当年我第一次参加新技术研究所的改善研讨会时，是在雅各布引擎制动公司（Jacob's Engine Brake）进行的，在那里我们遇到了联合汽车工人工会（United

Auto Workers，UAW）。我们曾经说过：看吧，我们只是打算把工会当作人来对待，而不是把它们当作一个组织。在我看来，汽车行业人士常把他们的工会人员看作异类，这实际上是一个很大的误区。这个误区是双方共同造成的。确实，工会的表现相当强硬，但是管理者也太软弱无能了。所以我认为，你要做的是将工会当作普通人来对待，并且在全公司内普及大家都是企业的一分子这一理念。如果你这么做了，那绝对是大有裨益的。我认为上述五项指标对于任何制造企业都普遍适用，而且如果你真正把注意力放在这五个方面的提高上，并且为这五个指标设定了挑战性的目标，等着吧，你的企业一定会发展得越来越好的！”

伯恩的众多改善成功的案例有力地验证了我的这一理论：从高层管理者开始实施改善，是一个能够提高企业整体绩效水平和企业价值的可靠系统。伯恩的丰富经验同样也给总裁提供了一系列的改善指导方针，以下便是我对这些方针的总结：

- 让精益成为企业的战略。
- 亲自实践，做一个改善狂人。
- 确保所有员工都清楚，他们必须接受改善文化。
- 迅速、果断地执行改善行动。
- 亲自去现场，并向各种层级的员工展示该做的事情。
- 基于积极推行精益的前提设定企业的绩效衡量指标体系，即使它们不能在短期内实现。
- 做好企业大翻新的准备，无论阻力有多大，无论有多少理由可以被用来作为某种目标不可能“在我们的企业实现”的借口。
- 摒弃那种过度分析过去的评价体系，而应采用简单、客观的评价指标来提升企业绩效。
- 有可能的话，采用当下最先进的精益生产技术，并且持续不断地向他人学习。

总裁存在的目的就是将企业发展得更加强大。要知道，增值活动发生在现场而非总裁的办公室，所以如果总裁没有尽其所能改善这种增值活动，那么就是一种浪费。当然，这句话对于公司里的每一个人都适用。如果越来越多的领导者能意识到这一点并积极采取行动的话，岂不幸哉！

Gemba Kaizen 第 14 章

到现场去

现场改善和企业全局改善

“需求是发明之母”这句话很好地诠释了改善的精神内涵。它告诉我们，形势越充满挑战，激发出的对策越具有创造力。因此，当我们感觉有问题时，就应该带着“我们做得还远远不够好”的态度到现场去做改善。据我所知，西方文化观念是不提倡这个态度的。但是以我的经验来看，“需求是发明之母”是一个世界范围内普遍的共识。我们必须自己去现场寻找不满意的地方，并且让这种不满意来激起我们采取行动。

当你进入现场，看到员工的工作并且留意到他们物料搬运、设备布置的方式等的时候，你是否会对他们的这些工作方式感到认同和满意？或者说你是否意识到，这些其实正是真正改善的起点，也是寻求进步的良机？换作是日本管理人员，他们会径直走过去对下属说“把你当下的工作方式当作最差劲的，开始做改善吧！”随着时间的积累，你对现场的认识一定会大有改观。

领导们的差劲之处就在于选择了远离现场，安逸地坐在办公室里“运筹帷幄”。即使管理者偶尔巡视了现场，如果发现不了问题，改进也无从谈起。管理人员发现问题的能力是现场改善的成功之源。真正的改善意味着什么？许多人自恃有在现场工作的皮毛经验就认为自己了解“现场”，实则不然，“到现场”与“了解现场”距离甚远。

《生产线改善》的作者高桥昭雄多年来一直致力于协助日产汽车的主要供应

商做现场改善。他说，走马观花地看现场是无济于事的。真正懂现场的人应该具备两种能力：一是可以把在现场的所见用名词和数字清晰地表达出来的能力；二是能够把对现场的不满归结成问题提出来的能力。

然而，简单地站在生产线旁说诸如“这家工厂管理不好”之类的话，其实毫无意义。懂现场的管理者应当说：“A 生产线的运行率（又称‘开动率’）只有 65%，必须提高到 85%。”在高桥昭雄看来，为了能够在讨论的时候有一个共同的基准，为了能够更容易地解决问题，为了能够在我们脑海里刻画出一个清晰的改善印象，在现场应当尽量使用特定的名词和准确的数值来表述我们发现的问题。这样的话，参与改善的人们心里就会有一个清晰一致的目标。在用特定的名词阐述清楚主题，用准确的数值设定好目标之后，接下来应该解决的是由谁、在何时以及如何解决我们所发现的问题。这里面包括明确责任人、敲定解决方案以及划定截止日期等事项。

实际上，找出现场问题的能力并不需要多么高深的技术。参与之前，管理者至少应当完成诸如浪费、5S、可视化管理、标准化、PDCA 循环等基本改善概念的实践和学习。

现场改善指的是在合适的时间，到现场去、观察现场、识别并解决问题。以前实施现场改善的日本制造商大部分都擅长在双方达成一致的条件下，以合理的价格供应具有良好品质的产品。如今，全球的企业都致力于依靠现场改善持续不断地提高。

当丰田汽车完成了及时制生产方式之后，大野耐一就将该方式推广到他们的主要供应商那里。大野耐一组织了“自主研究会”来做其推广理念的渠道。这个组织由丰田供应商的一些员工组成，且由大野耐一在丰田做过及时制的徒弟来领导。该组织每月会组织参观不同供应商的生产现场，接着在那里做 3 ～ 4 天的现场改善。随着大野耐一的“自主研究会”成员将丰田生产方式传播到丰田的全球生产系统，“一周时间的自主研究会”开始成为改善的标杆，渐渐在西方盛行起来。

“自主研究会”活动总是能够提高目标流程的生产效率，降低库存并且缩短提前期。同时，设备布局也会发生变化，如移除传送带和使用 U 型生产线。“自主研究会”成为推广丰田生产方式相关技术的有效渠道，且其技术推广也直接带动了主要供应商在相应的次级供应商之间的技术推广。甚至在今天，“自主研究会”活动也时常在丰田及其集团公司之间开展。

两日改善

1977年，日产汽车及其供应商引进了一个流程，叫作“两日改善”。在此流程中，某条指定的生产线必须在两天之内完成指定的改善任务。“两日改善”须有一个明确的起始目标。比如，厂长希望下个月的需求量提高20%，而仅期望作业员每天的加班不超过1个小时。在跟生产部门的经理讨论过之后，他们选择在生产线A（一个瓶颈流程）施行一个两日现场改善。为了达到既定目标，他们分别采取了调整布局、改良夹具等措施。

因此，“两日改善”始于一个简单明了的目标。当然，有时候因情形而异，项目可能需要三天才能完成。为了不妨碍生产，布局调整往往是在晚上两班之间的休息时间内进行的。“两日改善”往往牵涉到工厂的一些核心成员：厂长、生产线经理、总监、主管、班组长和作业员。

举一个典型的“两日改善”项目的例子：在小组成员到达现场时，他们已经开过了几个会议研究如何实施改善，于是他们就召开晨会，向作业员讲解做了哪些变动。接着，小组成员需要花1个小时来观察并且做作业记录。随后，他们再来开会讨论他们所观察到的，思考改善方法，设计实施方案。他们会对此做针对性的数据收集，为生产线的每一道工序做相应的改善计划。

讨论过程中如果有需要，小组成员会随时回到现场确认相关信息。组长必须选取一些改善计划隔天施行，而这个决定则需要在第一天下午的4时之前做好。决定一经敲定，改善小组就会召集生产线作业员开一次会议，主要解释第二天的详细计划。这次会议的另一个目就是鼓励作业员把工作中遇到的每一个困难都提出来。根据这些来自一线作业员的信息，小组成员最终确定第二天施行的详细计划。接着改善小组再与设备维护人员一起工作，一起准备第二天计划中需要的工具、夹具和设备。

设备维护人员，或者准备制造所需夹具和工具的人员，必须时刻待命，在这两天的项目中提供帮助，以防现场改善所需要的设备出现变化。研讨会在下午 6 时结束，从此时起到晚上 10 时（甚至半夜）的这段时间里，新的夹具和工具必须根据指示配备齐全后带入现场，并且安装在生产线上。安装好之后，改善小组成员和主管开启生产线，进行试生产，并且需要确认是否存在诸如操作的或者质量相关的种种问题。直到确认生产线一切运作正常之后，项目小组成员才能回家。

第二天的会比平时提早半小时开，改善小组的成员会向作业员解释线上发生的变化和新的工作流程。比如，组长会说："一直以来都是六个人在这个工位工作，但是我们做了一些改变和尝试，现在我们只要五个人便能够完成工作。因此，我们可以请张三先在一边观察，试看一下剩下五个人是如何完成工作的。"生产作业与往常一样，在上午 8 时开始。因为作业员尚需指导，所以改善小组成员需要和作业员一起待到上午 10 时，这样可以给他们熟悉新流程的时间。从 10 时到中午是作业员自己熟悉流程的时间。在此期间，改善小组的成员会列出一张遇到问题的清单。如果工具和夹具需要进一步调整，则要在中午之前送回维修处。

任何必要的修改一经完成，作业员就可以立即启动生产线上的相关工作，改善小组则继续观察并且评估改善项目带来的影响。下午 4 时是开结案发表会的时间，改善小组成员必须在此之前准备好这两天活动的总结报告。

有时候会有几个小组一起参与活动，此时就会出现几个项目小组在结案发表会上互相争论的局面。结案发表会往往有很多工厂和集团的高级管理人员参与。下午 5 时会议结束，两天的改善活动也就告一段落。

小组成员经常在活动的第一晚没时间睡觉，特别是当某条生产线必须施行大改的时候。由于事先组员能够充分利用表单，切实参加过很多相关学习，做好了充足的准备，所以这两天里他们可以完成许多改善事宜。实际上，结案会之后还必须继续进行很多活动，如成果确认、作业标准修订，有时甚至还会涉及一些工程规章和标准的修订。

根据高桥昭雄的见解，在两天的改善中，做到以下六条将会更易于达到目标：

（1）建立一条能依据节拍时间生产的生产线。

（2）建立一条能满足节拍时间变化且有足够柔性的生产线。

（3）彻底消除作业中的无理、浪费和不均。

（4）消除阻碍顺畅和谐生产的因素。

（5）开发能编入标准作业书的工作流程。

（6）减少生产线作业人员的数量。

高桥昭雄建议，上述的作业标准（第 5 条）应当包括以下几点。

1）工作条件

① 零件和夹具该如何摆放。

② 零件和夹具应放置于何处。

2）工作物和夹具的掌握

① 如何使用工作物和夹具。

② 作业员到哪里拿工作物和夹具。

③ 身体部位的使用。

3）动作的合并

① 工作顺序。

② 工作路径。

其他应纳入考虑范畴的还有：安全因素、质量检查、循环时间和标准在制品数量。

把查核表当作改善工具

作为落实现场改善的工具，日产已经开发出许多细致的查核表，以利于项目施行。比如，当改善小组成员在观察作业员的动作时，他们会使用“动作经济”查核表。动作经济原则包括了以下内容。

消除不需要的动作

1）我们可否剔除寻找或选择某些东西的动作？

2）我们可否剔除需要做判断或需要特别注意的动作？

3）我们可否剔除将工作从一只手转换到另一只手的动作（例如，用右手拿起工件，而后转换到左手）？

减少眼球的动作

1）我们可否用听觉来代替视觉，以确认我们所需要的东西？

2）我们可否使用信号灯？

3）我们可否将所要的物件都放在相关作业员的视线范围内？

4）我们可否使用不同的颜色来标示？

5）我们可否使用透明的箱子或盒子？

合并作业

1）我们可否在移动工作的过程中，同时完成作业动作？

2）我们可否在移动工作的过程中，同时也做检查？

改善工作场所

1）我们可否将物料和工具安置在作业员正前方固定的位置上？

2）我们可否将物料和工具依作业的顺序摆放？

改善工具、夹具和机器

1）我们可否使用较易取出零件的零件盒？

2）我们可否将两种工具结合成一种工具？

3）我们可否用按钮来替代操纵杆或手把，以便能只用一个动作操作机器？

除了动作经济查核表以外，日产汽车公司还为“两日改善”提供了活动手册。该手册包括项目目的、项目计划和项目主要活动等。指导手册包含以下重点活动内容：

（1）如何设定目标？

（2）如何推选小组长？

（3）如何事先借用查核表，来调查生产线现状？

（4）如何确认库存数量？

（5）如何解说改善项目的目的？

（6）需准备何种工具？

（7）如何选定改善的计划？

（8）如何指导作业员？

（9）如何准备各类标准资料？

（10）如何准备总结报告？

每一项都有专门的人和部门来负责，并分发查核表来跟进。如第 3 项包含下列的项目：

1）负责人

2）调查项目如下：

① 线名

② 产品类别

③ 本月生产量

④ 每小时产量（依周计，本项目特别重要，用来确认改善成果，并用作活动的追踪）

⑤ 生产线作业员人数

⑥ 生产线有无二次换班

⑦ 加班率

⑧ 开工率（上月记录）

⑨ 不合格率

⑩ 所需的节拍时间

⑪ 生产线的布置

改善专题研讨会

在过去的 27 年里，全球改善咨询集团在全世界召开过各种规模和类型的改善会议。改善专题研讨会的模式和持续时间适合于服务各类客户。我们已知的一些成功的改善专题研讨会应当具备以下特点：

- 设立具有挑战性但清晰可辨的目标。
- 形成跨职能团队以解决问题。
- 能够迅速地当场采取行动。当场解决 60% 胜过一周后解决 100%。

- 投入时间进行研讨会的准备、沟通和计划。
- 不仅仅学习 QCD 带来的结果，更应该学习转化已成功改善项目的技巧。

管理部门应当排出一个未来若干年的教育和现场改善研讨计划。在全球改善咨询集团里，这些会议一般都是以一个为期两天的改善基础讲座开始的，它的主要听众是经理和企业高管。接下来将到日本或者就近企业进行一次最佳实践标杆学习旅行。之后则是在客户的某一个现场，实际做现场改善活动。咨询会议的类型则根据要求和项目情况确定。在许多案例中，最好是选择一个改善目标区，因为这在接下来的几天里有动态的变动。而这一改善目标也恰好表明了管理人员接下来有多少提高的空间。

通常，同一现场不同区域的改善目标也有所不同。重复不断地举行现场改善交流研讨会就是为了将改善的知识与技能教给客户的管理团队。在现场改善的合作中也会暴露出公司里部门间的问题。比如，由于在销售职员和现场员工之间没有正式的交流渠道，现场改善往往暴露出销售部门没能很好地将客户的质量要求传达到现场。内部程序这样的不足会促使高管列出这些问题，并且建立起更加完善的内部（交流）系统。正是出于这些原因，制订好一系列现场改善研讨会的计划显得至关重要，否则，全局的物流和企业信息沟通将不会很快得到改进。

企业做现场改善时应避免的另一个普遍危险是，只做现场改善研讨会而没有建立起现场之屋的人员基础。对于结果驱动型的管理者来说，可能很乐意做很多现场改善研讨会的计划，希望能获得很多可观的成本节省。但如果没有好的人员基础，那么这些成果就不会有长期的可持续性。

表 14-1 展示的是不同类型改善项目的平均改进效果状况。这些改善项目是在全球改善咨询集团的那些已经参与到持续而均衡的现场改善项目，并且致力于培养人员能力的客户里进行的。

表 14-1　不同类型改善项目的平均提高率

换模时间	−66.4%
交付周期	−55.7%
循环时间	−17.9%
停机时间	−52.1%
需要的作业员数	−32.0%

（续）

在制品库存数量	−59.3%
成品库存数量	−43.5%
搬运距离 / 件	−54.1%
场地面积	−29.4%
所需零件数 / 单位产品	−57.0%
质量不合格成本	−95.0%
返工数	−71.7%
报废	−45.9%
设备需求数	−34.0%

全球改善咨询集团先着手现场改善的原因之一，是其可以协助公司发掘出其管理体系中许多不合时宜的源流管理制度。现场就好比是一面镜子，它能反映出公司真实的能力。现场遭遇的问题，常常是由于缺乏各部门支持导致的。举例如下：

工程部门

（1）工厂的布置设计不良。

（2）机器不合适。

（3）不适当的生产前准备。

检验和质量部门

（1）生产前没有做好失效模式及有效性分析（FMEA）的研究。

（2）不合格品的细部分析做得不够。

（3）检验标准事前准备不佳。

（4）回馈不足。

生产控制部门

（1）无法了解生产线的流程能力。

（2）未掌握库存水平。

（3）计划变更时，忽略了现场的状况。

（4）精准的生产计划不足。

采购部门

（1）忽视供应商的产量能力。

（2）未能提供技术指导给供应商。

（3）对供应商的质量检查不足。

（4）不适当的进料控制。

业务部门

（1）现场的产量了解不足。

（2）未能提供重要的客户信息给现场。

（3）与客户的联系不够。

会计部门

（1）索取的信息超过实际需要的程度。

（2）月报表延误。

（3）成本分析不当。

行政部门

（1）推出的每月最佳课程很少符合现场的需要。

（2）不适当的培训课程。

研究开发和产品发展部门

（1）所设计的产品，未考虑现场的生产能力。

（2）未能在设计变更之前通知现场。

因此，现场改善已经成为了一个暴露公司内部支持部门弱点、识别有待改善的内部系统和流程的有力出发点。这个必须基于一个对现状普遍不满的共识，以及在一个不会因现状而互相推诿和指责的环境中，才能够得以实现。随着问题的暴露，公司员工应该庆幸发现了机会而不是掩饰无比的尴尬。

由于总生产成本的 85% 在产品设计和划阶段就已决定，同时质量水平与交期长短也在设计阶段确定了。所以，在源流管理上做改善是达成质量、成本和交付目标的关键。因此，现场改善是更令人兴奋、更富有挑战和更具有利益性改变的一个开端。然而，除非将现场的能力一开始就提升至具有国际竞争能力和世界级的标准，否则不论在源流管理上做了何种努力，现场仍然无法从中获取最大的利益。现场改善的确是一项持续性改进的战略，应当把它延伸至整个企业。

Gemba Kaizen

现场改善实例

博世：20 年改善历程的心得分享

20 世纪 90 年代初，我在博世（Bosch）集团设在葡萄牙的一家工厂里担任工程师，那时第一次听说了今井正明的名字。我的上司与公司的其他几位高层管理者一同去了德国，接受今井正明的培训，他回来后将所学到的不可思议的哲学道理告诉了我们。他说，那套哲学的名字是“改善”，在未来的年月里，它将指导我们公司的发展。

几年后，我从国外又回到了葡萄牙，担任了工厂的高级副总裁。这家工厂颇具规模，大约有 1000 名员工，年营业额超过 3 亿美元，是即热式热水器行业的领导者之一，在全球范围内同几家日本企业竞争市场份额。

那时，博世集团刚刚开始在全球实施名为“博世生产系统”（Bosch Production System，BPS）的新式生产系统，它的原型是丰田生产体系。根据该生产系统的要求，博世的所有工厂都必须遵从相同而严格的标准，用相同的评分体系予以评判。

我知道，这将是不小的挑战。由于我们的工厂自动化程度不高，所以与其他博世工厂相比，成本结构也会有所不同。并且，由于葡萄牙在地理位置上位于欧洲的边缘，要将产品投放到欧洲市场销售，物流费用也会较高。此外，我们的蓝领员工的教育程度也不如德国等其他国家。我想我们的员工必须得非常努力地工作，才能同其他的博世工厂竞争，与此同时，他们还需要来自管理层的强力支持。

到任后，我将第一周的时间都用在了巡视工厂及与员工交流上。我发现，尽管机器设备很好，技术能力也不错，但是大家心里的改善意识还处于较原始的状态。进一步说，尽管已经具备了改善的工具及流程，却缺乏时刻寻求改善的理念。

举个例子吧，员工总是声称已经学会了“快速换模”（single-minute exchange of dies，SMED）技术，但我发现，他们并没有像今井正明大力提倡的那样，应用持续改进的方法论，通过不断设立新目标来达到持续改进的效果。我告诉员工们，我们正在错过一个改进生产系统的大好时机。

改善必须以愿景为起点

对我来说，非常清楚的是，我们需要创建一个愿景：不仅要使生产车间里的员工树立起持续改进的思维模式，而且非生产一线的工作人员（包括管理层）也必须有此思维模式，而这些人往往并不参与到持续改进的活动中。为此，我们在各个领域都应该广泛地实施诸如“价值流图析”和“价值流设计”的活动。

但是这并不如想象的那样简单。我手下曾经有两名中层管理干部，总是令公司在改善方面的努力化为泡影。他们来开会时会对所有事宜都表示赞同，但是一转身回到部门里就立刻转变态度，并让他们下属的员工别理改善的事。我几番努力，都没法让他们参与到改善行动中来，于是决定调离其中一人，解雇另一个人。这个决定给了公司其他部门一个明确的信号：任何人都不能阻挡公司为改善所做出的努力。

我们为工厂制定了愿景，并且使绝大多数人相信，改善就是公司新的方向。这一愿景体现了公司对世界级制造标准孜孜不倦的追求，严格地遵从“博世生产系统”的八项基本原则，而且，其中反复强调的是全体员工的参与。

通过改善来培养员工

我们工作的关键，是令所有员工都来信奉持续改进的观点，我们称之为“改善文化”。要实现这个重要的转变，我们需要考虑许多事，当然，一项特别重要的事是，你必须清楚自己身处何国。举个例子，在我所在的国家里，如果你想让别人做什么事，你必须每天都去叮嘱。但是在德国，我曾经在那里工作过几年，如果你每天在工作上对下属再三叮嘱，你会被下属冷落，因为他们比葡萄牙的员工要独立得多。

葡萄牙的许多公司里实行森严的等级制度。在制造层面上，你拥有低技术和低学历的员工，而在非生产部门里，员工拥有出色的技术和良好的学历，他们甚至会讲 3 种、4 种甚至 5 种不同的语言。

改善帮助我们建立了一种新的公司文化——蓝领员工比起白领员工更受重视。比如当我们实行全面生产维护制度时，我们认识到，一线操作工必须对机器设备有主人翁的意识。

我之所以对此深有体会，源于一次日本工厂的参观经历，我亲眼目睹一位车间工人对着厂长大喊大叫。我向身边的翻译询问，得知事情的原委：那位工人刚刚因结婚休了五天假，但在这五天内没有人替他保养设备！在改善文化的体系下，设备不是公司的，也不是股东的，而是属于操作人员的。这一点至关重要。

回到葡萄牙后，我将上述原则解释给他人，这或许是我们推行改善理念过程中的一个转折点。刹那间，人们开始信奉全面生产维护制度。而我也意识到，推行改善并不总是需要你花很大的力气。的确，在开始推行时会有不小的阻力，然而一旦员工步入改善的正轨，推行工作就会变得容易得多。

我们工厂的得分开始有了提高，但这一切并非一蹴而就。在 2003 年的博世生产系统审核中，满分为 800，我们仅得到 275 分，这并不是我们期望的结果。然而到了 2007 年，我们得到了 500 分，成了博世集团中的标杆工厂。当年，博世集团举办了一个竞赛，我们工厂被认定为全球实施博世生产系统最好的五家工厂之一。另外，我们有一些让员工参与、授权员工改善的实践也被采纳，并在全球范围的博世工厂里推广。这对于像葡萄牙这样的国家来说，可不是件容易的事情。

改善不能委托他人

如果没有领导力，一切都是徒劳。我要给 CEO 们的第一个建议就是，无论作为管理者还是个人，你必须要把自己拉出“舒适区”[⊖]。你自己必须要有做出改变并且迎难而上的意愿，否则的话，就不要搞改善。

另外，你也不能将改善工作委托给他人。每次在公司内实施时，我总要向大家强调这一点。改善需要所有员工共同努力，但尤其需要最高管理层的努力。你不能以为在公司内成立一个改善部门就万事大吉了，因为改善的精神必须深入每一位员工的内心。

作为高层管理者，你必须以身作则。我们公司实施5S时，将高层管理者的办公室也纳入了实施范围。我叮嘱负责内部审核的人员，在审核高管人员的办公室时不要预先告知。一个非常重要的事情是，你必须让员工看到，对于你要求他们执行的规章制度，你自己也不例外。

学习永不停止

自我改进非常重要。我们这样告诉蓝领员工：无论做什么，只要能使自己成为改善高手，总是对自己有好处的。如果他们要换一份工作，这个好处也会让他们受益。正是由于自身也能从中受益，才使得他们乐于投入各种培训之中，并学到更多。

在改善过程中，管理者自然也要怀有自我改进的理念。我自己也很注重随处学习。做到这点并不简单，但每当我们的员工去其他国家或工厂参观时，我都会叮嘱他们留意与本公司的不同之处。

举个例子，几周前我参观了一家问题很多的公司。该公司几乎没有开展任何改善活动，但是有一件事做得很好：包装生产线应用了一种防错设计，避免了错误。我回到公司后立刻告知厂长，要求他去这家公司参观，向其优点学习。

公司的未来建立在改善的基础之上

改善为当今的经济注入了生机。如今的企业越来越强调降低成本、第一次就

⊖ 舒适区，comfort zone，意指一种舒服的状态，并因此不愿意付出努力追求进一步改变。——译者注

把事情做对以及使公司经营活动更为高效。尤其是现在，我们会面对以远东国家生产的商品为代表的激烈竞争，在此环境下必须维持自身的竞争力。在我们博世葡萄牙工厂，如果不是自2000年以来一直推行改善的话，公司客户也许早已流失，转向更低价格的供应商了。

成就公司最为重要的因素是所有员工而非其他。我经常会看到有些书中写到，人力资源是企业最重要的资产。这句话写起来容易，做起来却相当困难。改善给了你机会、工具和方法论，让员工意识到他们都是公司这个集体的重要组成部分。改善让公司不同层面的人凝聚在一起。我相信，在实施了改善的企业里，员工之间会有更多的公开交流，公司内部会更为透明，并且会给员工以较少的约束。大家可以畅所欲言，并且通过这样做，创造出了一个开放的环境，带来了更多的改善。我们葡萄牙工厂取得的成绩正说明了这一点。

Joao-Paulo Oliveira

高级副总裁

博世热力技术公司，葡萄牙

改变 Achmea 公司的 IT 文化

质量专家乐此不疲地告诫我们，如果无法量化，就无法更好地管理。然而，本案例将要告诉我们的是一个更重要的结论：如果无法理解，就无法管理。Achmea 是欧洲一家大型的保险公司，拥有 20 000 名员工。该公司计划在拥有 7000 名员工的 IT 部门发动变革，准备了各种工具，但最初却无法克服阻碍企业发展的文化难题。

Achmea 曾经非常繁荣，成本从来都不是首要目标，浪费和不负责任可谓根植于公司的文化。到了 2008 年，金融行业面临危机，一夜之间，效率成了头等大事。为了生存和发展，该公司聘用了一家著名的咨询公司，来帮助公司实施精益改进。

在其他部门取得成功之时，IT 部门却仍然是块绊脚石，问题的症结在于，精益顾问没有 IT 方面的专业知识。为了解决这个问题，公司聘用了在精益和 IT 方面都有丰富经验的全球改善咨询集团荷兰分部。

最初的改善对象是 IT 部门内一个有 600 名员工的软件开发分部，该分部的职责是设计、编写和测试应用软件，以支持公司的核心业务。这个跨职能的组织包括工程师、编程人员、应用管理员、测试员、业务分析员以及其他软件专业人员。由于他们的薪水很高，而且他们的工作产出对组织来说是战略级别的，所以改善项目的潜在收益相当可观。

像大多数的IT组织一样，这个分部也让员工学习各种IT管理的方法论。最著名的当数信息技术基础架构库（information technology infrastructure library, ITIL）[⊖]，它创建了标准化的准则，并且将IT组织的输出界定义为交付给业务应用服务的集合或“目录”。从某些方面来看，这与“价值流图析”有异曲同工之处。

问题是，大家并没有用那些工具，也没有强制要求他们使用那些工具。项目计划非常随意，员工的绩效也处于事实上无衡量的状态，利益相关者对项目应该花费的成本或时间也没有太多的概念。工作流程高度脱节，对于工程师或编程人员来说，完成项目某个阶段的任务后，搁置了6个月之后再进行下一阶段的任务，也被认为是再正常不过的事了。

“这种放着现成的工具不用的文化，来源于他们的武断——与实际情况不符，”Wijbrand Medendorp说，他是荷兰改善咨询公司的管理合伙人，也是这个项目的顾问。“为了解决这个问题，管理层必须听取员工的反馈意见，直面缺点，并引领他们一步一步地实现改善。”

管理层已经认识到，问题显而易见，但是在软件开发团队里，要清楚地识别那些支离破碎的流程是非常困难的，因为大多数的工作都是不可见的代码，只有极少数人可以理解。即使在开发团队内部，也仍有很多技术“语言”是不通用的。

因此，关于精益方法的培训，必须辅助以各种IT原则下高层次的指导。例如，画流程图的人必须要学习更多代码编写的知识，业务分析员必须要了解现有SAP系统存在的种种局限性。信息的传递后来是通过沟通促进会议来实现的。在这个会议上，来自不同职能部门的代表能够分享彼此的目标和问题。

有一种类型的沟通促进会议叫作“顾客舞台”，带来的结果令人印象深刻。在这种会议上，主要的利益相关者围坐在内圈的桌子周围，交流着彼此关心的问题，而开发团队的成员则在外圈聆听着他们的谈话。这种会议帮助很多人第一次了解到，自己的作为或不作为如何影响价值链上的其他人。

⊖ ITIL由英国政府部门CCTA在20世纪80年代末制定，现由英国商务部负责管理，主要适用于IT服务管理。ITIL为企业的IT服务管理实践提供了一个客观、严谨、可量化的标准和规范。——译者注

为了帮助大家更好地了解其他团队成员的职责，并学习跨职能团队的好处和其内在的动力机制，咨询团队引入了模拟游戏。一些传统的精益模拟游戏，如飞机游戏，结合 IT 行业的特点稍加改进后，被引入到 Achmea 来。

一旦建立了某些基础性的理解，跨职能改进团队就有能力进行“价值流图析”（value stream mapping，VSM）了。在一个典型的软件开发项目中，作为工作成果的无形产品要经历从业务需求的建立，到流程图绘制、代码编写、故障排查和用户测试的过程。Achmea 选择了一个实例：为了应对新的税收规则，而修改一个退休金计划应用程序。

团队成员看到自己的工作被呈现在价值流图上，而且还能从中发现一些重要的组织问题。项目经理，作为对按照时间和经费预算要求完成项目的负责人，对承担产品开发工作的团队成员没有相应的权力。与之相对应的是，团队成员向条线经理汇报，而条线经理的工作是根据职能来划分的——工程师向工程经理汇报，测试员向测试经理汇报等。尽管也有各种团队会议来讨论问题，但这些会议都只是在同一职能的团队中进行的。

职能性团队之间缺少协作，意味着每个项目从根本上说是处于无规则状态。项目经理为了完成自己的项目不得不争夺资源，但又经常被其他更有影响力的人抢走。为了保护自己的利益，他们通常会要求过多的资源。而条线经理仅了解自己下属人员的工作技能，没有人知道如何建立和管理真正能完成项目的跨职能团队。

通过价值流的分析，能够识别出不能创造附加价值的浪费，因此也使得对员工的生产率衡量成为可能。在软件开发团队中，由于工作中互动的复杂性，生产率的数字通常很低——25% 就被认为是正常的了。

Achmea 的员工非常抵制对他们的生产与非生产的时间进行调查，许多人认为自己会因此处于被监视的状态，很不舒服。然而调查者仍然取得了进展，他们要求开发人员记录下自己的理想工作小时数，如果他们能够在不被打扰的情况下完成项目的话。

“当管理层展现出自己不打算采用敌对的态度时，那么得到事实也并不是一件很困难的事情。” Medendorp 说。

对于从事创造性工作的员工来说，如软件设计师，他们一致认为，每 1 次打扰（如 1 个电话）将浪费 15 分钟时间。这个调查表明，通常员工每 1 个小时可能会被打扰 4 次或更多，这也意味着，这段时间的生产率几乎为零。除此之外，由于缺乏团队之间的合作，工作调度也很混乱，导致了明显的浪费，如大量的待完成任务、返工和等待时间。

绩效衡量工作最终表明，软件开发团队的生产率在 2% 和 4% 之间。换句话说就是，每个月大约损失 2000 万欧元！

通过一系列的咨询会议，各开发团队逐渐能够识别出一些简单的改善机会，这些机会以消除浪费为目标，一旦正式实施后就从本质上提高了组织的生产率。它们包括如下内容：

- 每个项目都设立一个启动会议，在会议上，需求和期望都会清楚地告知所有的团队成员。这个会议，不但是对项目面临的挑战进行早期预警的机会，而且也是建立团队关系的机会。
- 建立日常的改善会议机制，使得问题得到及时讨论，不被耽搁。
- 修改访问权限，使系统更容易获得应用程序测试。而在此之前，测试员常常不得不等待好几周才能继续下一项任务。
- 将该组织已经采纳的 ASAP[⊖] 质量检查流程公布出来。而在此之前，大家不知道质量部门是如何检查自己的工作的。
- 建立起员工的绩效标准，包括参与改善活动。而在此之前，标准并不存在，所有员工都几乎自动地获得了高的评级。

这些改进实施之后，在软件开发分部的四个业务单元中进行了一次审核。在审核的每个领域，衡量的结果表明，成本降低了 30%，意味着每年节省了约 2000 万欧元。

软件开发分部的成功正在 IT 部门的其他分部中得以再现。CEO 和 CIO 对改善更加重视了，这也反映在目前人事部门实施的员工绩效评价流程里。高层现在理解了与 IT 部门内部变革相关的文化问题，而每位 IT 员工也已明白，改善是自己工作理所当然的一部分。

⊖ ASAP，as soon as possible 的简写，意为“尽快”。

TL公司的每日改善

托克·莱德温（Tork Ledervin，TL）公司是一家巴西纺织厂，该公司的每日改善案例可以很好地诠释我对改善的定义，即“每天都要改进，每个人都要改进，每个方法都要改进”。一件值得记忆的趣事是，丰田自动织机公司（丰田公司的前身，也是大野耐一最初尝试精益生产实践的地方）当年制造的机器，TL公司的生产现场还在使用。

这个占地面积有30 000平方米的工厂坐落于奥萨斯库市，拥有员工350人，为汽车、运输、机械和装备等行业的客户生产高性能的纱线和织物。

2009年年底，TL公司开始了改善的旅程，当时全球改善咨询集团为他们举办了一个价值流设计（value-stream designing，VSD）的研讨会。这个为期五天的会议，由项目经理费尔南多·安德拉德负责组织，与会者包括销售、工厂、质量、维护、物流、生产计划与控制等部门的各位经理和协调员。运营总监伊尔埃努·贝加莫也参加了研讨会，两位副总裁费尔南多·莱尔提·塞拉诺和弗雷德里科·利马，则以项目发起人的身份出席了该活动的启动和总结会。

在研讨会开始阶段，全球改善咨询集团的顾问向改善团队成员展示了怎样从精益生产的视角去审视公司。很快，经理开始了解到现在的流程存在着哪些浪费，如织布机频繁停工、工厂脏乱不堪、换模时间长和质量缺陷等。大家也学习到，改善的工具和理念如何能够帮助他们使流程更流畅并创造出一个令人满意的未来状态，即通过实现更高的生产率、更优质的产品和更低的库存来更好地服务于客户。这些改善，还可以帮助企业缩短生产交期和提高柔性，以更好地响应顾客需求的变化。

在最初的培训结束后，团队成员制订了一个有针对性的计划来帮助自己实施改善。第一步是画出两张 TL 公司的现状图。第一张图分析了从原材料的接收到最终成品的交付这一过程中的物料流动情况。而第二张图则分析了从接到客户订单，到安排生产计划，再到制订物料计划，最后到收取客户付款这一过程中的信息流动情况。

两张图一完工，员工就被分配到各个流程中，按照现场改善研讨会的形式，举办了一系列定期的改善会议。会上，他们以头脑风暴的方式鼓励员工提出改善建议，来帮助他们实现期望中的未来状态。想要达到他们的目标，就必须缩短换模时间、提高设备可动率、减少产品缺陷以及借助库存超市和水蜘蛛等方法来改善布局与生产线设计等。

TL 公司明白，企业文化的整体改变不可能一蹴而就，所以该公司首先将精力集中于编织部门。从 2010 年 2 月开始，包括经理、维修人员和班组长在内的每个人，参加了一系列的研讨会，这些研讨会持续了 7 ～ 10 天，目的是减少质量缺陷、提高织布机的效率和缩短换模时间。每次研讨会都会应用一个改善方法去改进一个现有的流程，比如在一次会议上，员工建立了一个库存超市，更有效地保证了纱线的供应。

通过 3 个月的努力，TL 公司取得了显著的改善成果。但是公司的改善倡导者很清楚，他们需要将持续改进的思想深深融入到公司文化中去，而不是仅仅在生产现场。而每日改善计划将有助于确保公司在接下来的几年内维持好已有标准，并有效地控制偏差。

在与全球改善咨询集团合作的过程中，TL 公司的运营总监伊尔埃努·贝加莫逐渐构思了一个改善模型，它包括如下六个关键目标：

- 创建一个目视化管理系统，来展示关键绩效指标（KPI），以此来加强各区域的管理，并与各个工作团队共享。

- 建立一个有效的方法来报告偏差、分析原因以及实施纠正预防措施。
- 确保对作业标准的遵守，并进行更新。
- 在现场团队中建立起多层次的领导机制。
- 为工人均衡地分配任务，确保较少的停工时间和较少的超额工作负荷。
- 让所有工人都接受到有关改善的培训。

为了达到这些目标，TL 公司实施了下列措施：

- 建立了一个每日改善的目视化看板以辅助 KPI 管理。看板上要求记录发生的偏差、根本原因分析、行动计划以及完工的截止日期。
- 建立了每日改善会议的制度，确保看板上记录的问题被操作人员与领导者共同讨论，并确保解决方案能够得到制订和实施。
- 建立起管理者的职责检查表，以方便管理者按照职责检查表执行日常工作，并确保标准得以遵守以及预期结果得以实现。
- 建立了 T 形卡[㊀]，以方便各级管理者在现场进行定期的审核工作。
- 设计了“工作任务均衡箱”，以帮助更好地在特定的时刻给每个员工分配任务。
- 给所有员工都发放了改善工具手册，来介绍持续改进中所用到的各种改善方法论和工具。

2010 年 5 月，来自编织部门的员工花费了 15 天的时间对前面提到的改善工具和方法论进行了仔细的调整，以更好地适应 TL 公司的状况。培训的材料也已经准备就绪，工人按各自新的工作标准重新培训妥当。“单点课”（one-point lesson）[㊁]成为了普遍运用的工具，为 5 ～ 10 分钟的指导性会议提供了框架，而每个指导性会议都旨在针对环境中一个特定的问题点进行指导。

研讨会结束时，TL 公司举行了“改善日”活动。在有公司副总裁参加的情

㊀ T 形卡，又叫“纸芝居”，日文为 kamishibai，是一张 T 形的卡片（之所以设计成 T 形，是为了适应考勤架的面板），用于对每天需要完成的任务进行简单而可视化的提醒。——译者注

㊁ 有多种中文译法，如“单点教材”“一点堂”等。——译者注

况下，员工举办了一个正式的“交钥匙”[⊖]仪式，标志着向改善型工作方式的全面切换。从现在开始，整个工厂范围内都将遵循和实施精益的体系。

几周之后，改善成果开始显现，不仅之前的成果得以保持，而且织布机的效率也得到进一步的提高。具体成果包括：

- 织布机的停机次数减少 40%。
- 织布机的换模时间缩短 60%。
- 织布机的综合效率从 68% 提高到了 80%。
- 缺陷率降低了 25%。

每日改善的方法论激发出现场员工更多的动力和参与热情。对日复一日的日常任务的更好管理，确保了优越的工作环境，并最终为客户提供更好的服务和产品。

“对于‘责任’，每日改善给出了更好的定义，而且它也提高了我们应对偏差的效率。”伊尔埃努·贝加莫说。在编织部门改善取得成功的基础上，TL 公司更多部门的改善活动正在积极地筹划当中。

⊖ “交钥匙”（turn key）原本是建筑安装工程项目管理的术语，一旦一项工程建造完成，承建商就要交付用户，而用户即可投入使用。此处表达的是，新的改善型工作体系已经初步“建造”完成，可以投入使用。——译者注

公共场所的改善案例：罗马机场的大转型

对客户眼皮底下的流程进行改善，可谓是一项特别的挑战。对制造业而言，完全可以在工厂内对拟采用的不同方案进行改善试验，但这些改善活动对于客户来说却是相对隐秘的。相比之下，对客户一眼就能够看到的流程进行改善，需要极大的谨慎与细心。

罗马机场公司（Aeroporti di Roma，ADR）管理着罗马的两个国际机场——菲乌米奇诺（莱昂纳多–达芬奇）国际机场和钱皮诺国际机场。2008 年，ADR 的管理者决定实施改善，因为他们相信这有助于将 ADR 打造成全欧洲服务水平最高的机场。可是，前文提及的挑战就摆在他们面前。

“要成为全欧洲服务水平最高的机场”这一目标可不是轻易能够实现的。ADR 若想在企业内形成一种持续改善的文化，就必须进行深层次的组织变革。这意味着，它不仅需要调整一些行为方式，更需要对其思考和处理问题的方式及措施进行重新评估。

安检环节流线型化

ADR 的第一个改善项目着眼于乘客及随身行李的安检环节。在他们的第一场改善讨论会上，与会者主要对精益的一些核心概念（如价值流和浪费）以及这些概念与乘客、ADR 和机场股东之间的相互关系，进行了定义和认识上的统一。

“这其中主要的挑战是让安检人员真正参与进来，以改善他们的工作流程，”全球改善咨询集团负责这个项目的顾问布鲁诺·法比亚诺说：“首先必须从机场顾客的角度，来准确地定义什么叫‘价值’。”

从这个角度看，安检工作就是在尊重全世界不同的社会准则和习俗，并且在始终遵守严格的国际规章制度的前提下，确保乘客的安全利益。安检工作真正的价值就在于，在确保乘客人身安全的同时，又不会因为那些严格的抑或有些侵犯性的安全检查，让乘客觉得行动受限甚至尴尬不已。

机场共设立了 3 个改善小组来负责这一项目，每个小组由 10 ～ 12 名成员组成，这些成员来自与“乘客及手提行李控制”相关的所有子区域，包括乘客准备、人工检查、扫描门、控制室以及监控。改善小组的成员一起接受了关于改善的基本概念和精益工具的培训。

在理解了改善的基本概念之后，改善小组开始了一次实地体验，以帮助他们更好地识别浪费，并进而提出改善建议。在实地体验中，每个小组成员都会作为“乘客”亲身经历一次安检，即从取登机牌开始，到安检排队，继而接受安检，最后离开安检区域。组员对于他们在实地体验中观察到的现象感到十分吃惊，而且大多数人在这一过程中，对以乘客为中心的改善视角有了“顿悟”的感觉。

接下来，改善小组利用“价值流图析”工具对安检的流程进行了识别和图示化，并将有价值的内容与浪费区分了开来。一种典型的浪费来源是排长队，因为排长队造成了乘客时间的浪费，最终也会有损于机场的收入（因为乘客在排队上花的时间越长，可在机场购物的时间就越少）。改善小组成员在实地体验中找出了造成排长队现象的部分原因。其中一个原因就是，用来盛放乘客口袋中物品以备扫描的托盘数量不够，乘客不得不在原地等待，直至有空闲的托盘可供使用。另外，用来指导乘客配合安检的信息屏位置太高，以至于乘客经常看不到安检指示信息，而不知道到底该做什么。

改善小组制定了一个 PDCA 列表，来辅助他们找出问题，从而消除浪费的根源。根据价值流图析得出的结果，组员开展了一系列改善活动，来激发大家就如何使乘客顺利且舒适地通过安检这一问题献计献策。

再接下来，公司又让工作人员扮演乘客，在现场进行了多次体验。在创新精神的引领下，大量的改善提议被纳入了体验。举个例子，在一次体验中，乘客被允许随身携带皮带、手机等特定物品，并且在行李扫描机旁边摆放了一个椅子，当他们脱下鞋进行扫描检查时可以坐在这把椅子上，这显然比让他们光着脚走过扫描区要更人性化。

改善小组还利用了一些目视化改善工具来调整长凳和监视器的位置，以期提高乘客的安检速度。由于空间上的限制，现有的安检设施不足以支持一个理想的目视化改善方案，相关的建议就被纳入到新设施的规划中。

在持续改善文化的引导下，他们还举办常规性的改善会议，以便员工讨论如何进一步提高安检环节的质量和效率，同时也可以将一些重要的观察结果或者重要事件记录下来。

随着改善的不断推进，有一个事实变得愈发明显：安检不应被当作一个孤立的环节，而应该与机场的其他职能联系起来。这样一来，改善工作就变得复杂起来了，因为这不仅牵涉到大量的工作人员，还需要将排班方式纳入考虑的范畴。

为了更清楚地理解职能间的联系，改善小组还邀请机场其他部门的员工加入，听取他们的意见，了解他们是如何安排各自的流程的。例如，一位飞行员被邀请来参加改善讨论会，会上他向大家介绍了一份点检表，上面列举了所有飞行员在每次飞行前都必须核对的各项事务，不管飞行员的个人经验是否丰富。会议结束时，改善小组起草了一份作业内容点检表，这个点检表很快在他们自己的现场被投入使用。

欢迎乘客来到罗马

在 ADR 的人力资源部经理法布里齐奥·马里奥蒂的桌子后面，人们可以看到一块看板。看板上贴满了各种五颜六色的便利贴，内容就是 ADR 所管理的两个机场的全年的员工培训计划。在他办公室的另一侧墙上，挂着一张罗马城的巨幅照片，这幅照片是在那项备受赞誉的“阿基米德改善计划”成功实施后挂上去的。

阿基米德计划的产生是在 2010 年，当时安检部门的改善小组正进行头脑风暴，主题是如何改善那些会对乘客产生最大、最直接影响的工作流程。改善小组发现，当国际乘客走下飞机步入机场时，居然没有任何信息介绍可以来告诉乘客，他们所到之处是一座历史多么悠久的城市！

经过前期的改善，ADR 已经了解，进行持续改善的原动力来源于现场工作人员。因为现场工作人员，每天都会见到成千上万的乘客。正因为如此，公司请教现场工作人员：如果要使乘客体会到他们来到罗马这个历史名城是多么值得自豪，有什么简单而具体的建议。为了倡导团队合作，这项工作必须以不少于 5 名成员的团队形式来进行。大约 200 名现场工作人员总共提出了 111 项改善建议，这些建议再交给一个专门委员会进行评估。在对每一条建议的影响力和可行性进行评估之后，有 14 条建议被选了出来，并且每一条建议交由一个小组来负责实施。以下便是其中的几条：

- 由工作人员在机场的各个航站楼上张贴 30 种内容各不相同的海报，向来到罗马的乘客表示热烈欢迎。海报上除了有罗马的城市风景照之外，还有菲乌米奇诺机场和钱皮诺机场的照片。
- 设立两个特别服务区，当父母在等待行李时，孩子可以在服务区内等待。
- 在两个航站楼候机厅内摆放着免费的推车，并且在航站楼的到达处和离开处都提供人性化的帮助。
- 为行动不便的乘客设立了专门的候机室。
- 900 本常用英语短语手册和 300 本常用俄语、汉语、日语和德语短语手册，及相应的发音指导，被发到各位航站楼的工作人员手上。
- 每个商店都陈列着一种手册，该手册详细地记录着联系信息、新产品信息以及一些大致的入境程序指导。

阿基米德项目对于提高安检环节的工作质量也大有帮助，因为这一项目中改善小组对一些作业行为制定了标准，使得乘客在那些可能导致紧张的检查过程中感觉更舒服。改善小组将标准编写成了手册，其中规定的一些行为标准包括：工作人员与乘客进行适当的眼神交流；由工作人员将已经扫描过的行李直接递给其主人；每两名安检人员之间保持一定的距离，这能使乘客一眼就可以看出他们每个人都是单独完成安检工作的。112 本多语种短语手册被分发到安检人员的手上，这些手册现在被用于培训新员工。

这些行为标准也被通过 TWI 培训方法逐步完善和加强。可以用一个简单的四步法来描述培训过程：

（1）我解释，你听和看。

（2）我做，你看。

（3）你做，我纠正。

（4）你自主地去做。

阿基米德计划确认了 ADR 的管理者的主张：通过积极听取工作人员的意见来制定政策，同时要在研究和结果的基础上进行改善。但首要的是，该项目带给人们这样的启示：激励员工共同努力提升乘客满意度的最佳方法是让大家都参与进来，这需要扎扎实实地干。用米开朗基罗的话来说，就是“完美来自细节。”

继续向前进发

2011 年 ADR 举行了一次颁奖典礼，对其 200 个改善工作人员的辛苦努力和成果予以肯定。但是，所有到场人员心中都很清楚——改善这才刚刚开始呢！改善讨论会直至今天仍然定期举行，并且向所有工作人员开放，为的就是鼓励他们提出自己的想法和建议，还为他们每日所学到的改善知识提供一个练习巩固的机会。

多亏了现场改善，ADR 才会呈现如今这样全新的活力。如此骄人的改善成绩使得 ADR 的管理者已经将其视为一项 ADR 特有的竞争力，并鼓励工作人员每天都在原有基础上追求进一步改善。这一切必将保证 ADR 未来在改善精神的引领下不断提高乘客的满意度。

Sonae MC：无声的改革

这是一个大型零售连锁店实施改善的故事，又一次很好地诠释了如何在非制造领域应用现场改善的原则。同时，它也说明改善的方法并非一个死套路，而是可以依据每个改善对象的特殊需求进行灵活变通。在本例中，起初只是一次简单的改善培训活动，到后来发展成了一个涉及 25 000 名员工的庞大的企业转型计划。

管理零售业需要保持微妙的平衡，因为零售环境中的细微变化都可能对顾客的行为产生重大影响。这意味着，改进必须以一种不大明显的方式或不会对零售现场产生不利影响的情况下进行，以免造成顾客的流失。因此，当本案例中的 Sonae MC 在它旗下 171 个食品超市中实施改善的时候，它们称之为一场“无声的改革”。

Sonae 是葡萄牙最大的私营企业，而 Sonae MC 是 Sonae 集团旗下历史最悠久的子公司，其 2010 年的营业收入达到 32.7 亿欧元。公司从开业至今已有 25 年，多年积累的经验不仅铸就了 Sonae MC 业内领先者的地位，而且造就了一种企业文化：很多人相信，他们多年来一直用的方式就是最正确的方式。

在 Sonae MC，引入最初改善只是为了遵守政府 2006 年颁布的一项新政策：所有公司都需要为每位员工每年至少提供 35 个小时的职业培训。这个政策也是葡萄牙为提高自身在欧盟内外竞争力的国家策略的一部分。

作为葡萄牙最大的雇主，Sonae MC 有大量的员工。所以从一开始就很明显，改善培训对该公司而言并非一个简单的项目。培训项目的范围不仅包括对管理人员的课堂培训，还包括了对各门店和仓库工作的员工的现场培训。这个培训模式被称为“团队发展计划”(team development program，TDP)。全球改善咨询集团也被邀请提供一个培训计划，并被作为 TDP 的一部分。

当然，改善培训并不仅仅意味着要改变员工——它是要改变工作场所，所以很显然，对它的期望也就远远超出了简单地满足政府对员工培训的政策要求。当全球改善咨询集团的顾问通过展示现场拍摄的照片来向 Sonae MC 的经理曼纽尔·丰托拉说明该公司何处存在改善机会时，他立刻就回应道：“这些场景我已足足看了 25 年，我需要的是解决方案，而不仅仅是指出问题。”

丰托拉并不认为，那些使公司在过去取得成功的方法，也将是确保公司未来正确经营的唯一方法。因此他同意首先对管理者进行改善培训的尝试，并且一旦成功，他将同意在接下来的几年里将这种训练扩展到一线工作人员那里。

新方式和旧方式

改善训练是通过一种瀑布式（逐层展开）的方式推广的，即由领导者先学习改善的概念，之后迅速地在现场应用。项目开始阶段，举办了领导者参加的为期两天的培训研讨会，主要介绍改善的基本原则和工具。研讨会的第一天，学员学习了很多概念，如浪费、5S、可视化管理、及时制和标准化。第二天，学员在现场观察了一个已经事先工作了 5 ～ 6 个小时的作业班次，这样可以保证学员观察到完整的作业内容，并在该班次工作结束后提出改善的建议。

改善推行之初遇到了不小的阻力，其中比较典型的反对声音有“我们一直都是按照这种方式干活的”“我没有时间做这种事”等。然而，随着时间流逝，改善取得的积极成果慢慢得以体现，起初那些最激烈的批评者反而转变成最热情的支持者。

改善团队正式试点时，确定了一件事情：想要同时改善零售店的所有区域是几乎不可能的。所以管理者决定，运用改善方法首先识别出可以最快且获得最明显效果的区域。在选择改善试点区域时，一个潜在的目标是有助于营造持续改善的文化氛围，因为管理者认识到，这是所有可见的改变背后的共同特征。

改善团队最终决定把首批试点区域确定为补货、多次补货和退货管理（仓库区域的物流作业）三个作业区域。他们的任务是在上述三个区域内寻找一切可以改进的机会。运用到的改善工具有 5S、可视化管理和标准化。

物有其位，物在其位

当改善团队越来越有信心能够将改善工具运用自如时，一次急剧的转变发生了。为了方便商品的挑选和补货，5S 项目从清扫、喷涂和贴标签做起，扩展到现场布局的全面重组，乃至对商品货架的重新设计。这样做的结果是，一种在零售行业鲜有的、目视化秩序极好的管理系统诞生了，这一完善的系统可以有效地防止物品离开其原来的位置。

在不到 3 个月的时间里，所有门店的仓库的初步改善均已完成，并且公司发现，工作流程本身也在渐渐有所改善。早在培训会上，管理者就已识别出公司内存在的几种主要的浪费，而现在，他们发现这些浪费现象正逐渐消失。例如，一位管理者发现，对于从事再存储工作的员工来说，以前他们有大约 80% 的时间花在诸如移动物件、折叠包装箱的纸板等工作上，而这些对流程来说并不创造价值。而随着现场改善的逐渐开展，员工在这类工作上花费的时间显著减少。

由于秉承着“无声改革”这一宗旨，所以门店的客户几乎没有受到任何影响。通过改善，公司的员工士气大增，过道和走廊不再堆着商品，并且货架上的缺货情况也消失不见了。

共享的成功

尽管培训的组织工作和对改善理念的支持是由管理者负责的，但是实际发生的变化却是由员工设计和实施的。渐渐地，这些员工已经适应了改善流程。管理团队虽然逐渐培养了发现改善机会的能力，但他们更知道，每天实际执行那些工作的一线作业人员才最了解如何进行改善。管理者也明白，要顺利地进行改善的话，信念和毅力是非常必要的，它们能够使员工对改善充满信心。

在实施改善活动的一年后，员工满意度大幅上升。在更好的工作计划和一个更加舒适的目视化工作环境下，员工能够在较小的压力下，以较少的体力和较短的时间完成每天的任务。这些都是在可视化管理的帮助下完成的，因为它使得企业工作透明度骤增，所有的员工都可以看到他们团队的工作业绩。其中一个例子是动态工作计划的应用，它帮助企业更好地对人力资源和工作任务进行管理。

备货和补货流程的改善成果也是相当显著的。这些区域的作业效率提高了35%。补货作业的质量也得到改善，货架上的货品更加齐全，摆放也更加井然有序。此外，每天下班前都有更多的时间，可以用于整理退货物品，并完成清理任务。

在改善第一年年底，有一点已经十分显然，即 Sonae MC 若想提高其生产力和效率，并且稳定其市场领导者的地位，就必须踏踏实实走好改善这条道路。

复制改善的成功

在改善文化已深入人心的情形下，改善行动得以扩大到店铺的所有区域，包括新鲜食品区和收银区，所有岗位上的员工也都参与了进来，包括那些办公室的文员。公司还为那些在过去接受过改善培训的人介绍新的改善工具来巩固他们的知识。从那个时候开始，整个公司范围内都开始以改善为共同语言，大家的目标也变得十分一致。

在全球改善咨询集团的支持下，内部培训师团队继续研发新的改善技术。但随着改善项目的范围和数量逐步扩大，领导力的重要性也随之提高。同时，给员工一些自主权来让他们自行决定如何进行改善，并发挥好基层主管和领导者的作用，已经变得日益重要。为实现这些目标所使用的改善方法和工具如下：

- Kobetsu 改善法，鼓励员工做好自动化设备的自主维护。

- 作业指南的标准化，以保证员工不必总是就作业问题询问管理者。
- 3C（contain、control、correct，包含、控制、纠正）问题解决技术，帮助员工当场解决问题。
- SDCA 循环，可以给员工一个日常流程改善工具。
- 企业内部培训，可以帮助员工将改善工作整合到日常工作中去。

公司在每天 15 ～ 30 分钟的例行会议上反复强调这些工具的使用，会议内容包括作业状况的简要评述和当天的 TDP 议程表。

作为改善成果的展厅——样板门店的开张是一个很重要的活动，它有助于使大家了解已经实施的正确的改善方法。其他门店的负责人也应邀来参观这些门店，在亲身观察了已经实施的一些改善措施后，他们便试图按照同样的方式在自己的门店里实施改善。这种积极的传播形成了一种良性竞争，而这一切都是持续改进精神的体现。

一个叫作 SIMk（*Sistema de Implementação de Melhorias kaizen*）的在整个组织范围内同步实施改善的系统，被介绍到 Sonae MC。运用这种方法，可以使所有的改善项目更加有协同效应。

稳固改善文化

随着改善范围的扩大，管理层需要在采用新方法的基础上收集真实的数据，以确保改善措施的同步实施。因此，为了评估改善文化被吸收的程度，Sonae MC 开始以抽样的方式进行审核。而审核发现的一个主要教训是，不同地点上的改善文化吸收程度不够一致。考虑到员工和地点数量的众多，这个结果其实并不令人惊讶。为了解决这个问题，管理层决定建立一个公司范围内的认证计划。

2009 年，每一门店都认真接受了两次审核。第一次是诊断性审核，第二次则是认证性审核。诊断性审核包括一次评估和制订一个改进计划，计划列出了该门店为获得认证所必须完成的改善项目。为了通过认证性审核，门店被要求能够培训好员工，并且根据诊断性审核结果采取适当的纠正行动。

第一轮的审核结果表明，许多门店都明显需要改善。然而许多在诊断性审核时得了最低分的门店，在年底认证性审核时却得了最高分，这一结果令人惊讶不已。

新的领导人

当各个团队正忙于稳固改善文化时，管理层却发生了重要的人事变化。马里奥·佩雷拉接任成为 Sonae MC 总经理。最初有人担心高层的人事变动会对这一新形成的改善文化发展产生不利的影响。然而，这一变动以一种十分谨慎的方式进行，并且佩雷拉也很快明白了改善的重要性，它是公司这几年发生重大变革的最主要推手。

佩雷拉不仅同意继续推行改善，而且他还主张进一步加强改善。他亲自参加培训会议，积极营造改善文化氛围，并且组建了一个由高级经理组成的 SIMk 指导委员会，来负责在更高层次上推动持续改进计划。

内部物流项目

这个新的管理委员会与全球改善咨询集团合作决定，要在公司内推动一个宏大且极富进取性的动作——内部物流。计划是将工作分为三大部分：

- 内部食品物流（internal food logistics，IFL）。其主要目标是开店前做好充足储备，当门店关门后才可进行补货。运用选择性的多次补货方式，计划员希望实现的目标是不再向仓库退货，并且提高生产率。
- 内部非食品物流（internal nonfood logistics，INFL）。这里需要优先解决的根本问题是仓库库存水平的优化，降低库存，以及补货作业的零退货。此外，优先权会根据预期销售数量进行分配。要达成上述目标，需要采取一系列动作：对布局进行改进，在仓库设立选择性分类站，对时间表进行改进，安排一次物流培训，以及使用更有效的信息工具。
- 制造物流模型（manufacturing logistics model，MLM）。该项工作首先从面包房开始，其目的是确保全天都有高质量的热面包供应，并且让员工有更多时间与顾客交流。这就需要为原料建造一个内部超市系统，在营业前进行基于预测的推动式生产，以确保开始营业时有充足的新鲜面包供应，在一天的营业中则根据顾客需求的情况进行拉动式生产。这都需要新的生产设备和工艺。

为了推行新的物流系统，有几家门店被选中来进行试点。这些试点工作为新系统的推行提供了良好的测试环境，使得管理者看清系统中的哪些环节是有效的以及哪些环节是还有待改进的。这些门店成为了公司内部的标杆，激发更多员工对物流改善项目的动力和激情。

以下是试点门店取得的一些初步成果。

- 内部食品物流项目：生产率提高了 17%，中间库存降低了 14%，损失额减少了 11%。
- 内部非食品物流项目：生产率提高了 31%，销售额（在补充计划的帮助下）提高了 20%。
- 制造物流模型项目：面包制作损失额减少了 4%，销售额提高了 2%。
- 上述项目综合在一起的效果是，这些项目优化了工作排程，并且降低了 52% 的夜间加班费用。

使改善成果与公司绩效的衡量达到一致

2010 年，Sonae MC 公司还引入了平衡计分卡（balanced scorecard，BSC）工具。平衡计分卡对于公司绩效的财务性以及非财务性的目标都进行了清晰的阐述。管理层认为，这对于确保现场取得的改善成果与组织的战略目标相匹配是十分必要的。平衡计分卡有助于解释改善策略是如何在 SIMk 流程的辅助下制定出的，以便这些改善策略能够在企业整体战略的框架下被理解。

这些高层次的绩效衡量工具的运用，有助于确保对改善进展的评估——改善的一个必需环节，理应得到足够的重视。平衡计分卡使公司的管理指标更加清晰，并且使得评估的结果以一种标准化的方式呈现。它可以对公司的财务业绩、客户满意度、员工能力及一些其他的重要衡量指标进行监控。它用红色标出系统中实际绩效低于理想水平的领域，以便优先对它们进行改善。

管理层也意识到有必要对现场已取得的改善成果进行管理，为此，他们设计了一个内部管理系统，取名为“改善管理方法”（method of managing the improvement，MMI）。从 2010 年 3 月初开始一直到 2011 年 1 月，管理系统一共录入了 1089 项改进措施。为了客观地评价这些改善措施的有效性，公司成立了一个评估委员会和一个排名系统。该系统根据这些措施的影响力和实施的难易程度来进行排名。该系统除了加快了改善项目获得批准的速度外，也为嘉奖那些提出有创意的改善建议的员工提供了便利。

公司于 2011 年推出新的内部物流模式，并将其推广到所属的 172 家食品零售门店。这是一个很大的举动，公司需要对管理者以及负责 IFL、INFL 和 MLM 项目的专职人员进行全面的培训。

全球改善咨询集团伊比利亚办公室的总监安东尼奥·考斯塔表示：“这一切都是从一个小型的培训研讨会开始的，后来演变成了较大的改善项目，到现在则是在整个公司范围内持续进行改善的重大变革。”

持续改进

Sonae MC 在 5 年完成了大量的改善，并且成为了第一个也是唯一一个完成了较高程度的改善的大型零售商。通过 25 000 多人的共同努力，公司整体的生产率提高了 35%，中间库存降低了 14%，损失额减少了，退货和尾货数量大幅度减少，并且在 2011 年省下了一笔相当可观的加班费。而更重要的是，客户服务质量因此得以大大提高，这确保了 Sonae MC 未来的竞争力。

现场改善带来了公司整体文化的变革。所有的员工，从高层管理者到门店理货员，都深刻领悟了改善文化。尽管 Sonae MC 在未来依然将面临各种挑战，但是在改善文化的引领下，公司可以沿着持续改进之路一直走下去。

Sonae MC 的首席运营官曼纽尔·丰托拉认为，从今天看来，公司 5 年前的决定毫无疑问是正确的。他说：“如果没有走改善这条路的话，我们会和现在的状况相距甚远。改善不仅是一个方法论，而且是一种生活方式。就像我们的 DNA 发生突变一样，改善已经超越了一线作业的范围，延伸到了公司的其他领域。”

不管会遇到何种挑战，Sonae MC 也已经做好了充足的准备。改善已经为土地施好肥，正等待着公司播撒蕴含着新的业务机会的种子。Sonae MC 的首席执行官路易斯·穆蒂尼奥总结道：“现在的 Sonae MC 人已经变得更乐于接受变化和打扰，我们可以很快地适应更激烈市场竞争所带来的变化。”

Embraco：改善成果超出预期

高绩效、富有激情的员工以及零浪费的精益生产模式，是 Embraco 公司一直以来追求的目标。几年前，公司将自己与理查德·舍恩伯格（Richard Schonberger）所著的《世界一流的制造业》（*World Class Manufacturing*）中所描述的卓越标准做对比，希望能有进一步的突破。工程、生产和质量等部门的领导者从此肩负了一项新的使命，即利用精益制造的方法，将生产系统已经较为先进的诺因维利工厂的效能再提升一个档次。

西尔维奥·阿基诺是 Embraco 工业部门的几位主要管理者之一。通过对市场中找来的一些案例进行研究，他有机会进一步了解到精益制造在各种情形下的应用情况与应用范围。在将案例的情况与 Embraco 的改善经历以及当前的实际情况进行比较之后，他得出如下结论：尽管公司从 20 世纪 90 年代以来一直按照全面质量管理的理念和要求去做，也曾取得了较大的改进，但是在质量和效率方面仍然有进步的空间。

Embraco 将改善重点放在了制造环节的快速换模上，对全面生产管理与精益理念的结合给予了足够的重视。2005 年，在市场上挑选了完全满足公司运营战略目标要求的咨询公司后，Embraco 迈出了推行“精益思想”的步伐——公司此次的改善项目也正是以“精益思想”命名的。

对于诊断工厂实际运营状况，以及和客户一起实施现场改善和精益制造项目，全球改善咨询集团巴西分部团队拥有丰富的经验。此次被 Embraco 选中，负责与该公司的专业团队一起面对此次诺因维利工厂改善过程中可能会遇到的一些难题。另外，该团队精通 TPM 方法，并能在充分尊重行业特色的前提下，协助重塑组织文化，促进生产现场的积极改变，使工厂更加敏捷、有效且具有柔性。

敏捷性和兼容成本

Embraco 的目标是：以最高的质量和最佳的成本来适应市场的效能需求；以恰当的成本为交付的产品提供质量保证；重视环境和员工的健康及安全；确保流程所有环节具有高可靠性；快速敏捷地应对客户需求。管理一个如此复杂的业务链条需要投入大量的精力，其中的每个环节都需要给其他环节反馈信息以使得整个动态系统运行正常，并且目标得以实现。在制造业的现实环境中，将这一系列目标变成现实是极富挑战的，能做到这一点的都是十分出色的。而 Embraco 成功做到了。Embraco 的卓越运营模型（见图 CS-1）成为了市场的参照，并且加强了其在国际封闭式压缩机市场的主导地位。

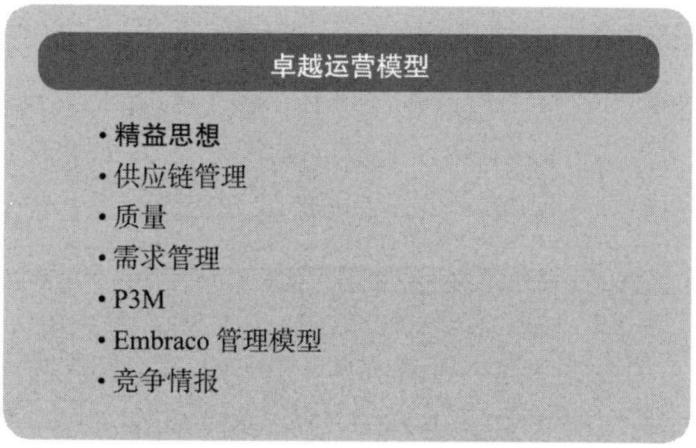

图 CS-1 Embraco 的卓越运营模型

对质量的承诺

总部坐落于巴西南卡罗来纳州诺因维利的 Embraco 一直对质量有很高的承诺。公司的企业文化——不断寻求卓越，使得公司在工业领域取得了卓越的成绩，这一点从 20 世纪 70 年代公司创立之初就已经成为公司文化的一部分，如今已经深入人心。

从项目启动之初，公司的目标就十分明确，即通过提高生产率、降低运营成本来提升竞争力。公司期望改善能产生好的成果，并且力求改善的投入能在中短期内与其收益相平衡。带着这个颇具挑战性的目标，诺因维利项目正式开始。其第一步是要通过价值流图析识别改善机会，制定改善目标，随后针对其中一个业务单元制订初步的行动计划，从而为改善的实施开个好头。

在充分考虑 Embraco 运营战略目标的前提下，KICGB 和公司的项目经理决定把重点放在未来状态价值流图要求的那些改善任务上。改善小组首先直接在现场举办改善研讨会，并且在仅仅一周内就取得良好的效果。改善小组将这些初步的结果呈交给公司管理层，并使该项目的继续推行获得了批准。为了巩固这个起步成果，改善小组特别安排了几次现场学习的机会，他们分批邀请了约 70 位管理人员（其中包含总监、经理和组长）参加现场改善研讨会，以实地实践的方式为他们讲解改善与精益的理念及其相关工具的使用方法。这正体现了著名的日本式方法论——“干中学”（见图 CS-2）。

图 CS-2 精益生产入门模拟

现场改善研讨会中使用了一些模拟练习，为成功完成这一项目打下了一定的基础。其结果是大家更加齐心协力。每个人都开始相信，如果改善得当，那么不仅可以对诺因维利工厂的生产流程做出清楚的分析，也可以找出改进的切入点，从而使得工厂获得更好的结果。在对改善理论的有效性有信心，并且受改善研讨会的氛围影响，改善小组开始直面改善过程中最艰难的任务，即实实在在地引导这次变革以完成既定的目标。

接下来的每个周，Embraco 都会举办新的现场改善研讨会，这也使得越来越多的员工有机会亲身参与和体会，并开始理解他们自己在公司将要实施的变革过程中的重要作用。随着新成果的出现和新一轮改善活动的发生，每一步的改善活动都带来了积极的影响。而且每周运营总监都要亲自检查改善的成果，确保所有人参与其中，这也是整个企业转型项目的重要支持。

重要的是，加强对于现有价值流的分析，并且组织好与价值流转型任务相匹配的系列培训研讨会，而同样重要的还有，为每个价值流制订与 Embraco 战略目标相匹配的战略行动计划。这个工作之所以重要，是因为它将公司的目标分解成了每项价值流转型任务的清晰目标，另外还可以营造和奠定一个改善的文化氛围的基础（见图 CS-3 和图 CS-4）。

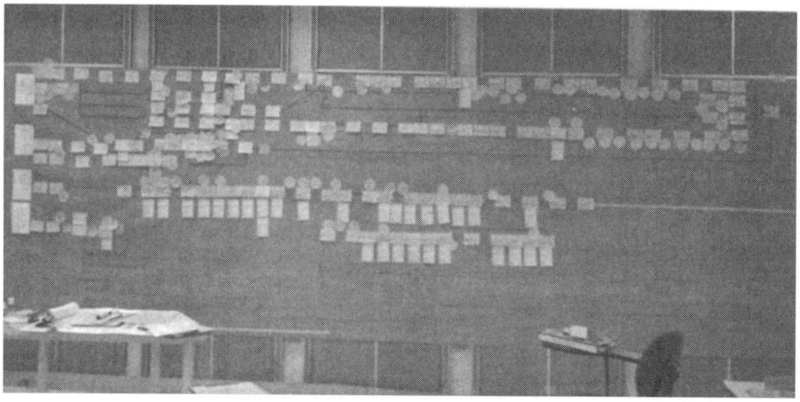

图 CS-3　Embraco 公司的价值流设计

图 CS-4　为价值流的转型制订战略行动计划

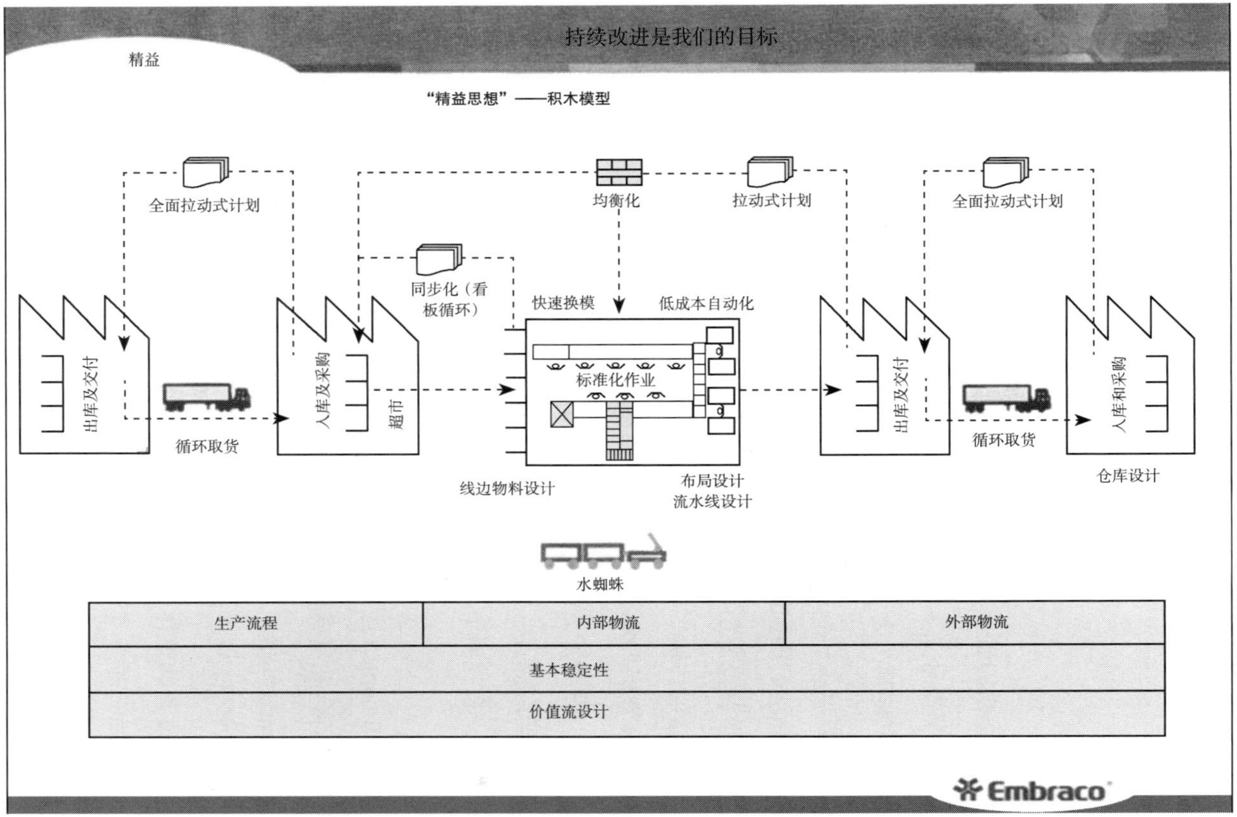

图 CS-5 卓越运营的构成模块

另外还有一点很重要，那就是设计结构化行动时，要基于“干中学，教中学”的理念，做好员工的培养。为了在公司内形成改善共识，从而更好地引领大家进行改善，Embraco 举办了一系列宣传和沟通活动，其口号为“持续改进是我们的目标”，来宣传改善小组已取得的成果（见图 CS-5）。

向榜样学习

结果表明，诺因维利工厂不仅实现了当初设立改善项目时的目标，还超出了预期。其生产率提升了大约 30%，意味着节省了大约 4500 万美元的投资。在所有团队成员的共同努力下，这些成绩得以长久保持，成为永久的成果。

积极的改善成果激励着公司向下一个目标行进，即力争成为国际级的标杆企业。改善顾问从他们的国际客户那里挑选出一些不错的项目，并组织 Embraco 的管理者去参观学习。走出自家的围墙，去见识一些更出色的改善案例，对于他们来说是一次不错的体验。看到有些公司比他们做得更多，并且取得了非常优异的成绩，Embraco 意识到有必要再进一步实施改善。

很快，又一件非常有趣的事情发生了：Embraco 举办了子公司之间的内部标杆评选。来自斯洛伐克、意大利、中国以及美国工厂的领导者参观了位于巴西南部的总部工厂，根据看到的结果进行反思。图 CS-6 为精益思想和 Embraco 公司的价值链模型。

2007 年，Embraco 决定开始将巴西进行的改善向国外拓展。考虑到不同国家拥有不同文化特色和特殊的生产力挑战，一个新的阶段开始了。从巴西获得的结果激励着 Embraco 其他工厂的管理者去重新审视他们的生产力和绩效指标，以及制订一个合适的持续改进计划。图 CS-7 为 Embraco 的现场改善研讨会内容。

为了达到改善的整体性，Embraco 为位于不同国家的每个工厂都指派了项目领导人，并且同全球改善咨询集团的国际团队合作，负责密切关注这项工作。对于国内没有全球改善咨询集团工作团队的国家，其改善就由其他国家的全球分部来负责，如中国，当时还没有全球改善咨询集团的分支机构，就由葡萄牙的全球改善咨询集团负责。同时，Embraco 北美项目则由全球改善咨询集团巴西团队提供直接的技术支持。

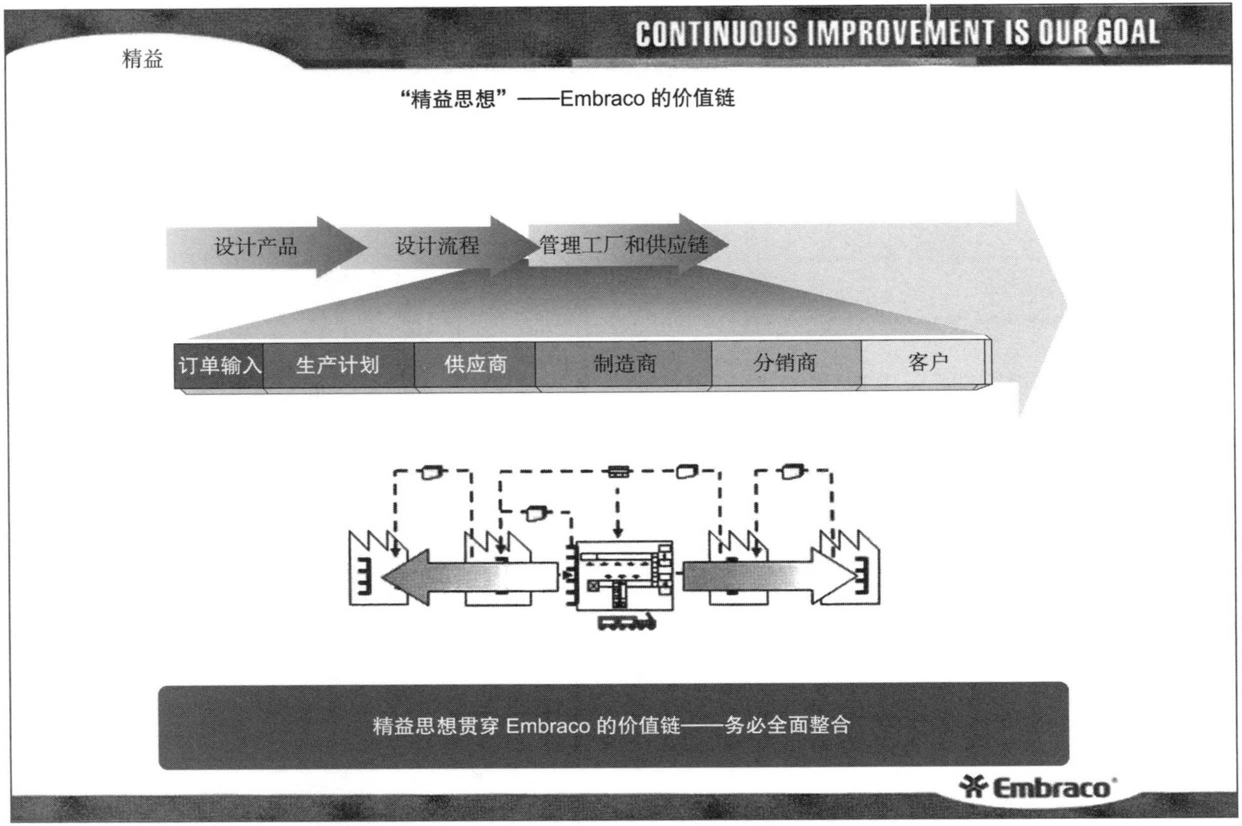

图 CS-6 精益思想和 Embraco 的价值链模型

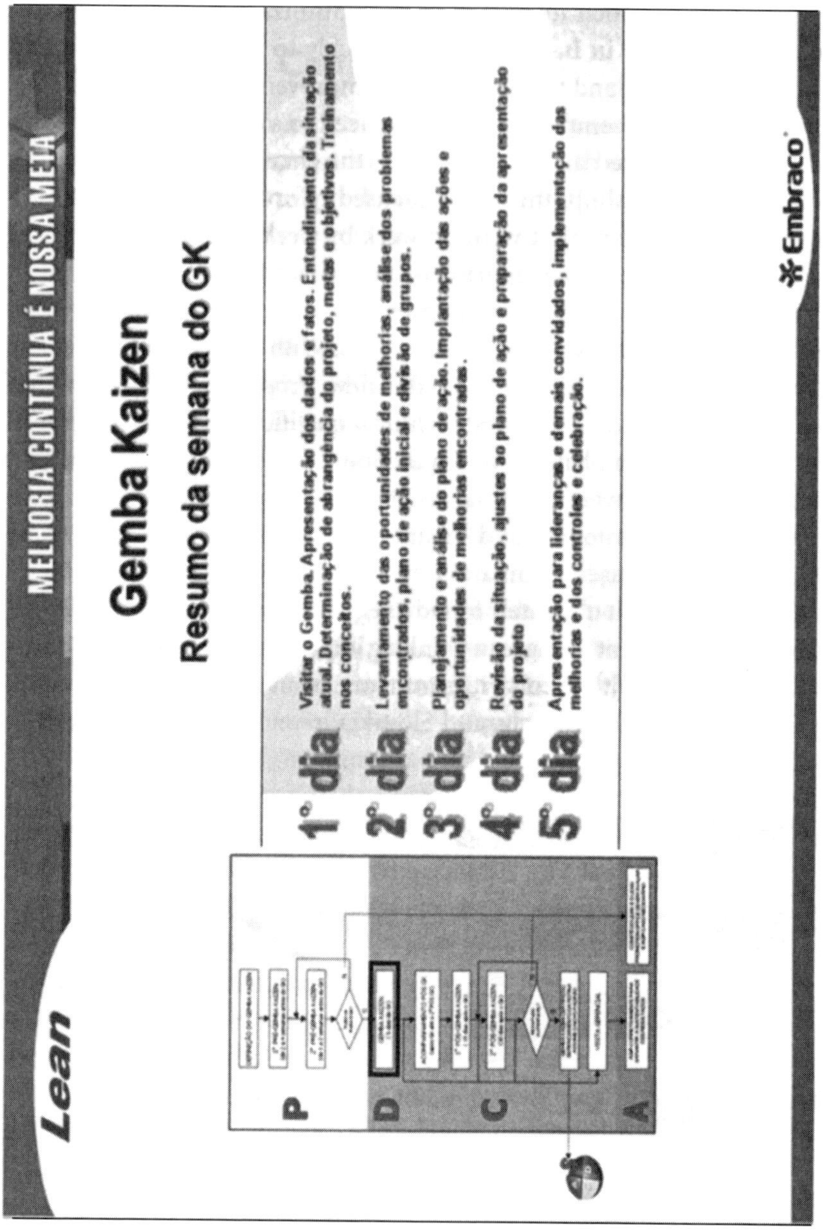

图 CS-7 Embraco 公司的现场改善研讨会

在整个公司里，目标是完全一致的：每项业务都追求做到最好，所有的业务单位都实施改善，从而将改善融入到每家工厂特有的文化中去。

改善的方法需要根据不同国家的实际情况而做出调整，既充分考虑所处行业的特点，又尊重不同国家间的文化和行为差异，这对于参与到改善里的每个人来说都是挑战。而每个人又在实践中逐渐成熟，这也正是项目的艰巨性与每日遇到的挑战所在。巴西工厂的经验和采用的流程在向其他国家的工厂推广时并非像灵丹妙药那样一贴就灵，而是必须根据每家工厂的特点来做调整。

举个例子来说，在斯洛伐克工厂，最大的挑战是如何建立企业内部的文化认同感，从而让员工真正参与到改善项目中去。因此，需要通过举办改善研讨会来向当地的改善小组介绍员工的参与和改善结果之间的直接联系，以及大家的交流沟通会对改善任务的执行带来何种影响。如今，斯洛伐克工厂绩效卓越，领导人也非常信奉改善–精益的理念，并以此来管理工厂的业务流程。

再一个例子是 Embraco 在意大利的工厂。该工厂在导入改善之前就一直十分关注流程的优化，因此这次能够对新方法迅速做出回应，其每周都会有所改进，如今改善已经取得了初步的成果。从文化的角度上看，当地的员工们需要“看到”切实的益处，才会有动力迅速地推动改善。每一次的现场改善研讨会，团队成员都努力解决一个问题，改善得以每周取得一次进步，从而朝着所期望的改进目标迈进。图 CS-8 为现场改善研讨会的演化——所有工厂。

而在中国工厂，现场改善的第一步就是要消除阻碍团队间交流沟通的文化差异。在解决了这个难题之后，这里对于新导入的改善方法的态度就变得非常积极了。中国工厂朝着最优技术认证的要求迈进得非常迅速，并且积极实施所要求的系统。由于不少中国公司普遍存在人员流动率高的问题，因此为保证新方法的标准化和保持改善成果，还需要在培训上投入较多精力。

总的来说，每家工厂最终都在推行精益思想和实现自身业务目标之间找到其特有的平衡。尽管各自的响应时间不同，且各具特色，巴西、美国、中国、意大利以及斯洛伐克的工厂都培养出了自己的生产团队，从而稳固了 Embraco 在全球冰箱封闭式压缩机行业的领导地位。

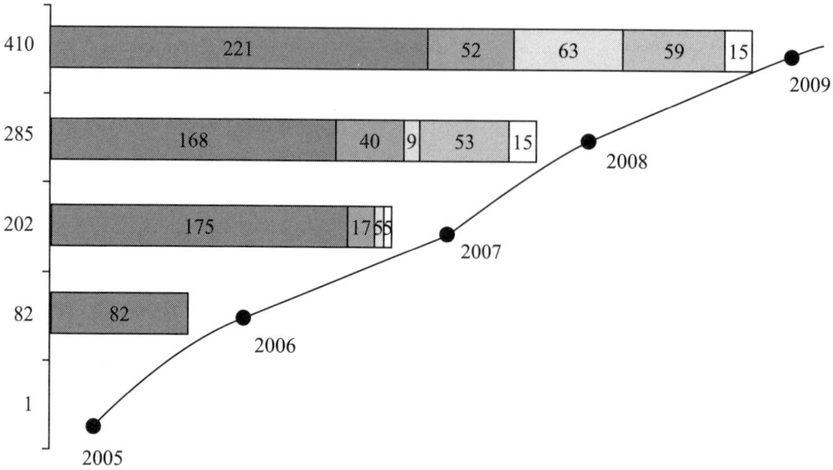

图 CS-8　现场改善研讨会的演化——所有工厂

重视人力资本

创造力、革新和技术。在全球范围内尊重员工是 Embraco 的价值观。几年前，在持续改善和改进生产系统的同时，公司开始采纳一些更加适宜残疾人群工作的流程。而在这一阶段中，改善仍然发挥着重要作用。

在每个阶段，除了运营方面的改变之外，诺因维利工厂的某些部分还会进行局部的结构改造，以适应新加入的行动不便的员工。这不只是一个小型的建设项目，在特定区域里的员工也积极参与了进来，为改造积极献计献策，共同进行诸如连通道路、扩大空间、修建斜坡等改建工作，以便轮椅更容易地通过。让员工广泛地参与，也正是改善–精益项目的一个关键元素。以这样的方式，Embraco 朝着生产力和尊重员工方面更高水平的卓越启动了新的征程（见图 CS-9）。

精益理念总会有尊重员工方面的考虑。最初，改善总会让员工产生畏惧感，因为他们误以为改善的目的就是用机器替换掉员工。澄清改善的真正理念，并介绍其与 Embraco 人才价值观的吻合性，也是改善小组在推进项目过程中需要承担的任务之一。

图 CS-9 尊重员工——Embraco 的价值观之一

Embraco曾向员工保证，所有参与到改善中来的员工都不会被解雇。在每一阶段和每一次改进中，对改善态度更端正且更具备合作精神的那些员工更能从中获益，因为他们能得到更多的知识，他们也是精益变革的中流砥柱。这股力量——重视人才、认可个人和团队付出的努力，支撑着精益理念不断收获难以计数的益处。Embraco因此获得了卓越的质量标准、高生产力指标以及决心维持成功的专业团队。

OHC：真正实现“以病人为中心”的医疗服务

在医疗行业推行改善，是近十年来最激动人心的发展之一。现如今，日本人口不断老龄化，经济又增长缓慢，医疗行业要服务的病人越来越多，却没有财力来增加员工。

丰田汽车公司曾经历过相似的困境。20 世纪 50 年代，日本市场对于公司卡车的需求不断上升，可是由于过去的财务问题，银行拒绝向其提供资金来招募人员。因此，大野耐一不得不用改善来代替投资。这之后的事情大家都知道了，即大家熟知的改善史。

医疗业的一个显著特点就是，精益价值流总是围绕着顾客，也就是病人。在输入端，是一个有特定健康问题的人；在输出端，与制造出的商品不同，我们看到的是，病人的健康问题得到满意的解决。

因为医疗行业与日常生活紧密相连，所以其问题也就显而易见。很少有人知道汽车工厂的浪费在哪儿，但是大多数人对于医院的浪费都有一定的了解。因为大家几乎都有在医院排长队等待的经历，急症处拥挤不堪，甚至忙得“右手不知道左手在做什么”。这些医疗问题也经常出现在报纸上。

波尔图医疗中心（Oporto Hospital Centre，OHC）位于葡萄牙北部，它们使用改善工具，清晰地展现了通过简单的解决方案和很少的投资就可以消除各种低效环节。该医疗中心由三部分组成：圣安东尼奥医院、圣玛利亚医院和迪尼什妇产科医院。仅圣安东尼奥医院就有 3200 名员工、大约 600 张床位以及 50 个不同的科室。当这家医院在 2004 年成为一个独立的机构时，管理层决定，要与阻碍 OHC 发展的敌人——低效作斗争。

本案例的特色在于其提前期和服务质量的改进。护理服务的成本有了显著降低，顾客服务水平也有所提升，特别在医疗中心的采购和供应环节。

OHC 也完成了一次里程碑式的文化变革，现在医院里的所有员工都会为了实现组织的战略目标而关注于减少浪费。

改进医院物流系统

OHC 首先在医院物流和供应环节采取改善措施，并取了一个专门的名称，叫作医院物流系统（hospital logistics systems，HLS）（见图 CS-10）。改善的目标是提高供应管理环节的效率，并且走好该机构中将要实施的文化变革的第一步。尽管这些不会对病人产生直接影响，但是各种物品的充足配送对于提供必要的医疗保健服务来说也是至关重要的。

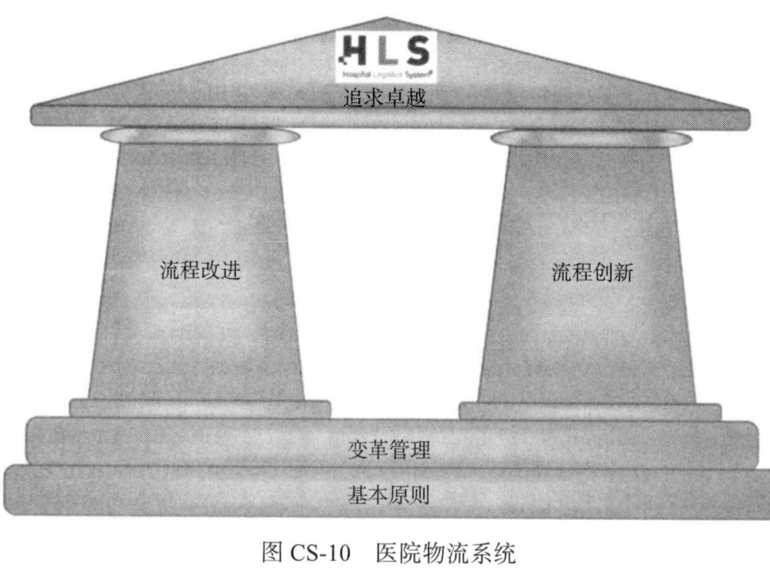

图 CS-10　医院物流系统

在经过全球改善咨询集团提供的关于5S、可视化管理和标准化等方面的培训后，一个专门的改善团队正式成立了，成员包括了管理者、护理员以及物流师，他们要负责确定优先在哪些环节实施改善。从一开始他们就强调团队合作，因为这是改善必不可少的要素。改善团队定期开展例会，记录工作流程，并鼓励员工在日常工作中利用精益工具来寻找更有效率的方法。每天的会议会关注一组特定的指标，涉及的因素有库存水平、不合格品、空间需求、工作负荷平衡、紧急需求以及加班工时等。

改善团队决定把目标放在临床和药物供应的补货系统上。之前的系统需要工作人员持续监控，以确保库存保持在事先制定的水平上。而现在，运用“两箱式看板系统”，只需每天更新两次。通过运用5S重新配置中央仓库，简化了拣选系统，再加上“水蜘蛛”的引进，使得这一转变成为可能。

实施改革的关键是员工的广泛参与，另外，为了克服改善常遇到的文化挑战，还必须做出长期不懈的努力。OHC的医院管理人威特·合德洛说：“改变既有规则并不是一件容易的事情。当人们开始转变行为方式的时候，不会一切风平浪静。因此有必要使所有员工参与到改善中去，因为有了他们才能确保成功进行文化改革。我坚信改善能带来巨大的变化，但是只有当全员参与，只有管理者认真负责，这一切才能成功。因此，我必须强调，我们没有什么预先设定的东西，解决方案应该建立在集思广益的基础上，否则持续改善的过程就不会达到既定目标。”图CS-11为以病人和员工为中心的集成系统。

改善的结果总是特别能激励员工。由于新的系统能直接响应需求，这使得许多护士不再需要管理部门的库存，从而有更多的时间来照顾病人。在行政部门，流程也进行了标准化和简化，删掉了一些不必要的环节。

改善取得的一些定量结果（见表CS-1）如下所示：

- 药品仓库的库存从500万欧元减少到300万欧元。
- 需求的空间减少了70%之多。
- 加班、紧急需求和不合格订单数降为0。
- 临床服务的补给能力提升了75%。

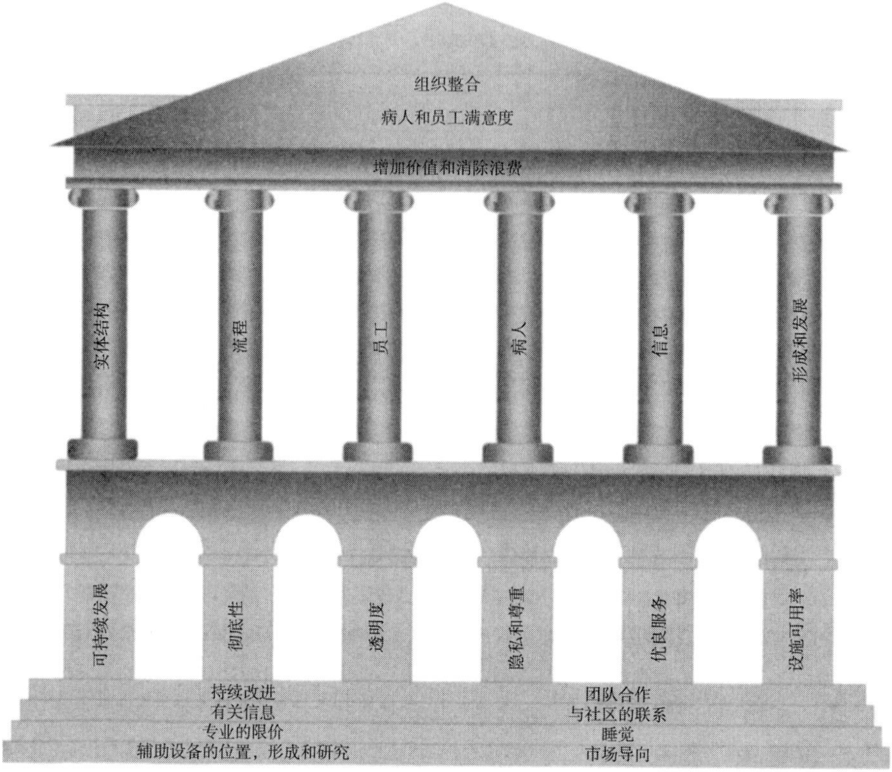

图 CS-11　以病人和员工为中心的集成系统

表 CS-1　HLS 的成果

范　围	目　标	结　果
• 内部临床服务补货 • 外部临床部门补货 • 仓库重整	• 减少内部临床服务的库存 • 减少外部临床部门的库存 • 零损坏 • 增加物流的生产效率 • 减少空间 • 减少额外的时间 • 减少紧急需求	• 库存： - 40% 的内部临床服务库存 - 70% 的外部临床单元库存 • 生产力：临床服务补充增加了 75% • 空间 - 减少了 50% 的使用空间（内部临床服务） - 减少了 70% 的使用空间（外部临床单元） • 零加班时间 • 零紧急需求
• 药物购买 • 单位剂量的药品准备	• 减少仓库库存 • 完成计划 • 平衡工作量	• 减少了 40% 的库存（200 万欧元） • 零损坏 • 增加了 20% 的生产力 • 提升了服务水平 • 一般药物存放空间减少了 14% • 营养品区域空间减少了 50% • 防腐剂和消毒剂区域空间减少了 65%

圣安东尼奥医院减少病人的等待时间

受到在物流方面取得的成果鼓舞，OHC 决定把精益理念运用到圣安东尼奥医院（Santo Antonio Hospital，SAH）的护理部门。一个显著的不同点在于，这一领域的改善会与病人直接接触。

该领域的改善目标很明确，就是减少等候时间。在葡萄牙的公立医院，一个门诊病人的预约需要等几个月，这已经是习以为常的事情了。OHC 从改善物流时的经历知晓，理论上是不需要这样漫长的等待时间的，这一定是某个流程出了问题。路易斯·马托斯是圣安东尼奥医院护理部门的管理者，他说：“只要看看自己周围就会发现，纸张到处都是，医生的办公室里有大量临床文件随地乱扔。我们知道这些都需要改进，但却不知道如何去改进。”

改善团队开始改进各种工作流程。为了提升转诊流程的速度，预约日期间隔从以周为单位缩短到以日为单位。装有预约请求的信封有颜色分类标记，方便人们快速挑出，同时可预约日期和等待时间也实现了信息共享，这样所有员工都能了解到工作状态。

就像物流方面一样，改进的工作量和员工所付出的努力是巨大的，但一切都非常值得。无须在信息系统增加投资，改善团队就能够持续提高医院对于越来越多预约请求的响应能力。

圣安东尼奥医院的护理部门每月大约有 50 000 名病人，通过精益改善，第一次门诊预约的时间从 70 天显著减少为 40 天（见表 CS-2）。“病人已经察觉到医院响应门诊预约的时间在显著缩短。”马托斯说。

表 CS-2 圣安东尼奥医院门诊预约流程的改善结果

指标	之前	之后
平均每天的门诊预约人数 / 人	1 500	1 800
门诊预约的分类加预检时间	38 天	7 天
第一次门诊预约的等待时间	70 天	46 天
补给频率	每周	每天

此外，通过重新编排病人预约转诊的流程，第一次门诊预约的等待时间能够从 38 天减少为 7 天。

精益手术室

在实行改善之前，手术室的团队之间经常会有各种不满意。劳拉·嘉丽格是手术室的护士长，她说："手术室的工作非常累人，工作流程经常出现反复折腾的情况，我们觉得需要对流程进行标准化，并对整个流程进行改进。"员工（尤其是护士）非常渴望改善。有时，医疗中心的专家为处理各种请求而花在电话上的时间，比照看病人的时间还要多。

再一次强调，在改善的设计和实施过程中，全体员工的参与是非常重要的。最初，改善小组只有 12 人，这些人都直接或间接地和手术室有关，他们独自研究了每一个流程。渐渐地，更多的人参与进来，直到所有层面都有员工参与到改善环节中去，组成了新的团队。

改善团队运用和以前相同的精益工具，但是会根据手术室的需求进行调整。在经过 5S 整顿过的新环境里，材料和药品的存储和组织得当，现场有更多的空间来方便地运送病人，很多没有必要的环节得以消除，书面工作也减少了。

包含病人在内的流程也同样得到了改进。运送病人和与护理员沟通的方式有了改善，这可以有效防止在外科手术开始时的延误。新手术的预约变得合理化和标准化，同时也更简化。对外科手术用的成套工具也进行了重新考虑和配置，在 145 个现有的工具中，删除了 23 个，又新增了 6 个。纸质形式的订货需求记录被大量替换成看板。

改善从细小的量变开始，一步一步地改变了环境，使得员工的看护工作更容易，也减少了大家工作时的压力。西玛奥·埃史蒂夫是一名麻醉师，同时担任手术室的负责人，他说道："我认为，改善给医院工作人员的工作满意度带来了很大的影响，特别是护士，改善减少了她们的压力。有一些小的变化很有用，比如说运用手机传唤下一个病人。可视化管理有效地减少了外科医生及其助手的压力。现场有了动态的工作计划，就更容易了解到每一名员工在什么位置，也就更容易分配任务了。"

改善带给我们的另一个惊喜是紧急等候名单减少了 9%，门诊等候名单减少了 75%（见表 CS-3）。"我们从没想过要做更多的手术，但是我们的确希望能把更多的时间放在病人上，能提高手术的质量。”路易斯·马托斯说：“如果等候名单能够减少，那再好不过，但这从来不是我们的主要目标。”

表 CS-3 手术室的改善结果

指标	结果
效率	+5%
不合格率	−60%
等候名单	−9%
等候名单（需要优先安排）	−75%

对医院文化的影响

尽管这个案例中包含了医院里三个不同环节的不同项目，却有相似的地方：改善提高了生产力，提高了服务病人的效率。三个例子中，医生和护士都有了更多的时间来照顾病人，省去了杂乱而官僚化的程序。OHC 的改善经历告诉我们，良好的组织工作能减少压力，让医疗人员放松，从而减少出错。机构通过减少浪费来降低成本，最终能让专业人士变得更用心也更有热情。

曼纽尔·瓦伦塔是圣安东尼奥医院的手术室的护士长，她说：“改善应该被视为一次组织文化的转变。在所有事情真正发生的地方，也就是日本人所称的‘现场’，尊重员工，创新思想，简化流程，这样的方式能更好地创造价值！”

改善对 Densho Engineering 革新与客户关系的促进

每当在各种研讨会上谈及改善时，我常常从一开始就指出，改善需要“每天都要进行，每处都要改进，每人都要参与”。这是一个很好的案例，展示如何使一家小型高科技公司通过改善实现快速革新，跟上大型企业的步伐，同时维持一个可信赖的高质量供应商的形象。

Densho Engineering 坐落在日本的琦玉县，生产手机、平板电脑等电子设备的玻璃屏幕。由于电子行业发展迅猛，这些玻璃板就必须不断改进质量，变得更薄、更韧。Densho Engineering 的基础客户群是市场上的领跑者，如索尼。因此，公司必须满足这些客户不断提升的技术要求，才能有立足之地。

Densho Engineering 是一家私有企业，雇用了 110 名员工。这一行业的很多公司都隶属于大型企业，而 Densho Engineering 却能独立运营。要知道，其客户的公司规模都是 Densho Engineering 的很多倍，并且这些公司的研发部门动辄投入几百万美元的研发资金。

Densho Engineering 在经营上也面临着巨大的挑战。日本高科技公司，特别是半导体和液晶设备行业，几乎总是处于持续的巨幅降价状态，技术革新和生产内容更换也很频繁。Densho Engineering 的总裁住毋家岩夫说：“要想在电子行业立足，你就必须能够快速周转人员和资金。优柔寡断的人是不适合做这一行的！”

在 Densho Engineering，改善不仅降低了成本，保证了质量，而且还形成了快速改革创新的企业文化。Densho Engineering 的员工必须像领导者那样思考和行动。

在玻璃生产领域内，住毋家岩夫是受人尊敬的专家。他在该领域内发表的学术论文广受推崇，并且拥有许多发明专利。作为一家日本公司的领导者（shacho），他乐于向员工传授知识。日语中的“shacho”还有另外一层意思，那就是“传递给下一代”。

日常制造会议

住毋家岩夫每天会组织 30 分钟的制造（monozukuri）会议。在日语中，monozukuri 意为“制作产品”，但它还包含着对技艺的深厚之爱，以及对制造的骄傲之情。会议的目标是帮助与会者发现问题和机遇，以及使他们永不满足，在“舒适区”之外学会如何工作。

发现问题和机遇

在 Densho Engineering，现场发生的问题总会优先得到解决。如果在上一批次中有不合格品，就需要采用 4M 方法来调查，随后问“五次为什么”来找出问题的根源。一旦找到根本原因，公司就能采取行动了（见图 CS-12）。

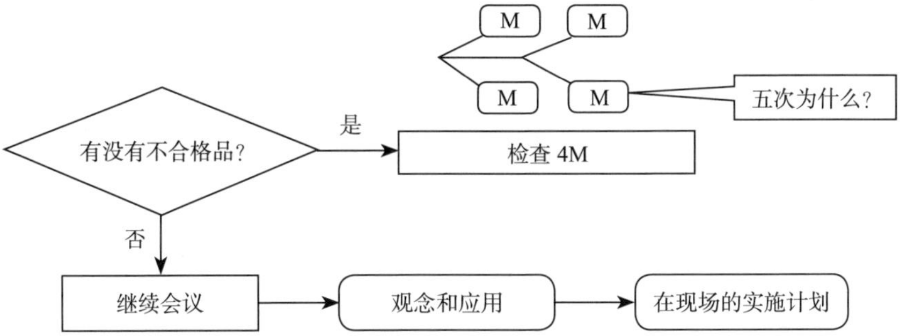

图 CS-12　制造会议简单而高效的模式

在会议之后，每个小组各自聚在一起观看日程表，并根据会议决定的结果开展行动。通过进行这些步骤，Densho Engineering 得以比竞争企业更快地减少不合格品（见图 CS-13）。公司的运营负责人高仓说：“最后，我们只是一个接一个地排除问题背后的原因，每次的改进都是一次实验。”

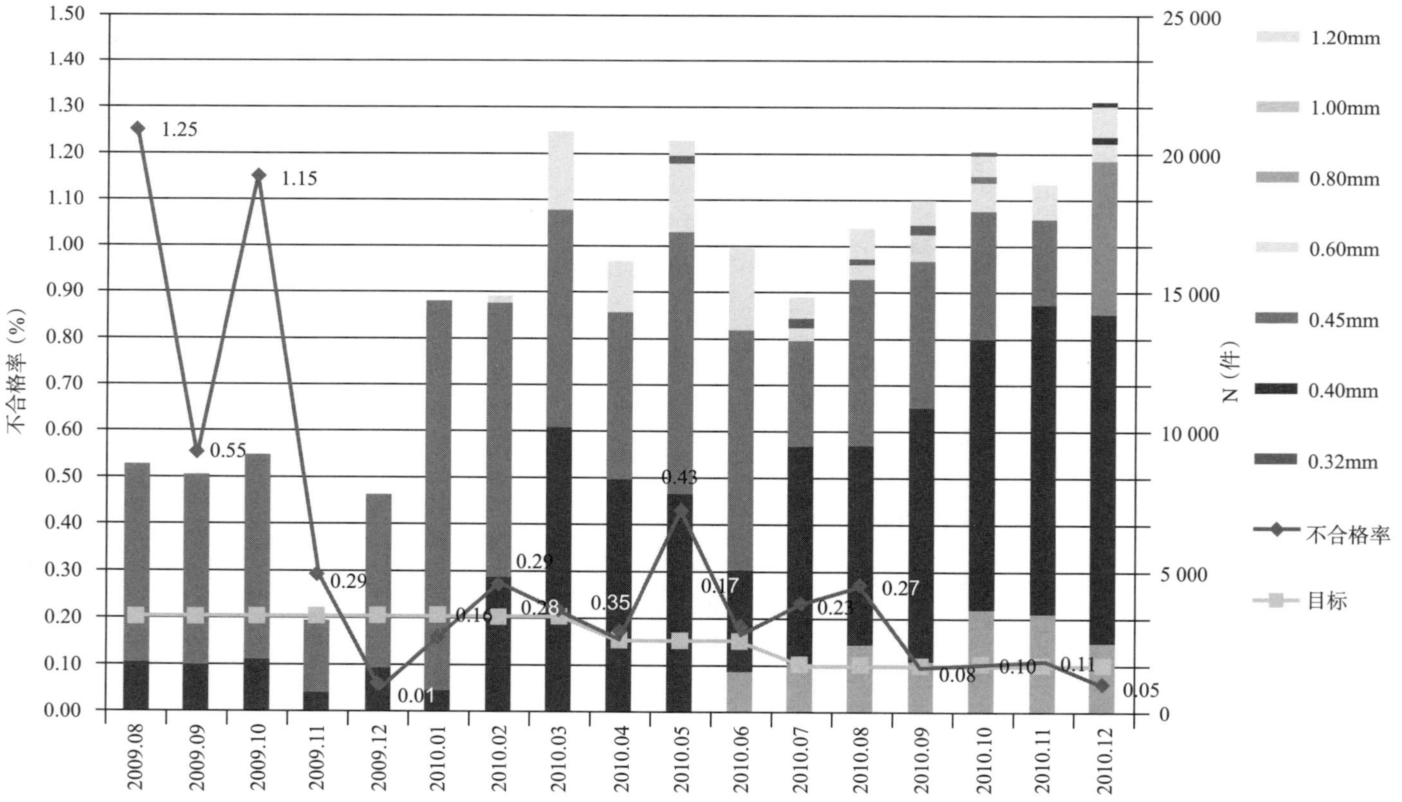

图 CS-13　尽管产量、作业难度和复杂度有所提升，不合格率仍从 1.25% 降到 0.05%

永不满足，不要待在“舒适区”

“舒适区”是一种心理状态，大家对现状感到满足，不愿意付出艰苦的努力而追求更好。让员工永不满足，不要待在“舒适区”里，进行积极的思考和行动，对于公司的快速改革和创新文化是十分必要的。Densho Engineering 的生产经理后藤先生回忆起一个场景，是住毌家岩夫教导员工克服维护高科技设备时的畏惧感：

我们有很多需要机器做的事，但我们中没有人是这方面的专家。有一天，在制造会议上，社长带了个武士用的古董步枪。他让我们拆了它，我们都拒绝，但他坚持。这很吓人，因为那个枪太贵了。但我们在紧张忐忑了很久之后，终于动手了，并且又把它装了回去。之后社长说：“我相信你们能装好步枪，也相信你们能装好机器。好好干，试试自己维修。”那是一个巨大的转折点。以至于现在，我们已经能自己完成很多维护方面的工作，甚至可以做非常复杂的组装。

制造会议使得大家对自主维护机械设备产生了自信，这一自信还延伸到了其他间接设备的管理区域。两年来，原先外包的所有的外部建设和工厂布局工作，如今都可以自行完成了。最近，Densho Engineering 买了一台全新的机器，是这种型号的全球最新款，公司自己负责了这一机器的大部分组装工作，并因此减少了 96% 的安装成本。

日常制造会议还有如下两部分常规活动。

（1）小组改善。小组改善每 3 个月进行一次。员工被分入不同的组别，来就困扰他们的问题展开讨论。通常，大家会寻求方法，使工作更简单、更安全，并改进质量。“事前”和“事后”的状况会记录在一份报告中，并且会在正式的场合颁发奖励。改善项目小组不仅有益于公司，而且还能帮助销售部门提升客户满意度。每 3 个月一次，销售部门都能向客户展示 Densho Engineering 的承诺——通过改善不断使公司的产品变得更好、更安全，并且比现状更快。

（2）5S 和可视化管理。Densho Engineering 的布局不断改变，因为公司不断接到大的订单，并且采纳新的生产流程。实施 5S 对改变工作环境非常重要，秩序和清洁必不可少。公司采用了以下步骤：

- 清扫，扔掉垃圾。这方面说起来容易做起来难，因为 Densho Engineering 在如何妥当地处理化学品和废弃物方面有许多严格的规则。
- 把每样东西摆到合适的位置，并贴上标签。
- 保持环境清洁。

领导公司 5S 的 Hinosugi 先生说：

Densho Engineering 的 5S 精神来自中国的一句古话：“穷则独善其身”。我们公司并不富有，并且规模还比我们的客户小很多，但如果做好 5S，我们仍能获得他人的尊重。

实现 Densho Engineering 的目标

Densho Engineering 的总体目标就是要不断改革创新，并与客户建立透明、可靠的合作关系。做到以上两点，Densho Engineering 才能真正在市场上立足。

改善促成改革创新

过去两年里，Densho Engineering 最大的改革，就是回收化学品。公司利用氢氟酸和硫酸来腐蚀玻璃。这些材料的丢弃成本很高，并且有可能破坏环境。Densho Engineering 和关西大学合作，开发出了回收这些酸的方法，并申请了专利，并因而获得了由日本政府颁布的著名的“新能源发展组织奖”。5S 和改善活动为 Densho Engineering 新建一座回收工厂而挪出了场地，从而无须额外购地。

成为值得信赖的合作伙伴

建立信任的关键就在于共享信息，使得每一个人都能基于相同的信息工作。有些公司发现难以给客户留下良好的印象，而 Densho Engineering 为建立起顾客和员工的信任感进行了非常大的努力。

作为提供特殊生产工艺和产能的供应商，Densho Engineering 的一个质量问题或一次生产线停顿就可能导致客户中有 10 000 ～ 20 000 人停工待料。因此，解决质量问题不是 Densho Engineering 的内部问题，而可以说是“保护公司，保护客户公司的员工，甚至保护日本这个国家”。有了这个观点，Densho Engineering 和客户在解决问题时，不再试图把责任归咎于其中一方。

这样做的结果是，合作双方的信任就建立起来了。Densho Engineering 和日本、美国的客户公司共同拥有许多专利。Densho Engineering 运用改善，不断向客户展示自己：

- 坚持创新，持续改善，降低成本，缩短提前期。
- 不隐藏问题。
- 保持合作精神，让问题透明化、简单化。

Densho Engineering 通过改善推进创新与合作，使得其在 LCD 制造行业越来越受到客户的认可和重视，它已成为日本电子巨头的一站式商店。它是一个真正的供应链合作伙伴，能显著缩短提前期，并让客户在全球市场中更有竞争力。Densho Engineering 员工享有良好的信誉——完美的质量和交期，这让公司在日本 LCD 行业持续发展。现场改善已经被视作 Densho Engineering 长期战略的一个关键部分。

减少公用事业部门的繁文缛节：Enexis

如果有人要和公用事业、电话公司或者政府之类的大型组织打交道，那么缓慢而烦琐的交流过程是很常见的。这种现象源自一种特定的浪费，其特征是各种毫无必要的步骤和不同参与者之间糟糕的协调，这种现象通常被称为繁文缛节。

最能理解这种浪费的人是每天在现场和客户打交道的工作人员。当高层管理者退居幕后，并且让这些员工自主决定自己的流程时，组织可以发现，只需要借助于一些简单的精益工具，花很少的钱，在很短的时间内，就可以显著提高客户服务水平。

Enexis是一家总部位于荷兰的能源分销公司，该公司实施的一个改善项目就是最好的例证。该公司联合一批第三方供应商，向250万个客户提供电力，向200万个客户提供天然气，并确保客户的需求能够及时和高质量地得到满足。目前，Enexis的经营范围覆盖荷兰的10个地区。

在实施改善之前，Enexis频繁地收到了关于电力和天然气接入时间的投诉。此业务的流程包括如下4个步骤：

（1）接受请求。客户通过互联网发送了服务请求，行政人员接受请求并发一份确认函，几天之后向客户发送报价文件，客户签署并返回文件。

（2）技术准备。向第三方安装厂商发出安装请求。

（3）实现服务。电力或天然气安装完毕，服务得到落实。

（4）开具发票。准备好发票并发送给客户。

上述 4 个步骤通常要花 2 ～ 3 个月的时间来完成，这在高层管理看来是不可接受的。为了加快进程，管理者决定实施改善来简化接受客户请求的流程。

通过与荷兰改善咨询集团合作，管理者决定从举办改善研讨会开始，但实际上只有员工参与其中。这些员工来自全部 10 个区域。尽管一些管理者对于这种不干涉的方法有些担心，但这使得员工能够控制自己的流程，并且为自己十分熟悉的问题提供解决方案。

在他们实施改善的第一阶段里，员工对接受客户请求的时间进行了估算，发现不同的区域在时间长度上大有不同。例如，在某一区域，通常有 35% 的客户在 5 天之内收到报价文件，85% 的客户在 10 天之内收到。而在另一个小一些的区域，有 68% 的客户在 5 天之内收到报价文件，86% 的客户在 10 天之内收到。

在接下来的三次改善研讨会中，员工们使用价值流图析来完成每个区域的现状图。通过这个过程，发现了一系列的问题，包括一个事实：各个区域的流程是不同的！为了解决这些问题，改善团队绘制了未来图，这张图将整个公司的流程标准化成一个精简高效的过程。通过使用 PDCA 循环，员工做出了几个重要的改进方案。

例如，有一个问题是行政人员总是向客户发出确认函，这些信函占用了员工的时间，却几乎没有给客户带来任何价值。经过改善，在正常情况下，取消发送信函的步骤，只有在要超过 10 天才能给出报价的情况下才使用。

通过对审核流程进行改善，接受请求的时间被进一步减少了。以前，行政人员起草了报价文件后会先发送给技术部门审核。但是，技术人员几乎从不提出异议，这同样增加了无附加价值的处理时间。在未来，行政人员只有在他们对报价感到困惑时，才会将其发送给技术人员审核。

在完成了未来状态设计工作之后，大家确定了一个试点项目，并且在其中一个地区实施。试点的结果令人非常满意，于是试点项目被推广到所有区域，并最终取得了巨大的成功。例如，某区域的反应时间：95% 的客户在 5 天之内收到报价文件，99% 的客户在 10 天之内收到。

Enexis 将改善成功归功于一线员工的热情投入以及管理层在政策结构上的支持。高层管理者并没有试图控制每个细节，而是制定总的目标，举办改善研讨会，并让员工自主管理整个流程。这样一来，员工对自己所做的工作就会有责任感，并且争取让自己所希望看见的结果变成现实。这些员工为了自己的解决方案努力，而不是为了来自现场外的指令。

“我现在工作时更有兴趣了，因为我要独自做出决定。”一名 Enexis 的行政人员说，“过去都是其他人帮我做决定，而我的工作只是做些具体的行政部分。”

管理层刚开始对于不干涉的做法有所担心，但是随着不断地从一线员工那里得到反馈，担心有所减缓。这些员工对于所见到的变化反应十分积极，同时还提供了日常进展报告。

“通过给予现场员工他们应有的责任感，我们取得了巨大成就。”全球改善咨询集团荷兰分部的顾问艾瑞克说，“看到员工承担起了这份责任，并且为实现改变做出贡献，我感到很高兴。”

现在，对技术准备阶段进行改善的计划正在进行之中。毕竟，精益的要诀是永无止境。

人的力量：员工的积极性让中国电器制造商焕然一新

本案例表明，任何改善工作都需要靠人来完成。从高层管理者到中层管理者，再到车间工人，每个人都必须高度集中注意力，并且热情地投入，以确保实现真正的精益改善。

多年以来，中国在很长一段时间内主要依靠低成本优势在制造行业中竞争。然而，这种环境赋予的优势正在发生改变。随着人们生活水平的提高，劳动力成本正在上升，制造企业需要寻求低成本以外的优势，以求在全球市场中保持竞争力。

然而，大家已经习惯了原来的方式，而这种方式并不关注他们是否尽力达到高效。改变这种态度，是中国制造企业面临的主要难题之一。

许继集团公司是电气组件和系统制造行业的领头羊，该公司总部位于中国许昌市，有多个工厂，共计 5000 名员工。高层管理者打算实施改善，因为他们十分关注缩短提前期和提高生产力。他们任命了一个精益团队来实施他们曾在其他公司看过的一些成功方法。

两年过去了，这个精益团队还是几乎没有任何进展。问题在于，这个小团队试着任何事情都靠自己，实际上他们需要更多的支持。幸运的是，这时高层管理者并没有就此放弃精益，他们明白了需要做些什么，并且立刻付诸行动。

许继集团的精益领导者郑博士，是人力资源管理和绩效管理领域德高望重的专家，他说："刚开始，我们认为，仅依靠精益团队就可以在公司里做好精益，但后来意识到那是错误的，必须要靠员工参与才能实现精益生产。没有员工参与什么事都成功不了的，更别说持续改善了。”

2011 年，许继集团聘请了全球改善咨询集团中国分部，让他们帮助更加全方位地推行改善。第一步是为高层管理者提供精益培训，这样他们就能理解自己作为精益生产支持者和第一负责人的角色。培训的内容涵盖了从可视化管理的组织性方法，到运用拉动系统减少库存的方法等方面。

高层管理者的支持已经到位了，培训的重心跟着转向中层管理者。刚开始人们还不太愿意接受，但是随着理解了许继集团可以从中获得的益处后，大家开始逐渐改观。很快，集团就组成了好几个团队，队员都是热情的员工，愿意在各自的领域领导精益改善。

接下来就是实施这些精益流程。由于许继集团是一家大公司，高层管理者深知，改变必须循序渐进。郑博士说：“我们不期望一步登天。”

许继集团从四家子公司开始。这些公司把它们的资源集中在有限的几个精益改善项目上——一些公司四五个项目，还有一些七八个项目。所有这些项目都瞄准了集团高层管理者确定的两个主要改善目标。第一个目标是提前期。郑博士说：“因为交期延误而收到的客户投诉很多，主要原因就是生产这些产品的时间太长了。”另一个目标是低下的员工效率和生产率，现在管理者明白了这些是由生产过程中的浪费引起的。

现在，被赋予了新的能量的精益团队从基本的工作开始做起。他们运用 5S 来创造一个可视化的工作环境，在这个环境中，各个工作单元可以轻松交流，他们还改变了机器的布局，以尽量减少车间工人需要走动的距离。这样，一个更有组织性、可视化和舒适的工作环境就形成了。

逐渐地，员工开始完全理解“流”的意义。举个例子，有一家子公司一直大批量地生产电气设备，并且错误地认为，这样做可以实现成本最小化和生产率最大化。实际的效果恰恰相反，这样做会迫使不需要的零件被移到下一个工作单元。为了消除由此引起的阻塞，就需要增设库存位置来储存额外的零件，因此造成了生产空间的浪费，从而延长了提前期。

该工厂的改善团队引入 5S 来改进不同工作单元之间的交流，还设置了一个库存超市来帮助生产单元对客户需求做出快速响应。通过这些方法，前面提到的浪费减少了。现在，该工厂已经不再大批量制造产品，也不再实行推动式生产，而是只在客户下订单时才做出反应。这些变化带来了意义重大的成果，除了显著消除了库存，提前期也从六七天骤降到了一个多小时，降幅高达 97%。此外，员工的生产率也上升了 30%。

另一家许继集团的子公司则成功地改变了它的装配流程。郑博士说："起初，一个操作者独自完成一个产品从开始到最后的每一道工序。这样就会有很多冗余的动作、搬运和运输，这些都是浪费。"运用精益思想，员工将生产过程分解成五个不同的阶段，并且指派一名员工负责某个阶段的所有步骤。每个人将完成自己的工作，并将产品传递到下一个阶段，这样就创造了一个顺畅的"流"。"这项改造是在 6 个月之内完成的，"郑博士说，"效率因此提高了 45%。"

如果没有许继集团员工的热情投入，这样的改善成果就不可能出现。郑博士说："'人'才是在精益思想背后的推动力。现在取得了喜人的成绩，我们也要回馈员工。"员工的工资提高了，工作条件和环境也变得更人性化、更舒适了。这些都是高层管理者对员工在改善中发挥的重要作用表达认可的方式，他们也因此以更高的热情推动精益。

这些工作如今看起来简单，但是许继集团的精益之旅着实耗费了组织中各个层级人员不小的精力和耐心。面对改变，人们习惯于回避，所以领导者需要不断向员工强调改善的重要性。事实上，如今许继集团的高层管理者非常重视精益的推行，甚至都与他们的主要业绩指标挂钩，而且每月衡量和更新这些业绩指标的进展。

郑博士给其他想要开始精益生产的企业的建议是，从一小部分有志向做好这件事的人开始。他说："寻找对精益很有热情的团队成员，他们必须愿意付出大部分的时间与他们的队员在一起，并愿意做出牺牲。"

尽管早期的成功令人印象深刻，郑博士承认，精益之旅才刚刚开始。这段时间，许继集团的员工对于向更远大的目标前进表现出了极大的热情。公司现在已经制订了一个短期计划和一个 3 ～ 5 年的计划，要在整个集团实施精益思想。

对于真正的改善精神而言，长期计划应该是永无止境的。郑博士说："我们想要改变所有人的思想和行为，并提高所有在中国的产品的质量。"

Rossimoda：通过改善加速产品开发的创新过程

对改善最常见的误解之一，是认为它只适用于装配线等预先确定的任务类型。意大利的一家高档鞋制造商的改善过程表明，改善可以帮助营造出一种环境，让创造性思想更自由地流动，并且让创造性思维可以活跃起来。

Rossimoda 是一个拥有 260 名员工的鞋厂，位于布伦塔海岸区域。该区域位于帕多瓦和威尼斯之间，以生产高质量的鞋而闻名于世。Rossimoda 成立于 1947 年，该公司得到许多知名品牌如圣罗兰、温加罗、卡尔文克莱、赛琳等的授权，为它们制造并分销鞋子。Rossimoda 从类似的公司中能够脱颖而出的关键，是设计者和工厂之间不间断流动的创造性思维。

经过多年的努力，一个战略性定位的转型取得了成功，每双鞋的平均参考价格从 150 欧元升至 450 欧元。如今，所有的世界顶级鞋类品牌倾向于用这些布伦塔海岸区域的公司的才智，来生产他们的高端系列产品。

21 世纪的前 10 年里，世界经济开始衰退，一些主要品牌开始将更多的工作外包给劳动力成本低廉的国家。针对这种情况，Rossimoda 和其他该区域的公司改变了策略，主要生产小批量的高档鞋，这一直是它们与全球其他地区不同的地方。尽管很幸运的是，这个选择是可行的，但是向小批量生产的转型给新产品开发过程带来了更多的挑战。

为了实现在这个高级时尚市场中的新设计，技术娴熟的工人必须屈服于雄心勃勃并且非常挑剔的设计者的意愿，这些设计者不断尝试超越彼此，总是期待奇迹发生。这不仅仅是听从设计者指令的问题，更是一个十分有创造性的过程。这个过程需要视觉敏感性、密切的沟通以及“用右脑思考”的能力，以帮助创造性思维的流动。另外，每种情况都是独一无二的，无法预测接下来要发生什么。

这个过程中还涉及不同类型的功能性技能。Rossimoda 的设施实际上容纳了几个较小工厂的“迷你区域”，包括鞋成形厂、鞋垫厂、鞋底厂和鞋跟厂。这些功能高度地相互依赖，一个领域的问题通常会影响到其他领域。

每次收到一个新的设计，原型和样品必须在很紧的时间内完成，并且返还给设计者以求得认可。这个过程分三个阶段（见图 CS-14）。

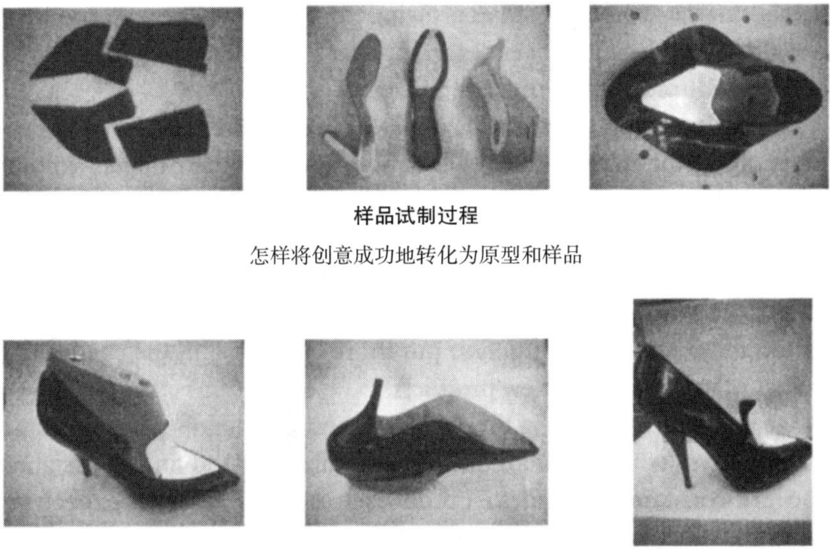

图 CS-14　从创意到原型再到样品

- 最初始的原型首先是在研究阶段被创造出来，这一阶段允许对设计者的创意做进一步的改善。这里，在设计者理想的样子和生产中的实际能达到的样子之间必须有所折中。这需要产品经理和来自生产过程中各阶段的代表相互协作。产品经理负责与设计者、结构技术人员以及款式制作者的沟通。

- 一旦原型获得设计者的认可，样品的生产就开始了。这个过程也包括初步的生产安排和对样品生产过程的详细定义。样品还需要根据购买者的满意度和反馈进行改进。
- 生产部门接收到开发过程中收集的信息，并且连同对购买者的承诺，一起制订出生产计划和交付目标。

设计者和工厂在这些步骤中的紧张关系可谓人所共知。设计者常常抱怨原型和样品不够精确，然而负责实现设计的技术人员也对“荒谬和不可能的要求”有不少抱怨。

当这样的分歧不能圆满地解决时，可能会导致两方面的后果：一方面，设计者的创造能力会受阻，有可能降低关键时期品牌在市场上的成功；另一方面，不可行的设计方案会导致质量问题，如高客户退货率、低生产率、交期延迟、惨淡的营业额和上升的成本。

设定一个新的方式

很明显，对管理层来说，Rossimoda 需要一种全新的思维方式来加快创造的开发过程。CEO 弗雷德里克·穆尼奥斯有过改善的经验，并且决定聘请全球改善咨询集团意大利分部的团队来帮助公司实现这个改变。

Rossimoda 的改善之旅开始于对管理者关于精益基础知识的培训，然后是对主管的培训。强调的技能是 5S、可视化管理和价值流图析。培训完成的同时，一个代表 Rossimoda 所有分厂的跨职能改善小组也成立了。

对这个小组来说，第一项重要任务就是通过价值流图析使整个现有的过程可视化。不同的职能团队成员对问题也有非常不同的观点，所以创造一个可以相互倾听、畅所欲言的氛围十分重要。下列的团队化过程就是用来创造这样一个好的环境。

步骤 1：作为一个团队，观察整个过程，不要加以评判，仅仅是观察。

步骤 2：跳出框框，产生创意。用“右脑”思考，避开常规模式和规则。

步骤 3：选择最好的且实用的创意，并拟定出一个简短而粗略的实施计划。

步骤 4：创建一个新的工作标准。

改善小组首先对原型制作段进行了调查，结果发现了现有流程中的很多不合理的地方（见图 CS-15）。例如，由于产品办公室、款式制作办公室以及结构和生产办公室位于不同的楼层，整个团队不得不爬上爬下。与此相对应的是，在实际问题的解决过程中，产品也不得不在各部门之间来转来转去。按照这种混乱的流程，想要在几天内向设计者提交原型，是基本不可能的。同样，如果顾客需要查询特定产品的生产状况，也是很难给出明确回应的。

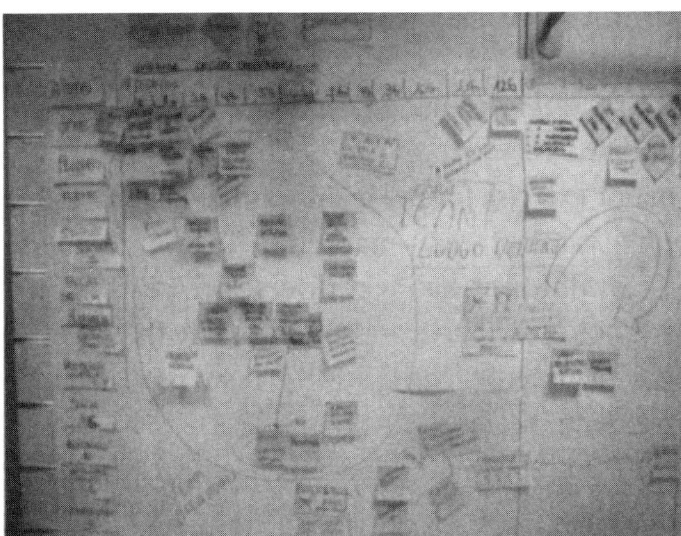

图 CS-15　绘制出原型制作的流程

一些类似的问题，在这一阶段的绘图分析过程也会被指出来。在原型获得批准之后，需要向许多外部合作者做出承诺，这给公司内部人员带来很多压力：产品经理需要努力回答他们的问题；现场工人还得力争解决生产中的各种实际问题。

重新思考这个流程

很明显，这一原本应该是线性的过程，实际上根本不是线性的。基本上，我们是不可能准确地预测出一个原型或样品是如何制作出来的。恰恰相反，开发过程不是一系列有序的步骤，而有点像是在随机游走中，产品在一个“试错”的模式中来回移动，直到所有的问题都解决了，并且在必要的地方达成妥协，这一过程才算结束（见图 CS-16）。

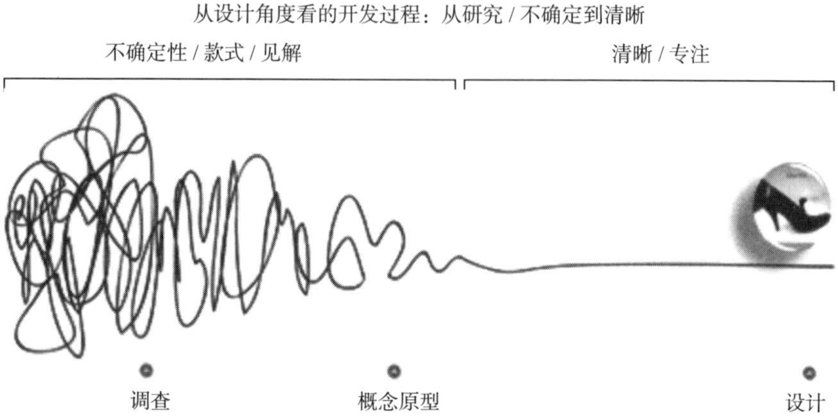

图 CS-16　从不确定到清晰

通过价值流程图的绘制，我们发现这种“随机游走”是一种常态，并且不可能固定下来。相反，团队需要找到一种方法来适应这一自然的过程。

我们需要找的方法是，在开发过程中遇到问题时，能使得团队用更好的方法来互相交流。例如，一个鞋跟方面的问题会给随后的装配造成困难，这就需要有更好的沟通方式，来使问题在不同职能小组之间来回的次数最小化。

对于这个进退两难境地的讨论，导致了常规模式的改变。团队决定，最好的解决方案是让所有产品开发人员待在一个房间里，“呼吸着相同的空气”。这需要创建一个由款式制作者、缝边者、装配者、裁剪师和整理工组成的专门团队，大家一起工作，就像团队的创建者说的那样，“为时尚精品创作原型”。以这样的方式，创新精神可以在团队的参与下被一直保持。

为了使这一设想成为可能，一个由 10 人组成的开发团队对以前不用的一个大厅进行了改造，对空间进行了最大化的利用，并且配备了制作产品原型需要的设施，包括工具、桌子、技术工和生产机器。员工用他们的 5S 和可视化管理知识，创造出了一个可行的环境，让开发过程得以顺利进行。

开发团队特意在房间的中间留出一片区域，以让员工更方便地接触图纸和观察可视化的项目管理工具。计算机辅助设计工作站和缝纫机被安置在一起，这种组合以前没人见过，但问题也因此得到了解决。

第一次会议由总经理亲自主持，这也是第一次看见穿西装的人和穿蓝色套装的，甚至还有不穿衬衫的人，带着强烈的好奇心和一些疑问，同时出现在一个房间里。很多人对这样不寻常的事情的可行性存在怀疑。然而，由于这一方案的通过率较高、问题少，并且不太需要员工东奔西跑，团队成员们坚定了这样做的决心（见图 CS-17）。

图 CS-17　设计流程改善团队在工作

两条相互交流的基本规则被建立起来：

- 不要只在嘴上谈论鞋子——展示在模型或者手上。
- 永远不要说“不可能”——总是做另一个原型来努力解决问题。

随着团队渐渐适应这个新的安排，效果开始显现。因为所有的职能小组都在一起，像缝边这样的问题就可以当场解决，而非带着缺陷被送到下一道流程中去。更加清楚的交流使得产品经理更易获取需要传达给设计者的信息。很快，产品经理不再需要将不可能完成的任务列表交给设计者，另外，设计者也得到了更多关于如何更好地实现他们的某些设计的有用建议。

举一个实际的例子。工厂需要生产一款带有树脂鞋跟的鞋子，这种鞋跟通常用注塑成型的技术生产。而这种技术所面临的难题之一是，当鞋跟变硬时会收缩，从而导致在原型鞋跟上有细小而可见的皱纹，在用皮革包覆上去后皱纹甚至会更明显。原型阶段的可用时间不足，没法用传统的方法来解决这个模型制作中的皱纹问题。

在一起工作后，团队提出了一个可以在要求的时间内解决问题的方案。在接下来的会议中，团队把他们的新方法与“旧方法”下可能会发生的事进行了比较。

- 可能发生的事：发电子邮件给设计者，告知他们操作上的困难，还有带皱纹的样品。并会附上关于为何不能实现这一设计的详细解释。尽管工厂这种传统的做法并没有错，但是仍会在某个最关键的时刻阻碍了设计者的工作。
- 团队怎样获得成功：在对可用的技巧和技术进行了激烈的讨论之后，团队很快意识到用传统系统执行要求是不可能的。于是，他们改变了系统。在做了简短的查证之后，团队决定放弃注塑成型，而是用轻木碾磨来制作鞋跟。这虽打破了常规，但更符合当下的要求。

这个经历给大家上了关于“现场”的强大一课：工作的目的不是为了制作出样品和原型，而是为了创造出成功的鞋产品系列。这种更宽广的视野使得员工打破原有思维的束缚，并想出按照传统规则可能会被认为是不可行的创造性的解决方法。在一起经历过这些状况之后，员工开始对他们作为团队来挑战困难的能力建立起了更多的自信。

团队也认识到，特别的专长或者额外的能力有时也是需要的。为了安排额外的团队成员，现场的工作桌扩大了。这让核心团队在任务量高峰期和解决特殊问题时更加灵活。

高级的可视化管理

因为有多种原型和样品在不停地制作，团队也需要一个可视化的过程，来使得沟通更方便，并减少由于不必要的“一对一”交流所引起的干扰次数。为了完成这个目标，团队实施了一个基于简单的、集中展示的图表的可视化管理系统。这些图表展示了每个原型和样品通过每个工作阶段的进程，让所有团队成员和产品经理可以对工作状况进行大致的浏览。这也使得所有的问题更易见，从而用

PDCA 行动列表使应对方法积极地运作起来（见图 CS-18）。

图 CS-18 用可视化管理来管理开发过程

可视化管理使对一个快速过程的控制成为可能，因为很多任务都要求，从收到原型制作要求到交货，必须在两三天之内完成。对于产品经理来说，这意味着他们不再需要打开行李箱紧张地等待，祈祷着原型能及时完成，让他们赶上会见设计者的末班飞机。

结论

Rossimoda 的改善经历展示了跨职能团队合作的力量。如果传递给客户的信息是从现场 10 个分开的小组传来的，那么流程就会很复杂并且困难。如果 10 个小组在现场聚成一个团队，那么流程就会变得很简单。

通过制定一些基本的规则、建立一支核心团队和一支应对增援需要的后备团队，员工创造了一个改进的现场。这个现场现在可以及时交货，并且用建设性的方法进行创造性思维的交流。创造力不可能像机器一样被开启，但是改善可以帮助团队消除分心的事物，因此员工就可以专注于创造消费者买得起的最好的鞋子。

Finsa：利用改善摆脱危机，发展壮大

1931年，曼努埃尔·加西亚·康朋成立了Finsa公司。刚开始的时候，它只是一家位于西班牙圣地亚哥村庄的小锯木厂。1965年，Finsa在赛苏的工厂开始生产再生纸板，整个工厂开始脱胎换骨。又经过了若干年，Finsa又逐渐增加了其他几家工厂，每家工厂拥有100～200个员工，主要的生产设施都在加利西亚，它们有完善的管理运营系统，企业主也是管理团队的行为榜样。它的管理模式得到了员工的鼎力支持，换句话说，它比其他任何一个工厂或行业的模式都要好。

从1995～2005年，公司扩张的幅度很大。一方面通过对Finsa工厂的技术革新，另一方面则是收购其他公司，那些被收购的公司则大多都面临着严重的生存问题。Finsa 1998年时员工数为1760人，不到10年，员工数量便达到3300人以上，几乎翻了一番。

这使得管理层必须重新思考一些问题。企业主的管理模式一直是通过以身作则的方式被传授给员工，而在如今超过半数的员工（总数600）只有3年或者更短的本公司工作经历的情形下，这一方式已经显得越来越不适用了。然而，要知道，管理模式及管理技术是这家公司取得成功的关键因素。

基于以上观察，全球改善咨询集团的团队清楚地认识到，有必要把管理哲学以文字的方式记录下来，因为光听过一次是不够的。企业主家族已经传承到了第

三代，现任的企业主在他们父母的帮助下，将原先的管理哲学写成了今天一系列清晰的 Finsa 价值观。这些价值观基于两个原则：互相尊重和有效努力。将这些价值观应用到运营模式上最好的方法，就是进行持续改善。因此，公司在 2007 年派了三位高管到日本学习丰田生产方式，以便随后在 Finsa 加以推行。

做了这个决定之后不久，在 2008 年年初，一个重要的事件发生了，这个国家爆发了前所未有的金融危机，这个事件也加速了 Finsa 员工在思想上与新时代的接轨。首席执行官卡瓦略先生在一份面向所有员工的致辞中说："帮助我们走到今天的这套工作形式和方法，如果不在我们每个人身上发生改变的话，我们公司就很可能在未来 25 年之内破产。因此，我们需要改变我们工作的方法。"

有两个因素驱使公司坚定地施行持续改善：第三代公司负责人有强烈的愿望，想要恢复和重建作为 Finsa 根基的基本原则，那也是构成 Finsa 管理模型或者 MGF（Modelo de Gestao Finsa）的基础；造成国内消费水平下降 40% 的经济危机。这两点都能帮助整个组织拥有一个对待变化时开放的胸怀，以确保公司的生存。

在木材加工业里，Finsa 的业务是技术要求较高的领域。该公司利用木材粉末和中密度纤维板生产再生纸板，产品的表面用浸透了密胺脂的装饰纸加以覆盖。此外，公司还用密胺制造不同用途的家具，如厨房、浴室和办公室家具等，这些家具的表面都镶嵌着昂贵的木材饰品。该公司也制造中密度纤维板锻压木地板，这些木地板贴满了抗刮磨的铜版纸。该公司还有面向生产包装的锯木厂和木材园地，这对于板材生产来说是一个补充性的业务，它们利用锯木过程中的废弃木材来生产木板。

Finsa 的改善文化

2008 年 1 月，在全球改善咨询集团的帮助下，该公司从最接近最终消费者的业务单元开始（即家具和组件）进行了首轮改善。这些产品要在 24 小时之内送到伊比利亚半岛的 40 多家的商店，供厨房、膳食管理和大型工作台面之用，这些产品占据了 Finsa 超过 50% 的订单。我们也因此得知，Finsa 的哪些产品会被顾客带回家使用。

这个项目的选择和管理为很多之后的决定开启了道路。首先，团队决定对于每一个要采取的步骤先从最终顾客的角度出发进行试验，在这个案例里，还要考虑商业网络的影响。

在项目开始之前，尽管公司有三四个周产出的成品库存，但是交期还是长达12～15天，这样的服务质量是不能原谅的。公司此次需要迎接的挑战是，每周两次补充那40家商店的商品（补充那些每天被送给最终消费者的商品），同时还要保证工厂里的库存水平不超过1.5天的产出量。

这样一来，该项目便进行到了第二步，即在Finsa贯彻拉式生产的理念。公司自己要来决定想要生产什么，以及生产的速度怎样。为了做到这一点，公司不得不拉动供应链的所有成员，并且首先在内部使用这个理念。

因此，很自然地就影响了对设备布局的重新设计，还要基于新的概念（包括超市、看板、浪费）来设计的新的生产计划模式。这一切都意味着生产模式的重大转型。

设备原先的设计是按照大批量（3000～5000件）来生产产品，现在需要被调整成生产中等批量（180～200件），还必须在不损失设备综合效率的前提下实现。而这一调整得以实现，主要依靠标准化工作和快速换模等改善工具，其要点是，以更快的速度进行更多次的换模，同时还要减少不合格品的数量。

新的生产模式使生产更具灵活性，减少了中间库存和提前期。从某种程度上说，第一个阶段会让员工感到困惑，因此我们花了一些时间来解释这个项目，并训练员工使用一些基本的改善工具。但是，机器布局改变花费的时间比预期要长，因此他们不解地问道："这要到什么时候以及怎样才算结束？"

员工的领悟力也逐渐发生了根本的变化，下面的这件事可谓是一个转折点。在一条新厨房组件包装生产线的概念构思、设计和制造过程中，员工的参与十分重要。比如他们要在多达6种的不同生产线模型中做选择，建造木头模型，检验模型的有效性，并选择其中之一，在设备维护团队的帮助下建立起生产线。随后还要组织一个试生产，以对生产线进行测试和微调，直到外部供应商给予最终的确认，并且由改善团队提供制图方面的协助。

这标志着第三步的开始：员工积极参与，努力使自己的工作环境变得更好。

播撒改善的种子

这个开创性的项目取得了成功，却又引出了另一个问题。工厂里有一条生产线被大家称为“雏菊线”，因为它的形状酷似雏菊。这条生产线由一些“迷你工厂”组成，用来生产模块 B 和 C 的零件。每次生产的批量只有 1 ～ 5 件。

“雏菊线”的产值虽然只占据了总产值的 20%，但其中包含的浪费却占了整个工厂的绝大部分。但由于“雏菊线”分担了那些小批量的订单，模块 A（占营业额的 80%）的生产线就有了很高的生产力。

在“雏菊线”实施的改善也取得了很大的成绩。尽管处于经济危机时期，Finsa 的服务水平仍进一步提高，已经能符合顾客期望，并且保持了订单量的稳定，企业得以稳定的运转。以下是一些定量的改善结果：客户的索赔要求减少了一半；换模时间从 20 分钟降至 12 分钟，在没有降低设备综合效率的情况下，尽管生产批量只有 1 ～ 5 件，内部的不合格品率从 1.77% 降低到了 0.69%；物料在工厂中以小批量、多批次的方式循环供应，提前期缩短了 40%。

改进过程中实施的所有步骤都是经过深思熟虑的，并且包括了从之前的项目中得到的经验教训。而接下来的任务是要让负责设备维护的人员参与进来。

这一任务的目标很简单：生产部门和维护部门之间进行团队合作，让生产部门承担一些容易和重复性的维护任务，以便维护人员可以解放，把注意力更多地放到设备改进和需要更多专业技能的维护任务上。

这一阶段，改善项目由设备维护部门的负责人牵头，还有一位生产部门的负责人协助。行动计划中列出的可以由生产员工完成的维护任务逐渐落实到位。通过这一步，生产部门的操作员工逐渐从机器的奴隶转变成了机器的主人。

这个项目进行得有些慢，因为生产和维护部门之间有多年的敌意，因此，需要更多的耐心。然而，在试验性机器（改善过程总是应该由试验性研究开始）上，这两年来的维护费用比起最初的费用减少了 30%。很明显，公司必须考察这种好的开始是否一定会在接下来的几年里得到延续。

然而，我们不应该寻找捷径或追求立即的结果，在应用了公司一直强调的具有普适性的那些原则后，想要的结果迟早会实现。而那些原则可以概括为如下：

观察流程；观看工作在流程中的人；改进工人的工作环境（从全局角度来看，包括价值链上所有前道和后续工序的人）；当问题出现时，不要责备，而是寻求问题产生的根源。

形成日常化的管理系统

4年来的经验表明，如果之前的做法被一直延续，员工就会参与进来并且会积极表达自己的想法。这样一来，不但能取得改善的成果，而且这种成果将会放大和持久——因为它们来自员工的提议，员工也会积极地予以捍卫。

公司每年都要将持续改善活动扩展到更多的领域。2010年，我们决定在物流领域中应用改善，如果可行，在家具和组件领域取得的高服务水平可以扩展到公司的其他所有产品。

下一个推进的领域是人事部门。改善小组正在对相关的工作流程进行图析、改善和简化。在实施和整合持续改善的过程中，日常MGF可谓是一个关键的工具。

日常MGF有两个主要组成部分：

- 第一个组成部分是自上而下的沟通，使每个员工都能知道自己特定的日常目标，然后去实现。
- 第二个组成部分是帮助链，这个链是从下一个命令层级开始的，如果有必要的话，可以升级到资源更丰富的控制水平。

这引出了一个新的训练领导力的方法，称为服务型领导。其中领导者的工作是要帮助操作者实现他们的目标，因为他们是在给整个业务链增加价值的人。

这条链中的第一个环，是每个班次开始工作时的5分钟会议，因为第一要考虑的永远是预防，无论是生产部门，还是维护部门，抑或是办公室。阻碍生产的障碍有时十分复杂，以至于在这个水平上一时无法解决。

持续改进不能演变成仅仅由一些人在特定时间、特定地点开研讨会的形式，以上所提的工作便是预防陷入这一不良状态的关键。有了日常MGF，持续改进每天都发生，并且每个人都参与。

经验和教训

5 年的亲身实践提供了更多的信息，比最乐观的人在最开始的时候能想到的还要多。

耐心

我们坚信，大多企业在实施持续改进时之所以失败是因为缺乏耐心。我们在日本的旅行见证了这个道理，日本人的文化习惯在于耐心地播种、等待收获。在西班牙，人们往往想要播种的第二天就收获果实。如果没有看到果实，人们就会更换种子。这是我们文化之间最大的障碍。我们信奉这样的原则：正确的过程会带给我们想要的结果。

文化

我们在一个可以自由运营企业的环境里起步，同时，危机的到来改变了这一环境。然而，开始时的情形，使得我们可以利用项目营造出一种全员参与、共同为公司努力的文化氛围，而不是一种寻求立即结果的文化。

我们决定倾听每个人的意见，而不是仅仅考虑那个在恰当的时间能够给出的最好的建议。然而，我们意识到，如果真的想要成为行业中最好的，则不仅需要员工在身体上的努力，而且需要员工有为公司出力的意愿。

持续的挑战

要得到改善或者完美的 5S 其实并不难，实施一个系统以解决质量问题或其他问题也是如此，无论对于一条生产线还是一个部门的问题，实施快速换模并切实提高设备综合效率也是如此。但是不要低估维持这些成绩的困难程度。我们认为，守江山要比打江山更难，持续性非常关键。因此，我们所取得的改善应该从下而上，而不是像之前发生在传统领导层的情况那样从上而下。

取得的成绩越大，越要谦虚谨慎。任何时候都不能忘记，“信至深，则行至笃”。这是唯一能实现持续改善的方法。

Group Health：运用改善方法创新

许多人认为改善只在生产现场进行。当我向不熟悉“精益”的人提到这个概念时，他们经常说：“噢，你说的是精益生产啊！”其实，精益是一个全面的管理系统。在丰田，精益适用于所有业务过程，包括新产品的计划和开发。

丰田采用叫“生产准备”的计划方法。这个方法被中尾千寻（大野耐一的学生，当时是一名自主研究小组的成员）改进并引入到西方公司，在那里被称作3P或“生产准备流程”。3P方法帮助从事于复杂计划或设计的团队更好地组织活动。丰田运用3P方法，已经成功地将新车型的研发时间从5年缩短到2年。这使得丰田能比北美汽车制造商更迅速地应对不断变化的市场环境。

3P方法并不等同于生产现场的精益流程，因为前者涉及的是“想法”的流动而非物料的流动，不过它们仍有很多相似之处。当现场是一个生产车间时，精益将相关工序紧密相连，使得工人可以清楚地看出他们的工作是怎样为价值流做出贡献的。当现场是一个绘图板或计划表时，3P方法将大家集合在一起，使得他们的想法顺畅地流动，从而在彼此的交流中进一步提升。

跨职能团队的运用是3P方法的一个重要组成部分，它可以带来各种不同的想法。这些想法既可以是简单的修正建议，也可以是颠覆式的改变，而且它鼓励参与者不受束缚地去思考，也就是创新。然后，为解决某个指定的问题，团队开发出快速而低成本的原型，并通过一系列测试步骤选出其中最优的原型。

Group Health 是一个非营利性质的医疗服务供应商，总部位于华盛顿州西雅图市。Group Health 已表明，3P 方法不仅可以用来设计汽车，而且可以很好地应用到医疗服务领域。该机构通过其自营诊所和在连锁网络上运营的诊所，为超过 660 000 名华盛顿州和艾奥瓦州的居民服务。由两个全资子公司向大大小小的雇主提供多种多样的医疗计划。Group Health 是美国少数由消费者管理的医疗组织之一，因此特别重视以病人为中心的护理，并且这个组织完全坚持遵循精益原则。

2008 年，为了改进新医疗产品的设计方式，Group Health 开始引入 3P 方法。医疗保健产品的开发是一个权衡之举，病人的多样需求、变化的市场和复杂的成本结构，使医疗服务计划开发成为一个多面的和动态的目标。美国的医疗供应商除了受州政府的管制之外，现在还要在《平价医疗法案》之下经受加大力度的联邦审查。这意味着错误无法轻易被容忍，所以必须精确定义产品的各方面。

"我们认为在 Group Health 开发产品比造汽车还难，" Group Health 负责产品管理的执行董事梅林达・休斯说，"因为在某些方面前者要更复杂些。"

在产品开发方面，Group Health 采用过一个与许多其他供应商类似的方法，将开发过程分解成多个阶段，将新产品方案按顺序从一个业务组传递到另一个。采用这个方法，缺陷经常在事后才被发现，产品经常被迫送回返工。这意味着，产品开发过程经常延迟，而整个环境也不太适合创新。

3P 方法是一个先进的方法论，要求对精益原则、技术和理念以及怎样在组织内部运作有高于平均水平的理解。没有这个前提，参与者很难设想出他们所要追寻的世界级成果是什么样的。有了 7 年的精益工作经验，并且高层管理者对使用精益作为全面管理系统有完全的承诺后，Group Health 开始运用 3P 方法。

设计过程从建立产品设计团队的章程开始，由高层管理团队的成员发起。团队成员遵循章程来解决以下问题：

Group Health 从它作为医疗服务提供系统的独特性，和直接影响医疗保健的质量和成本的能力中获取价值。面对的挑战是，利用这些独特的能力去创造具有

市场竞争力的医疗保障产品，以及通过健康水平、生产率和成本方面改进的结果来向消费者证明其价值。

待交付成果、衡量指标、评价方法、战略协同因素、时间计划以及团队成员的名字和职责等，所有这些要素都包含在了这个简洁而又综合性的文件里。

3P 方法使用一个称为 7-3-1 的路线图作为设计过程的规划。在第一阶段，要形成 7 个初始产品想法。在第二阶段，7 个想法缩减到 2 个或 3 个。在最后阶段，余下的设计要经过一个严格的检测程序，包括市场调查、顾客回馈和可行性检测。

Group Health 产品设计团队由超过 30 名成员组成，涵盖了各领域不同职能的人，如护士、医生、执行副总裁、营销人员、法律专家和人事部员工。团队开发过程的前两个阶段发生在 2009 年 12 月到 2010 年 2 月期间，团队成员在此期间投入达 24 个小时的 6 次会议，此外还有 8 个小时的家庭作业。

提出 7 个初始想法的指令让团队成员紧张而不适。它们不能只是“疯狂的想法”——团队成员必须生成符合严格的计划标准的概念。以下是 Group Health 使用过的标准，提出的产品概念应该：

- 迎合大中型商业市场的顾客需求。
- 充分利用本组织的实践经验。
- 重新组成健康维护组织定义的网络平台。
- 提升客户机构员工及 Group Health 员工的健康水平。
- 价格是可以承受的，并且相对于 Group Health 现有同等服务水平的“健康维护组织产品”，能提供明显的价格折扣。
- 及时完成开发任务，满足 2011 年大中型客户市场的续约周期要求。
- 不增加行政成本。
- 遵从所有的法律和合规性准则。
- 能形成较好的生产毛利。

在使用这个方法时，创新思维和冒险是不可避免的，所以对团队来说，要遵循一个传统的路径几乎是不可能的。很多公司喜欢吹嘘它们自己的创新水平，但是看看它们的开发过程，各种各样的“主意”都要拿到市场上测试，似乎不拉出来遛遛，就不知道是骡子是马，真不知道它们的执行官内心到底做何感想。

Group Health 的开发方法，让从未与其他业务领域的同事打过交道的参与者“耳目一新”。全球改善咨询集团的克里斯·施兰德曾经领导了 Group Health 的初期会议，他说：“最实质性的好处其实非常简单，就是让大家聚在一起，坐下来，和大家分享自己的想法。”

第一次有了可以接触到核心业务的机会，也激励了很多参与者。“大家都对能帮上忙感到兴奋”，休斯说：“他们习惯了仅仅从事于产品设计，提供产品，或者解决出现的问题。但他们有很多棒的想法。”

跨职能性作为团队的本质特征，使得从相关领域的专家处得到反馈变得很快速。“通常由产品管理团队来负责这个工作，但是显然跨职能性才是它的本质，”休斯说，“你需要投入精力、资金，还有其他各种各样的事物。3P 方法真正有助于尽快地把正确的人带到这个过程中去。”

新方向

3P 方法使 Group Health 团队转向了医疗保健产品设计领域中最艰难的挑战之一——基于价值的保险设计（value-based insurance design，VBID）。这个方法被认为是最有创新的方法之一，既能解决不断上升的成本问题，也能提升患者的总体医疗服务水平，从根本上，它激励病人关注自己的健康。

例如，核磁共振扫描经常被过度使用，所以基于价值的保险设计可以如此设计：向顾客收取这项服务的额外费用，同时免费提供降血压药物。它更多地强调了预防保健，而预防保健正变得越来越流行。一个基于价值的保险方案，可能会为健身俱乐部会费和人体工学办公用品的采购提供价格折扣，以协助控制慢性疾病。

问题是，如何设计这样的产品？ VBID 之所以增加了开发过程的复杂性，是由于它的衡量价值中包含了难以量化的因素。例如，某医疗保险公司可能选择对员工靠背椅设一个折扣，这其中包含了如成本、产品效用和市场适应性等变化参数。这是 Group Health 运用 3P 方法所要克服的挑战。通过坚持采用这个方法，它成为了华盛顿唯一一家供应这种产品的公司。

Group Health 基于 3P 方法的新开发方法，被证明是处理 VBID 的许多变量的一个理想选择。自从实行 3P 方法，Group Health 已经将产品从开发到投入市场所需的时间从大约 18 个月缩短到了 12 个月。此外，利益相关方对于 Group Health 产品质量的信心大增，并且期待在不久的将来有更进一步的创新。

开拓新领域

Group Health 也在另外一个重要的计划领域——设施设计中使用 3P 方法。2012 年，华盛顿州布莱恩市将建设 4000 平方米、可以容纳 2 万名病人的诊所。新的设施将支持精益医疗的理念，而核心便是“以病人为中心”。对于设施设计来说，精益的目标包括将病人和员工在诊所走动的路程减少一半，以及减少病人护理过程中 80% 的交接传递次数。

精益设施设计是一个巨大的挑战，因为设计者必须全面了解设施将支持的精益流程。此外，团队不仅要包含这些业务流程的负责人，还要包括由建筑师、工程师和施工人员组成的设计团队。

3P 方法在设施设计领域的应用方式也类似于其在产品设计领域的应用方式。集成化护理和设施设计项目的章程得到了最高管理层的支持，也同样遵循 7-3-1 的形式，并且启用了跨职能团队。这里挑选设施设计方案的标准，主要是如何支持精益理念，如减少了走路的距离（对病人来说尤其如此），形成了良好的视野，以及舒适有序的环境。

一个独特的做法是，设施设计团队中包括了被称为“理念守护者”的小组。这个小组作为“掌舵者”，负责解释设计所需要满足的标准，并使所有参与者保持“以病人为中心”的精益设施的愿景。

设施设计项目另一个独特的做法是，用 3D 模型去测试被挑选出来的三个设计方案。建筑设计公司 Collins Woerman 与其他客户合作时就使用了这一技术。这次，该公司在华盛顿州图克维拉市的一个大型仓库中，用硬纸板按比例将设计方案模拟了出来。这使得团队可以纵览这些设施设计方案，并测试其中作为设施设计标准的精益概念。

“设计团队需要考虑 60 条以上的价值流，或者说，设计团队需要评估超过 60 个不同的情境。”全球改善咨询集团美国分部的主管麦克·罗布鲁斯基曾领导了该项目大部分的工作，他说：“我们请一位怀孕的妈妈参与进来，对相关的流程进行测试，安排了人来进行健康检查的流程测试，还安排了人进行流感疫苗注射的流程测试。他们试验并衡量了所有的这些情境。”

团队还有能力对设计方案中的一些细节进行测试。用一个实际大小的模型，团队实际上可以评估 12 × 14 平方英尺和 13 × 14 平方英尺的房间哪个更好，这是用 2D 绘图不可能完成的比较。然后就有了创新。在一个案例中，团队成员对病人为了与实验室相关的检验工作而不得不到实验室去的想法提出了异议。为了解决这一麻烦，团队成员提出了一个新颖的概念——移动实验室。“现在病人不必离开他们的房间，而实验室会来他们身边，”罗布鲁斯基说，“这对病人护理的流程产生了相当大的影响。”

交给建筑师做详细绘图的最终设施设计方案，获得了惊人的认同。建筑师、施工人员和工程师都完全熟悉了要求。他们知道每一个细节——房间里需要多亮的灯光，电灯开关应该安装的位置，水槽和护手液应该在哪里。高管确切地知道他们将要得到的是什么。最重要的是，即将使用这些设施的一线护理人员也充满自信地认为，这是能支持其精益流程以及为病人提供最佳护理的最好环境。

3P 方法对医疗保健下的计划和设计的适应性生动地体现了该方法有多么的强大。如果源源不断的想法能被高效地管理起来，就像在 Group Health 那样，那么这个方法的应用前景将会是无限光明的。

改善帮助 Caetano Bus 实现按期交货

能否按时交货，是评判一家工厂运营好坏的最直接的指标之一。如果提前期太长，或者没有达到预期，客户甚至不用看工厂或产品，就能马上感觉到问题的存在。

Caetano Bus 是葡萄牙最大的客车制造商。当它将焦点更多地放在激烈竞争的欧洲市场后，公司开始遭到交货的抱怨。通过改善，公司在组织内做出了一些显著的改变。这不仅帮助公司面对这些挑战，还为其他公司树立了一个榜样。

Caetano Bus 归属于 Salvador Caetano Group 的工业部门。Salvador Caetano Group 在各类市场上，如汽车业、工业机械、可再生能源和汽车零售商等，雇用了超过 6500 名员工。葡萄牙第一家 Caetano Bus 工厂建于 1946 年，当时它生产的客车还是木制的。10 年后，客车改为钢制的。1966 年，一家新的工厂在葡萄牙北部的 Vila Nova de Gaia 建成，开始向英国出口产品。几年以后，Caetano Bus 开始生产康巴士车型（Cobus model），现今已经遍及各大洲。2001 年，Caetano Bus 又与戴姆勒集团建立了一家合资公司，开始为欧洲市场生产梅赛德斯车型。

Gaia 工厂实施改善并不长，却成效卓著。它被作为一个样板，以帮助集团内部的其他工厂应对全球经济危机。该工厂的改善转型实际上是在 2005 年乔治・平托担任 CEO 之后不久开始的，当时他意识到，工厂的 500 名工人士气低落，生产率很低，交货期也不能达到预期。而最后一点直接影响到了客户关系，公司商业伙伴——拥有梅赛德斯奔驰的戴姆勒集团对交货时间经常变动感到非常不满。

交期过长以及经常变动通常是由于工作量分配不当造成的，有些环节跟不上生产计划安排，而有些环节却无所事事。此问题的解决方案就是重新配置生产线，使所有工位上的工作量分配变得均衡，这样工厂的产量就会变得稳定且可预测。

平托对改善已经有所了解，他知道这个方法可以使工厂走上正确的轨道。在与全球改善咨询集团的合作中，他提出在 Tourino 车型的装配线上开启一个试点项目，这个装配线常常难以按期完成任务。

通过组织多个职能的作业员团队参加培训课程以及研讨会，公司引进了第一批的改善工具，包括 5S、可视化管理、标准作业、水蜘蛛、库存超市和生产线平衡。这样做的目的不仅仅是“救火”，而是要达成可持续的文化变革。

装配线上的标准作业

通过掌握改善工具的知识，改进团队开始重新设计工作流模式，来平衡不同工位之间的工作量。以前，工人被根据职能而组织起来，并且只做他们被认证可以做的工作，例如，油漆匠只做油漆，焊接工只做焊接。工作平衡就需要要求员工去学习更多的工作技能，这样他们就可以执行多样化的任务。通过采用标准作业和操作员平衡图（yamazumi 板）等工具，团队打破了“按工作类型分配员工”的旧范式，取而代之以一个精益的新范式。

为了在现场实现这种改变，打破几个旧范式是有必要的。很多雇员认为，在同样的人数下生产更多的产品是不可能的。但慢慢地，人们的反对声减弱下来，这主要是因为他们意识到，在不增加他们额外劳动的情况下提高生产率，是有可能实现的。

平托说：“提高生产率并不意味着要增加工作量，而在于用纪律和清洁来提供更好的工作环境。”在 5S 的帮助下，可以获得更干净而更有组织的工作车间。

在这些实现之后，工人知道每件物品的标准位置，这样就不用花时间去寻找工具。此外，需要设立一个负责 5S 审核的团队，以确保改善的持续性。

由消费和直供决定交货时间

同样的工具也被用于重组每个工作区域的物料供应，以保证一个更加一致的工作流。水蜘蛛供应系统的建立，同样能帮助工作流保持一致性和连续性。工位的重新配置也有助于在不打扰操作员的情况下，使一个流畅的物料供应流成为可能。

拟定一个新的生产布局也是很有必要的，因此工人将装配线移动到厂房的另一端，以拓宽走道和重新定位所有的预装配，其中包括了顶板、管道和仪表板这样的大型部件。设施的改造和重新组织还包括建立一个库存超市系统。此前，零件用托盘的方式包装，其拆卸和运送到生产线的工作都由操作员负责，于是操作员浪费了大量时间去分拣零件。而现在的零件是散装的，并根据周转量不同而储存在仓库货架上。然后，它们被装在小箱子里，由水蜘蛛搬运工负责配送到工作场所的各个地方。

现在零部件是根据消费需求来交付的，中间库存几乎不存在。当地供应商被要求根据每天的需求，将用量较大的零部件直接运送到装配线上。例如，从装配线上拿下来的空箱子被运到仓库，并且放在特定的货架上。供应商每天来收集这些盒子，装满必要的零部件，然后返还给 Caetano Bus。而小批量零件的供应商则将零部件运送到仓库，然后工厂内部的物流操作员再将零部件进行处理和分配。仓库仅存有较少的库存，只够一周的生产使用，并且可通过目测的方式辨认出是否会短缺。

康巴士生产线项目

2007 年，Caetano Bus 决定将 Tourino 生产线的成功复制到作为公司明星产品的康巴士生产线上。康巴士是一种用于机场运输的车型，而且它拥有这类车辆全球 90% 的市场份额。这份努力取得了非凡的成果，生产交付期降低了近一半。随后，新的生产模式被应用于所有其他生产线上。

生产率得到 40% 的提升，这对于满足客户日益增长的需求来说是非常关键的。这段时期内，Caetano Bus 的生产量从每年 400 辆提升到 700 辆。在不增加员工的情况下，实现了生产能力的提升。一个显著的提高是，在生产线的末端不再需要品质检查员，因为精益方法的运用可以更早地探测到缺陷。这也意味着，因返工而产生的浪费得到降低。

在装配线上压缩提前期

2007 年到 2008 年，为了降低交货时间，公司减少了工位的数量。例如，车体总装线的工位从 8 个降到 4 个。在这个项目期间，团队开发了被称为“笼子”的新的装配方法。以前，装配工把前后侧面板放在底盘上，当作一个底部。而在“笼子”方法下，巴士的骨架要先经过预装配和焊接，然后放到底盘上。在多任务改善团队的帮助下，从前需要 3 个阶段完成的工作变成了现在的 1 个阶段。此外，质量取得了极大的改善。因为现在有了连接多个零部件（如前板、侧板、顶板和后板）的模板，这有助于实现更好的匹配。

为了实现这个方法，需要对车型设计进行一些改变。例如，在后保险杠上，用胶合代替焊接。这不仅减少了焊接带来的问题，而且提高了产品的质量。新方法把一些工作集中在小区域里进行，也把原来用作预装配的占地空间释放了出来。

总的来说，Caetano Bus 在改善上的付出已经为企业带来了显著的好处。据平托介绍，主要的好处有：公司和合作伙伴之间的障碍消失了，相关的行政负担也减少了；响应时间缩短；运输和包装成本减少；生产率提高 35 个百分点；工位数量从 12 个减少到 5 个，并释放了更多场地。

一个成功的文化变革

虽然这个项目以寻求提高生产率并缩短交付提前期作为开端，但由 6 年现场改善思想推动的这场内部改革带来了更深远的影响：一个真正的文化变革。这是一家拥有强大组织文化的公司，工人已经在这里工作了将近 40 年，虽然并不习惯于变化，但他们仍然很好地接受了生产过程的变化和改善的理念。

精益让平托能在他的管理团队中灌输领导能力的思想，并且可以辨别出谁能胜任这一任务。在我们看到的众多案例中，CEO 的参与是至关重要的。“只有得到最高管理层的承诺，这样的项目才有可能向前发展，”平托说，“否则，它将终止。如果我们没有及时重组公司，没有启动这个项目去提高生产率，说实话我不知道 Caetano Bus 今天是否还会存在。”

肯尼亚面粉生产商：运用改善提高生产能力，并改进效率

Unga 公司是肯尼亚最大的面粉厂之一，使生产能力最大化和降低库存是其关键指标。通过一系列综合的改善项目，在不投资新设备的情况下，公司在这两方面上已经获得了本质性的改善，并且在追求“积极、友爱”的工作文化的道路上取得了瞩目的进步。

“Unga 已经在多个业务单元、生产过程、布局和管理团队中成功地实践了改善，”维诺德·格罗沃是全球改善咨询集团肯尼亚分部的负责人，他的咨询团队协助了此次改善转型。他说：“这次的改善之旅取得全面成功，不仅本身非常值得注意，而且它有一个显而易见的原因，那就是领导。”

Unga 是外来移民者罗德·德拉米尔在 1908 年建立的。它逐渐成为肯尼亚最大的磨粉公司，同时对磨面粉的副产品进行再利用，做成动物饲料。20 世纪 90 年代，面对艰难的全球市场环境，该公司陷入财务困境，不得不寻求外部合作者以恢复盈利能力。

2000 年年初，位于美国的 Seaboard 公司收购了 Unga 的大量股份。除了为 Unga 提供了资金上的支持外，还帮助 Unga 获取了研磨的专业化技术和贸易的基础设施，使其能更好地融入到区域性市场中。同时，肯尼亚人尼克·哈钦森成为公司的 CEO，他游历甚广，是一位农业相关领域的资深商界人士。

哈钦森接任时，公司的资金流很紧张，而且还必须进行投资，以更换老化的设备。很明显，如果公司想要取得成功，那么就需要转变公司内部人员的理念。

哈钦森曾到过日本旅行，在那里他了解到了关于改善的知识，并且印象深刻。但也有人曾劝诫他说，改善在非洲的环境下也许行不通。2006年，他和他的两个高级经理参加了一个由全球改善咨询集团和肯尼亚制造商协会主办的研讨会之后，这种观念开始转变。“当意识到肯尼亚的其他公司已经通过改善取得了一些很好的成果时，我们决定试一试。”哈钦森说。

哈钦森邀请全球改善咨询集团来绘制公司当前和将来之间的发展蓝图。在选择首批试点项目时，他选择了两家工厂，一家磨粉厂和一家动物饲料生产厂。“我的确很想看看，不同的业务到底有什么不同，同时对所有的业务有一个综合的考察。”哈钦森说。

由于设备陈旧而停机，是最明显的问题所在。“我们当时有很多的故障和紧急停机，”哈钦森说，“大家都说这是因为我们的设备确实很老了，唯一的解决方法是购买全新的设备。”

库存成本是另外一个关注点。“我们当时借了本不需借的钱，”哈钦森说，“当我们完成了发展蓝图之后，我才充分认识到我们的资金被束缚在库存中了。”

接下来的是一系列为期一周的现场改善研讨班。跨职能部门的团队学习了基础的改善工具，并且开始一起寻求解决方案。公司里的各级员工被都带入到这个过程中。初期的会议反响热烈，但是哈钦森和他的高级经理意识到，为了保证在会议之后有坚实的具体行动，还需要采取更多的措施。“6个月之后，我们就意识到，这些团队没有得到最恰当的领导，”哈钦森说，“因此我们调整了领导方式。我们做出一些改变，以确保高层管理者更多地参与进来。”

第一年后，公司决定将改善活动扩展到剩下的三家肯尼亚工厂和一家在乌干达的工厂。此外，公司同全球改善咨询集团合作开发了一个持续改善模型，叫作“一起消除浪费”。

解决关键的问题

公司团队模仿丰田全面生产维护的方法，制定了一个自主维护程序，以应对设备停机问题。这个程序为作业员自己维护设备提供了一个基本指导，消除了等待专职维护人员的时间浪费。Unga 已经实行了这个程序的前三个步骤——清洁、消除污染，以及为清洁和润滑建立一个检查表，并且严格执行。“我们现在变得非常严格，”哈钦森说，“如果机器没有维持在步骤三，那么我们要回到步骤二。”

结果停机时间迅速降低，从而大幅提升了生产能力。“我们差不多使一家工厂的生产能力提升了一倍，”哈钦森说，“而且没有买一台设备。两年前，我还曾将购买设备的议程列入大型资金支出的项目中。”

其他团队解决库存和流动的问题。工厂过去依赖“安全库存”，来应付时常发生的设备停机和特殊订单。“现在我们在生产过程和成品仓库中引进了看板系统。”哈钦森说。看板系统现在提供工厂各处库存水平的可视化信息，减少了对大量安全库存的需求。工厂也能够大幅减少包装材料和工程备件的库存量。

供应链合作伙伴是下一个目标。“我们还没有跟上游供应商很好地‘连’起来，同时，也没有将我们的成品与分销商很好地‘连’起来，”哈钦森说，“我们现在才开始开展这方面的工作。我们想先确保内部的流程和过程是到位的。”

一种新文化的诞生

在 Unga 的转型中，最显而易见的方面是大范围开展的 5S 活动，从工厂车间延伸到行政办公室。“基本的清洁和整理，在肯尼亚语里，所有的这些我们称之为‘5Ks’。因为它是五个斯瓦希里语的词语，翻译过来带 Ks,”哈钦森说，“我们几乎把所有的个人，包括我自己在内，都组成在一个 5Ks 团队里，然后进行一次为期 12 个月的竞赛，竭尽所能地提高我们的清理工作。”

这个计划创造了一种和谐的氛围，并且打破了屏障。“这非常有趣，”哈钦森说，“它让高级经理参与进来，做实事。我自己也在一个团队里，但不是队长。我必须要做别人吩咐我做的事情——当我被通知去开会的时候，我就得去；当我应该清理我的办公室的时候，我就得清理。”

谢卡·德斯潘是全球改善咨询集团的高级顾问，他认为这才是决定性因素。“ Unga 成为了一个真实的成功案例，因为它用到了所有三个载体——精益和改善工具、员工参与以及最高管理层的承诺。第三点是最重要的，但在其他公司执行得很差。”

现今，公司员工的积极性到了一个新层次。“我们现在有一个项目，员工可以提出持续性改进的主意，”哈钦森说，“我们刚刚开始看到大家贡献可行的改善想法。这会与原来非常不同，但是我还想说，像每一个改善历程一样，我们还有很长的路要走。”

这次改善历程，“一起消除浪费——每人、每地、每天”都在Unga成为现实。“每年我们都在追寻新主意、新行动，能让人们激动万分的主意，”哈钦森说，“如果说初期你还能收获一些唾手可得的成果，那么随后改善将变得越来越困难。但是机会永远存在——有无尽的机会在等待我们发掘。”

Medlog：改善成为创新的基础

很多时候，员工早就知道怎么做会令公司变得更好。高级经理如果很早就能认识到这一点，就应该提供必要的工具与支持，来充分发挥员工的潜力。这些措施如果能够得到恰当实施，将会营造一个能够促进创新和变革的环境。

Medlog 公司就是一个很好的例子。Medlog 是一家葡萄牙医疗保健公司，为制药行业提供物流和营销服务。它建于 1975 年，当时一群药店老板开创了 Cooprofar 合作社，现在已经拥有超过 1250 家药店。

Medlog 的改善之旅是从管理者意识到需要一个能够响应员工团队提出的改善建议的结构化流程开始的。举个例子，有一名员工在假期里设计出了几个围裙样式，并带有特殊的口袋，以解决他在工作时遇到的一些不便。很多员工也有过类似可以帮助公司的想法，但没有适合的渠道去实现他们的抱负。

“员工改进工作的想法和意愿早就存在了，但是一直没有一个沟通的机制可以将他们的这些建议联系起来，”Medlog 的管理顾问拉奎尔·米兰达说，“在全球改善咨询集团的帮助下，我们现在有了一个可以实现这个目的的结构化流程。这样做的结果是，激励了员工，加强了公司的文化。员工希望提出建议，并得到实施。”

改善产生动力

为了创造一家真正具有改善理念的公司，仓库员工，尤其是工作在现场的员工，一定要在他们日常工作中采用持续改善的理念。Medlog 一共有五个仓库。它最初的改善研讨会在葡萄牙北部城市刚多玛和瓜达举行，然后陆续又在其他城市举行。

这些研讨会的目的是用 5S 和可视化管理的方法重新安排仓库工作区域的布局。改善研讨会中展示了示意图，制定了活动的指标，改善行动也得到了计划和执行。同时，改善团队开始建立工作标准，以维持和延续任何的改善成果。所有的这些改变，营造了一个可以进行每日改善的环境。

“每日改善”，是一个所有员工参与日常短会来对问题和其解决方法进行讨论，并付诸实施的流程。对于形成工作团队的承诺和动力来说，每日改善可谓最大的贡献者之一。“最难的流程不是实施新的措施，而是维持它，”米兰达说，“是所有员工的参与保证了持续性。”

在这些早会期间，员工分析了工作指标、工作量和仓库的清洁，而这反过来又帮助他们理解 5S 的重要性。公司建立起每日审核的制度，这些措施向团队表明，公司十分关心已实施措施的成果，并且要加强所有员工的参与度以及他们对每日改善的渴望。

5S 和可视化管理的成功

在听说改善的概念之前，员工已经提出了几项改进措施，如清洁。但是他们所有的人都太忙，以至于并没有真正开始实施过这些方案。而一旦管理层开始支持他们改善的雄心，时间被以一种结构化的方式空了出来，以便所有人能在方案的制订和执行上同心协力。

在刚多玛的仓库——第一个使用新方法的仓库，改善流程开始于一个 36 名成员组成的团队（他们来自不同的部门）和一个来自全球改善咨询集团的顾问团队。最初的几次改善研讨会引进了做出改善的必要工具。每次培训的内容都集中于物流相关领域，并引用很多实例来说明消除浪费并专注于增加价值的有效方法。这样员工也将学会如何超越理论，并且实际运用所学到的东西。

仓库被分为几个工作区域，5S 的实施开始了。“员工的参与是非常有效的，于是我们进一步开展了一些大家建议的改善行动，不再局限于 5S。”米兰达说，“员工提供方案的意愿非常强烈，我们最终接受了一些。”很多想法都很简单，如将条形码扫描器的架子变成一个装有轮子的手推车，或者改变货品分拣的流程等，但是这些改变累积起来，逐渐提高了效率。

看得见的改进成果

工作区域变得越来越干净和有序，团队的满意度也随之开始提升。员工现在有了更愉快的工作环境，而且在执行任务的时候也不会觉得很累。此外，大家不再被迫在仓库内做一些无效的走动。“在相同的人数下，现在公司可以做更多的事情，”米兰达说。鉴于 Medlog 在业务量上的持续增长，这个改进成果特别有价值。

由于仓库的重组和工作流程的再定义，Medlog 的生产率增长得非常可观，从提高 7% 到最高的 25% 等，如手工拣选系统（Manual Picking System，MPS）对应的存储区域。公司每天可以多出 41.5 个小时的生产时间，这相当于 5 个全职员工的工作量，即每年 60 000 欧元。

在装运区，生产率总体上提高了 25 个百分点，而且改进后的布局节省了数百英尺的传送带。因此，能源消耗降低了大约 25 个百分点。预计，维护部门也将减少由于故障而产生的平均停工时间，从每次 1 个小时降到 30 分钟。此外，被投诉的发货单比率从 1.3 个百分点降到了 0.8 个百分点。

从渐进式改善到创新

Medlog 内部改善文化的建立，使得它有可能成功地对其产品配送给医院的方式实施一次根本性的改变。2009 年，Medlog 开始了一个大规模的创新项目，用改善工具来帮助改善在全国范围内药品、医疗设备和其他产品的配送。这个项目的启动，是为了响应医院提升服务质量和控制成本的需求。

项目叫作“Sig-Log”，即管理和物流一体化（integrated management and logistics），它使一个名为“物流健康解决方案”（logistic health solutions，LHS）的新业务部门得以兴起，这个部门负责向医院配送药品、医疗设备和其他保健产品。

这个项目得到了不同行业的国内和国际合作伙伴的联合支持，其中包括：机械工程和工业管理协会、三家公立和私立中心医院、创新系统公司、科纳普公司和全球改善咨询集团。

LHS 不同于传统的配送系统。在传统方式下，医院从供应商处订货，供应商再配送到仓库。在那里，医院内部的物流团队根据需求将产品分发给不同的医疗部门。

通过 Medlog 的新服务，产品被直接配送到医疗部门。这个精益的配送方法大大消除了“七种浪费”的产生，例如医院里的贮存空间、重复的运输和包装，以及高技能的医护人员被迫参与到没有价值的任务中。

这个项目被分阶段地实施，最后一步是葡萄牙健康组织的一个试点项目，由三家医院组成。正是在那里，整个系统被测试和优化，并伴随着一些辅助性技术系统的革新。这些技术系统包括以信息技术为支持的物流管理软件、药品集装箱运输自动化解决方案、射频识别系统（RFID）和 GPRS 追踪系统。

改善文化启动创新

这个项目对客户组织产生了一些直接好处。例如，葡萄牙健康组织报告：

- 释放了 400 平方英尺的储存空间。
- 节省了 25% 的搬运医疗产品的工作。
- 运输成本降低了一半。

在最后阶段，这个项目推行到了其他医院，并且收到了类似的收益。在拥有 1124 个床位的 HSJ 医院，数据是：空间需求降低了 60% ～ 65%；医疗产品的搬运工作量节省了 40% ～ 42%。

在 Medlog 的成果表明，一旦建立起改善文化和改善方法的坚实基础，大规模创新就可以成功地实现。这与很多组织形成了一个强烈的对比，这些组织想要尝试实施一个“伟大的想法”，但组织中的现场人员却没有任何改变的经验，也没有任何工具去改善系统。通过“将重要的事情摆在第一位”，Medlog 最终能够帮助客户减少浪费，并从而变得更加成功。

Supremia：伴随改善而成长

公司的迅速发展可以带来很多变化。但如果没能恰当地应对，这些变化也将严重冲击已有的生产流程，并使公司陷入麻烦。反过来讲，这些改变也使得大力改善成为可能。

位于罗马尼亚阿尔巴尤利亚市的 Supremia 公司，从创立之初至今，虽然只走过 10 年，现在却一跃成为罗马尼亚最大的食品原材料制造商，其年收入高达 2430 万欧元。这一显著的收入增长使得管理者意识到，需要开发合适的管理工具以及管理方法来经营一家大型企业。在往一个更大且更为先进的新厂址搬迁之际，Supremia 抓住机会，成功地实施了改善行动。

Supremia 从其新设施中获益良多。有关研磨、筛滤、混合调配、杀菌消毒等处理食品原材料的最新技术被应用于这些设施中。厂房面积的设计，足以满足公司规模的持续增长。

然而，新设施也对现有的生产流程造成了不小的挑战。较之以前，新设施整整多了 7 倍，这间接地表明，作业人员的作业范围将会扩大，与此同时，库存以及物料的运输成本也会相应增加。另外，由于工厂使用的是新一代设备，所以无论是工人还是管理者对其都没有太多经验。

Supremia 管理团队的平均年龄很小，并且许多管理者才刚走上管理岗位。为满足新设施所需，工人的数量也足足翻了一番。为此，公司需要确保管理队伍已率先做好准备，迎接挑战。

管理层开始寻求指导来面对这些挑战。2010 年 10 月 25 ～ 26 日，公司的执行副总经理赛普恩·瓜迪纳瑞参加了一个由地区政府和全球改善咨询集团罗马尼亚分部联合举办的“改善管理体系”研讨会。在讨论会后，他向工厂的老板莱文·雨果·贝拉赠送了一本《现场改善》。

他俩都认为，这种改善管理体系正是他们所寻找的。“改善正是公司当下急需的理念，”贝拉表示。“我们将在新工厂建立改善管理体系，从而使公司的规模以及实力变强，并且进一步拓展在欧洲市场的业务量。为了达到上述目的，仅仅投资新建工厂是不够的，我们还需进一步强化管理体系，同时也要抓好对员工的管理。”

经过多轮与全球改善咨询集团罗马尼亚分部的代表会谈之后，贝拉决定在阿尔巴尤利亚的新建工厂中开始实施改善管理体系，该体系最初由全球改善咨询集团发展而来。这项计划将于 2011 年 2 月末举行。

培训路线图

“公司如果要发展，必先提升员工素养”，这一观点是丰田管理体系的原则之一。而提升员工素养这一过程需要超过三年的时间。

朱林·布拉特是全球改善咨询集团罗马尼亚分部的负责人，他在丰田管理体系原则的基础上提出了一个新的概念——“和谐改善”。这个概念又将改善培训划分为如下四个部分：

组织战略改善	组织运作改善
个人战略改善	个人运作改善

“和谐改善”的主要目标是令上述四个部分的改善同步进行，从而进一步提升业绩，并且在所有要素的改善过程中保持动态平衡。

改善培训又被分为两个环节：由全球改善咨询集团罗马尼亚分部负责的外部培训，以及由赛普恩·瓜迪纳瑞负责的内部培训。作为公司执行副总经理，瓜迪纳瑞同时也负责“改善管理体系”建立过程中的协调工作。为了对公司员工及组织体系产生最大效益，这两个环节的实施是同步协调进行的。

组织战略改善活动

整个项目的第一步是建立公司的战略愿景。这份愿景被命名为“Supremia 2015”，是通过一个为期两天的策略部署会议来制定的。这不仅为管理者该如何行动提供了一个大方向，还为他们注入了强大的使命感。

“Supremia 2015”的愿景是，“通过公司内部员工与团队的干劲，加上为提升效率而实施的Supremia管理体系，使得公司跻身欧洲十大食品原材料生产商之一。”根据这一新规划，所有管理活动将根据改善平衡计分卡的目标来制订改善项目以及行动计划。

然后管理团队开始为公司开发这一综合管理系统。该项工作的早期步骤包括确定公司的实物流以及信息流。与此同时，在绩效衡量方面，包括QCDM以及其他关键绩效指标都将随着公司战略目标而被建立。

组织运作改善活动

对任何从事改善的企业来说，战略规划仅仅是个开始。改善项目的核心是带动一线员工，并使他们能够自觉形成改善文化，从而尽可能实现公司的战略计划。当然，具体目标有很多，比如，尽可能使工作流程更高效，消除浪费，确保质量，为工人创造一个安全有序的工作环境，以及使机器使用率达到最大等。要做到这些，就得用到改善的基础工具和技术。

这个流程首先从所有生产以及储存区域的改善研讨会开始，包括以下内容：

- 识别并消除七大浪费。
- 5S的基本要素。
- 可视化管理的原理及其技术。
- 标准作业程序。

这些研讨会进行了关于改善的基本训练，它们同时也是以行动为导向的，要求参加培训的小组可以对提出的改进提议迅速加以实施。与此同时，作业标准化也即刻开始进行，从而为企业保留改善成果创造了条件，比如：

- 减小作业人员的工作区域。
- 养成良好的工具放置习惯，从而避免中断工作。
- 改进总体作业安全性以及作业环境。

这样做的主要好处是，使得工人察觉到身边存在着浪费并且学会如何消除它们，另外通过标准化也可以稳定现场生产流程。在改善的第一阶段，总共制定了161 项作业标准。

改善团队接着举办了一系列的价值流图析研讨会。通过这些研讨会，一系列产品价值流中的浪费和低效行为被识别出来，作为改善目标的未来状态价值流图也被设计出来。这个阶段的工作重点在于，尽可能缩短生产提前期，对于食品业来说，生产提前期是一个重要考虑因素。

作业人员小心地观察生产流程中是否存在浪费，并且制订相应解决方案，从而令作业流程最优化。他们重新设计了布局，移动了一些设备的位置，从而令物料流变得更快、更容易。在不影响产品质量的前提下，取消或合并一些作业步骤，从而提高生产率，并缩短提前期。

因为上述这些活动，公司取得了一系列重大改善成果。在准备生产物料的环节就取得了下述成果：

- 作业人员的走动距离从 51 米降至 23 米（下降 55%）。
- 取消了一些作业步骤。
- 作业员个人改进过程中的彼此协调。
- 材料准备的提前期从 5 分钟降至 3.5 分钟（下降 30%），产量相应地提高了 30%。

由于这些改进手段的大量应用，公司从中获益良多。结果，这一新流程变成了标准，同样也被应用于其他领域的物料准备环节。

其他改善工具

对于机械设备的作业环节，举办了快速换模或者单点改善等特殊技术的研讨会，以改善作业效率及效果。例如，在使用多种材料混合制造的情况下，换模时间下降 30 分钟（下降 15%），不仅令提前期大大缩短，同时使产量提高了 2.5%。在产品最终组装环节，生产线的整体效率提高了 10%。

项目还引入了一个名为自动质量矩阵的工具，来对某些生产流程进行更为严密的质量控制。这个工具能使产品的缺陷更为突出，从而令大家更容易觉察到缺陷产生的源头。一旦产生缺陷的原因被揭露，作业人员将更加负责，并且对于自己的工作以及生产的产品质量也将更为关注。

公司还形成了定期的改善会议制度，在会议上作业团队学会了如何分析日常工作中的作业行为，以及如何快速且有效地应对突发状况。通过这个会议，管理者养成了"用事实来说话"的习惯，同时自身分析问题的能力得以提高，并且学会了如何运用相关重要数据来与员工进行简单明了的沟通。

如上所述，公司系统地运作这些改善工具，使之成为全公司的标准。

员工参与

让员工参与改善的一个绝佳办法，是听取员工的建议。比起普通的公司，实施改善的企业会从员工那里得到数倍的改善提案。

在实施"改善管理体系"的 6 个月中，Supremia 对员工建议的数量进行统计和追踪后发现，平均每名员工在 3 个月内就产生了 1 条建议，这组数据令人印象深刻（见图 CS-19）。

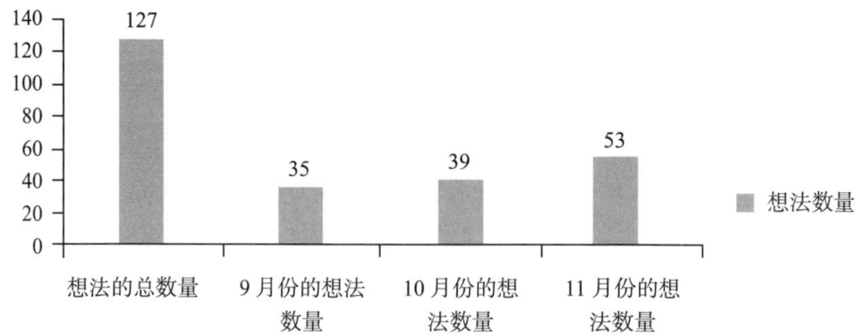

图 CS-19　Supremia 员工的改善提案数量

个人战略和运作改善行为

管理团队也要参加五门培训课程，以提升其领导力以及个人表现。在个人运作方面，管理者意识到养成良好的日常习惯是十分重要的，如生理和心理的5S。这样做会为他们带来活力，并让他们更清楚自己的日常目标从而获得出色表现。如果日常工作按照“计划–执行–学习经验”的步骤进行，那么管理者就能更有效地组织工作并获得预期结果，最为重要的是，每一天的工作都成为可以学习的宝贵经验。

在个人战略方面，管理者学会了如何定义自身价值观以及自己的工作任务，并使其与公司目标相匹配。每一位管理者都会有一个个人发展规划，然后是为了实现目标的具体行动计划。

评价改善结果

在实行改善的第一年年末，总经理莱文·雨果·贝拉在全球改善咨询集团顾问的协助下，对改善管理体系的实施流程以及公司生产流程进行了一次年度审核，并发现取得了如下进步：

- 广泛意识到包含了个人目标的公司愿景与公司整体的目标是互相匹配的。
- 广泛培养改善文化，并且建立起持续改进的机制。
- 养成根据5S原则来整齐地摆放设备的习惯，并且树立起遵行5S原则的集体意识。
- 在作业标准化的基础上稳定生产线。
- 在“发言要有事实依据”的改善原则基础上，大力倡导形成以质量为议题的交流体系。
- 增强管理团队的专业化建设。
- 工作环境以及工作质量的提升。

受上述成果的鼓舞，公司提出了必须在2015年完成的11个战略改善项目，这将使Supremia成为欧洲生产食品原料最大的十家制造商之一。随着Supremia管理系统以及改善文化在企业中的牢固建立，管理层确信，公司已经准备好将这个目标变为现实。

迪士尼世界：超越顾客期望

在迪士尼世界，现场改善非常活跃，而且做得很好。迪士尼的现场工作人员被放在组织的上层。沃特·迪士尼曾经说过："你可以梦想、创造、设计和建造一个世界上最梦幻的地方，但需要有人来使梦想成真。"本案例展示了迪士尼管理层忠实地遵守环境维持和标准化，来为企业的成功做出贡献。

自从 1955 年迪士尼乐园在加利福尼亚州开始运营后的 57 年，以及从 1971 年迪士尼世界在佛罗里达州开始运营后的 41 年以来，第一线的演员始终是企业中最重要的部分。在迪士尼世界，园区内的员工被称为演员，顾客被称为宾客。宾客的满意度是迪士尼世界首先要考虑的，而环境维持和标准化是为达到这个目标的两个主要措施。许多游客反复去迪士尼世界度假区的原因就是，干净和安全的环境给他们留下了深刻的印象。

完美的表现

通过仔细观察，宾客会发现在园区的每个地方都安装有垃圾箱。在我近期的一次游玩中，我能在所站的地方附近找到 6 个这样的垃圾箱。沃特·迪士尼认为，没有一个宾客愿意多走 25 步的路程去扔垃圾。这些废物处理箱被设计成能巧妙融入周围的环境中。下午，当米老鼠和他的伙伴在主题大街游行时，我发现很多宾客靠在垃圾箱上，或坐在它们旁边，有的宾客甚至直接坐在上面大嚼零食。

每隔一段时间，垃圾箱中的垃圾桶会被迅速而高效地替换掉。把一辆装有一定数量空垃圾桶的手推车推到旁边，然后用空桶来替换掉处理箱中的垃圾桶。一个演员小组每隔 10 ～ 15 分钟在园区内巡逻一次，携带着加长型灰斗和扫帚，用来清扫街道上、长凳下以及灌木林中的垃圾。任何一个迪士尼世界的演员都被要求在碰到垃圾时将其捡起。我被告知，"即使总裁迈克尔·埃斯纳先生在，他也会做同样的事。"垃圾会被迅速地运送到地下的工作站，随后通过真空管道传输给处理厂。因此，宾客可以免于看到垃圾和闻到臭味。

宾客希望再次回到迪士尼世界的另一个原因，是演员的友好态度和悉心招待。迪士尼世界的梦想不仅是提供令宾客满意的服务，而且还要一如既往地提供超越宾客期望的服务。迪士尼世界是一个将宾客带到舞台上的地方，演员应当在舞台上扮演各自的角色，设法取悦宾客。在任何时候，演员必须注意到安全与清洁，同时穿合适的服装。就像在电影和舞台上一样，不完美（在这个案例中指的是街道上的垃圾、难闻的气味等）是不允许出现的。因此，任何任务，演员的任何一个动作，任何建筑，任何设备，任何事件，以及任何有趣的事物，都必须是令宾客满意的。为了达到这个目标，任何一个新演员，包括兼职工，都必须参加一个为期两天的适应性培训，以告知他们迪士尼的理念、公司的历史以及工作的细节。

演员包括全职人员、兼职人员和季节性人员，他们的工作内容大约有 1500 多种。每一项工作都有自己的工作描述和标准作业程序，在园区内工作的 3.7 万名员工都被要求遵守这些标准。假设企业没有这些标准，而每一个员工都以自己的方式来工作，那么管理层很快就会发现根本没有办法来管理企业和演员的行为，因此也就没法保证使宾客得到满意的服务。

每一位新演员都会遵循以下几项为宾客服务的准则：

- 与宾客眼神交流并微笑。
- 问候和欢迎每一位宾客。
- 寻找并接触宾客。

- 提供立即恢复的服务。
- 随时表现适当的肢体语言。
- 保留魔幻般的宾客体验。
- 感谢每一位宾客。

在入口处销售门票的演员被告知，他们的工作不仅是销售门票，还要与宾客进行沟通交流。作为迪士尼世界第一批接触到宾客的演员，他们要与宾客进行眼神交流，微笑着问候宾客。这些演员应该对每天应做的事了如指掌。

那些向小朋友销售气球的演员，要跪下来与他们交流，因为这样就能让自己的视线与小朋友的视线同等高度，同时使用肢体语言来表示友好和亲密。当发现有宾客拿着相机为其他宾客拍照时，演员要主动上前为这群宾客拍照。

从事环境维持的男女服务员也有他们的工作描述和标准作业程序。他们需要经常留意，其主要任务是像表演人员一样使宾客愉快，而清扫工作则是次要任务。为了避免不优雅的弯腰捡垃圾，这些演员使用长柄的灰斗和扫帚，或者是一个顶部有铲子的棍棒来捡垃圾并优雅地放入灰斗内。管理层必须为这些演员提供如何使用这类特殊工具的培训。通常宾客不会注意到从事环境维持的演员，因为他们能很自然地融入人群。

给演员们自主决定的权力

沃特·迪士尼会说，我们现在所做的每件事都是不完美的，因此我们必须不断地努力把工作做得更好；直到我们认为已经做到极致了，我们才会停止改进。当某项行为对于超越顾客期望有必要时，演员可自主地采取措施。

举个例子来说，当一对新人来到迪士尼旅馆时，作为接待员的演员注意到新娘感觉不舒服。那么当宾客一到他们的房间时，会马上有服务员把热鸡汤送到门口。演员有权力这么做，因为他们被赋予自主权。宾客对此举非常开心和感动，不久，他们就写了一封感谢信给管理层。

在迪士尼旅馆，当清理随身带小孩的宾客的房间时，一位负责环境维持的演员突发奇想将一群动物玩偶放在了桌上，看起来像是当小朋友离开时举行的聚会。可以想象，当小朋友回到房间时有多么惊奇了。

一眼可见的标准

每个演员在工作面试时，都会被提供一份名为《迪士尼形象》的小册子，其中规定了外表的重要性。在提供正式岗位之前，演员必须同意遵守小册子里对穿着和化妆的要求。《迪士尼形象》小册子里需要遵守的特别规定项目如下所列：

- 须后水、香水和除臭剂
- 服饰
- 头发颜色
- 别针和装饰品
- 墨镜
- 文身
- 发型
- 鬓、胡须和两鬓胡子
- 手指甲
- 珠宝
- 鞋袜
- 化妆品
- 裙子长度

小册子里一些有关可接受与不可接受的行为的例子：

- 两鬓胡须（专指男士）。两鬓胡须应该修理整洁，可允许依照脸部自然轮廓留到下耳垂。喇叭形和络腮胡是不被允许的。
- 珠宝（专指女士）。毕业戒指和结婚戒指、耳环和传统的商用手表是被允许的；项链、手镯和脚镯则是不被允许的。耳环必须是简单的，一对金色或银色的或者是与服饰相配的颜色。一边各戴一个是可接受的。耳环可以是夹式或穿刺式的，但必须戴在下耳垂，且直径不能超过一英寸。

手册也描述了演员主管对于已训练的演员违反规定时的处理措施。举个例子来说，手册里规定演员需要时常被提醒这些规定，且管理人员应该在私下对其进行辅导。

因为迪士尼人力资源开发方法的流行，迪士尼大学在迪士尼世界开办了专业的课程，能够使参与者在主题乐园的游玩中看到一些真实的例子，以及学到迪士尼世界有关人员管理、质量服务、领导力、创造力、定位和标准化等策略的第一手资料。

Alpargatas 的改善经验

Alpargatas 公司是阿根廷最大的纺织品和运动鞋制造商，同时还是美国耐克公司的合资伙伴。该公司运动鞋部门分别在 4 家工厂有不同的生产线，年销售额有 2 亿美元。图库曼工厂是专门用于生产耐克鞋的，每年产量可达 100 万双，同时也是一家实施改善活动的工厂。

该案例举例说明了改善的两个层面。第一，公司的改善团队在现场选择一个最严重的质量问题作为改善的焦点，然后在处理质量问题的同时也找到了降低成本的最好方法。第二，团队成员严格遵守改善顾问建议的八个步骤（也称为“改善事例”），发现这八个步骤能帮助他们达到目标。

“改善事例”（the kaizen story）为质量小组等形式的小团队提供了一个记录改善活动的标准形式，员工和管理者采用这种标准化的形式来记录现场的改善活动。“改善事例”包含以下几个步骤。

步骤 1：选择主题。该步骤解释了为什么选择一个特定的主题来改善。主题经常是按照管理政策来决定的，同时基于优先性、重要性、紧急性和环境经济性的考虑。

步骤 2：定义目标。

步骤 3：了解现况。在改善实施之前，改善团队成员必须先了解并检视当前的状况。其中一种方法是到现场并依照现场五原则来实施，另一个方法则是收集数据。

步骤 4：收集并分析数据，找到问题根源。

步骤 5：提出并实施改善对策并采取行动。

步骤 6：评价。

步骤 7：建立或修改标准，防止再发生。

步骤 8：回顾整个过程，并开始下一阶段的工作。

“改善事例”遵循 PDCA 循环。步骤 1 到步骤 5 属于计划，步骤 6 属于执行，步骤 7 属于检查，而步骤 8 属于处置。“改善事例”能帮助所有人运用数据分析来解决问题，并提高解决问题过程中的可视化程度。同时，它也为记录改善活动提供了途径。基于数据分析的“改善事例”，运用多种解决问题的工具，来帮助参与者理解改善过程。

Alpargatas 早在 1994 年 6 月就开始实施改善了，改善的试点团队由生产工程师、工业工程师和技术人员组成。两名操作工也被安排在团队中全面参与改善项目。该团队的改善目标是提高耐克鞋的产品质量，使之符合公司严格的质量标准。

该项目提出了两个挑战：第一，有许多手工艺的问题需要处理，因为鞋子的生产流程涉及很多手工操作。第二，需要消除员工的疑虑，因为过去许多失败的质量改善项目使员工产生了怀疑的态度。

公司要求改善团队在 3 个月内全身心地投入到改善项目中，每天正式碰面一次，根据工作需要，每天都有不定时的会议。改善顾问每周都有 3 天会在团队里，在前期负责引导和协调工作。几周以后，公司的改善协调者开始带领整个团队，而顾问则去指导团队使用“改善事例”和现场方法。在这 3 个月里，整个团队致力于解决两个主要问题：过量涂胶和后跟质量。该案例主要集中在后跟质量方面的改善。

步骤 1：选定主题——后跟的组装质量。后跟的质量是穿着质量的决定性因素之一。在最近的质量审查中，一位来自美国的制鞋顾问提出，后跟组装质量是最迫切需要解决的问题。为了达到希望的改善效果，改善团队选择第一分厂来做改善，该厂的主要工艺是切割、缝纫和背部成型。

步骤 2：目标定义（见表 CS-4）。

表 CS-4 目标定义

指 标	不合格率（%）		改进率（%）
	现状值	目标值	至 1994 年 7 月 18 日
组装边缘	37	7.5	80
鞋跟位置	19	4.0	80
鞋跟中心	27	5.5	80
平度	33	6.5	80
开口	54	11.0	80
后跟中心	23	5.0	80
颈部位置	47	9.5	80
背部成型出口处平均不合格率	34	7.9	80

步骤 3：现状调查（见图 CS-20）。

步骤 4：原因分析（见图 CS-20）。当开始分析时，试点团队里的一些成员预测到他们的工作最终会涉及其他部门的作业，如上游工序（缝纫、切割和后跟削磨），以及维护、产品研发和设计等。分析结果显示，用于粘接后跟和鞋跟的黏合剂会对鞋跟材质产生劣化影响，从而引起鞋跟与后跟粘接质量的不协调性。

步骤 5：改善措施（见表 CS-5）。

步骤 6：评价（见表 CS-6 和图 CS-22）。

- 为了实施新的方法，有时需要对操作员的位置做出修正，制作新的工作台，以及开发具有附加功能的装置和工具。
- 在项目进行的过程中，经常有人咨询该部门的主管，同时也是试点团队的成员。他参与了改善过程，进一步了解了学习曲线，并支持了改善的实施。
- 负责人也协助现场工作人员，与团队成员保持紧密沟通，使操作员能适应新的方法。
- 改善团队准备了指令表作为员工训练的基础。这为两个班次的操作工带来一致性。
- 在背部成型机上放置着一张包含调整点的检查表，而该设备是用于鞋后跟成型的。当发现偏差时，操作工能依据这张表来调整设备。

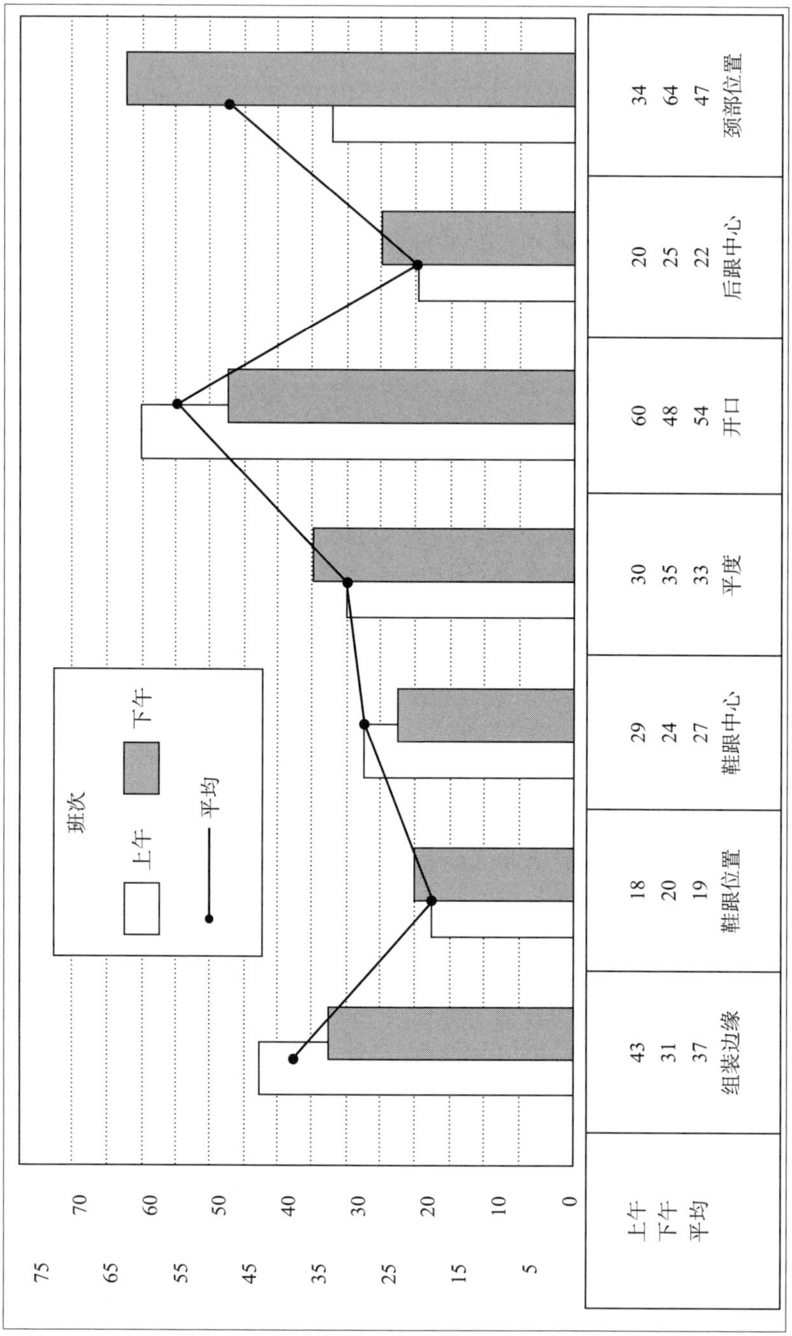

	组装边缘	鞋跟位置	鞋跟中心	平度	开口	后跟中心	颈部位置
上午	43	18	29	30	60	20	34
下午	31	20	24	35	48	25	64
平均	37	19	27	33	54	22	47

图 CS-20 现状调查

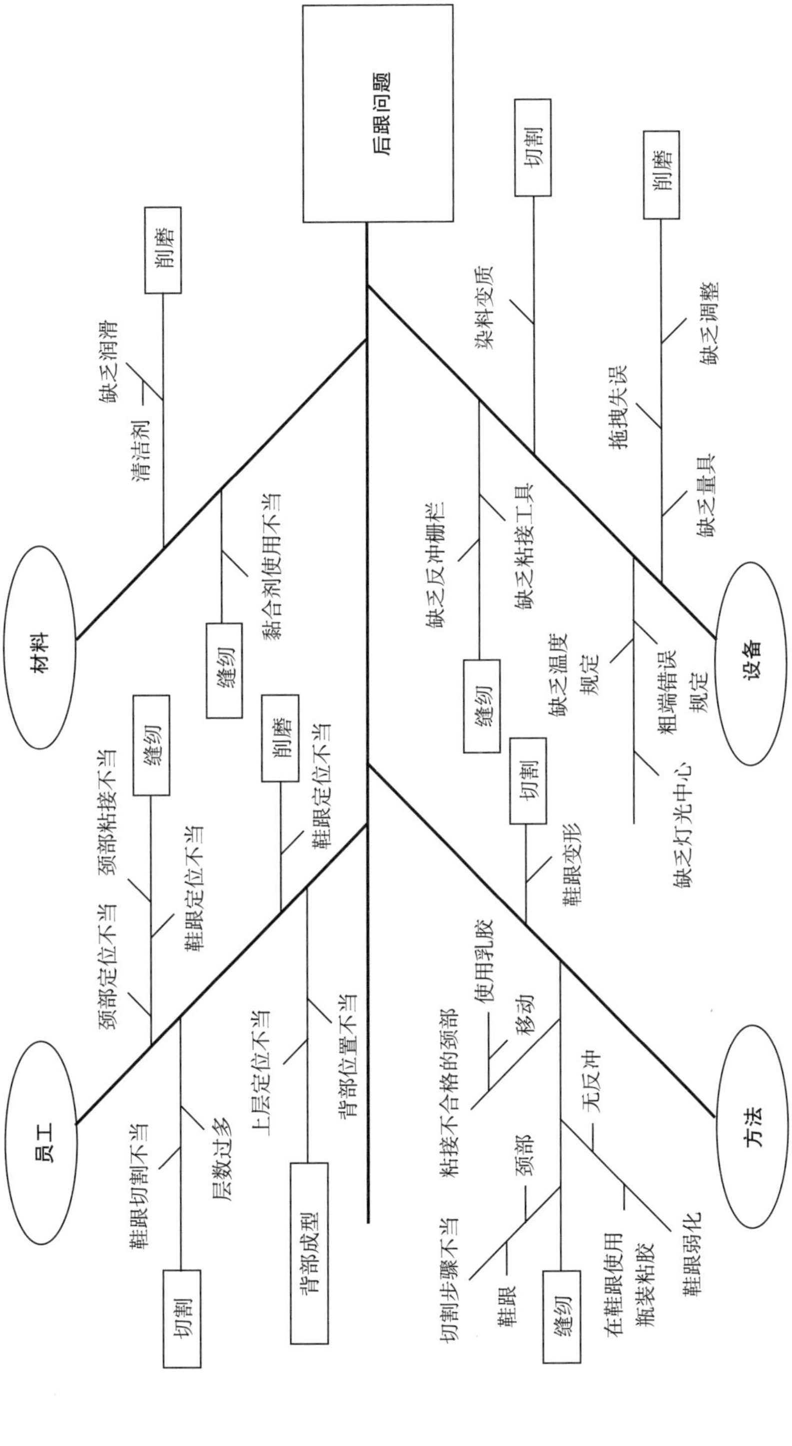
后跟问题
材料
员工
设备
方法
削磨
缺乏润滑
清洁剂
缝纫
黏合剂使用不当
缝纫
颈部粘接不当
颈部定位不当
鞋跟定位不当
削磨
鞋跟定位不当
上层定位不当
背部位置不当
背部成型
鞋跟切割不当
层数过多
切割
切割
染料变质
削磨
缺乏调整
拖拽失误
缺乏量具
缺乏反冲栅栏
缺乏粘接工具
缝纫
缺乏温度规定
粗端错误规定
缺乏灯光中心
切割
鞋跟变形
使用乳胶
移动
粘接不合格的颈部
无反冲
颈部
切割步骤不当
鞋跟
缝纫
在鞋跟使用瓶装粘胶
鞋跟弱化

图 CS-21　原因分析

表 CS-5 改善措施

问题	原因	措施
削磨不当	削磨器的拖拽力不足	确认尖锐度、速度与行程的关系，皮带张力
	没有测量削磨宽度的量具	确认原始量具
	缺乏清洁剂	建立最小库存水平
切割不当	重叠切割	操作控制——操作手册
	切割超过规定层数	操作控制——操作手册
	模具变形	调整模具高度 重新设计转角，不允许有锐角 改成锻造材料
鞋跟缝纫位置不当	未达到 6mm 标准	训练员工 开发标准量具
颈部位置不当	未达到 9mm 标准	训练员工 开发标准量具
鞋跟吹气不当	加热温度未达标准（最高 80℃）	使用合适的加热设备 停止使用额外的黏胶 活化鞋跟上的黏胶
颈部倒压时黏胶浪费	黏胶混合使用不当	确认合适的黏胶
后跟在背部成型机上的位置不当	后跟不在中心	放置中心定位灯
	在背部成型时接合不当	校准接头在 12 ～ 15mm 依标准调整中心面
后跟边界定义与后跟位置不当	缺乏温度校准	每班确认 3 次
	错误参考点	零件重新设计
	参考点使用错误	培训员工

表 CS-6 评价

指标	初始值	目标值	7 月份的值
组装边缘	37%	7.5%	7.6%
鞋跟位置	19%	4.0%	5.6%
鞋跟中心	27%	5.5%	2.0%
平度	33%	6.5%	4.0%
开口	54%	11.0%	9.5%
后跟中心	23%	5.0%	1.0%
颈部位置	47%	9.5%	8.1%
平均不合格率	34%	7.0%	5.4%

注：1994 年 7 月的平均值。

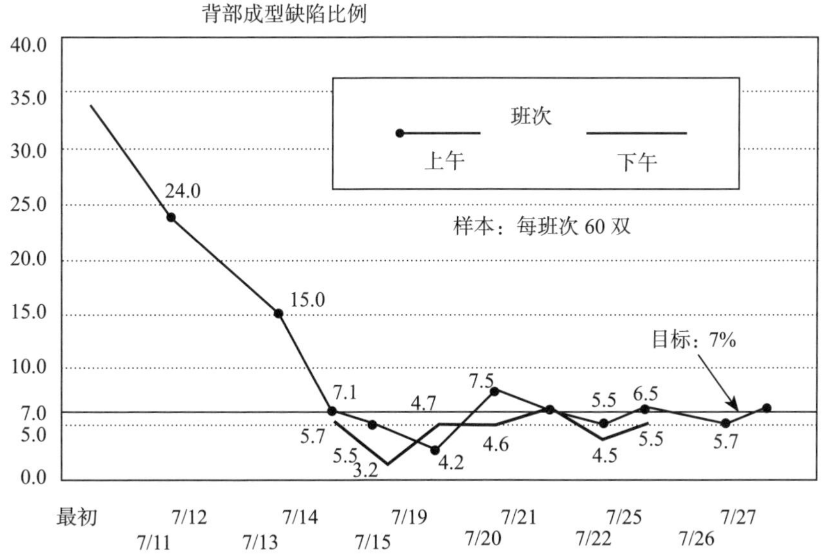

图 CS-22　评价

步骤 7：处理问题，防止再发生。改善团队对问题的指标制作了一张控制图，员工也准备了操作手册。随后，改善团队引入了产品质量和不合格品的检查表。而管理层将此标准扩展到其他相关部门。

步骤 8：后续跟进。将这些经验扩展到工厂的其他部门，并且接触其他的黏胶供应商。

总结与反思

改善团队成员有条不紊地遵循改善循环八个步骤，并发现这些步骤能帮助他们用正确的流程来解决问题。同时，团队成员也学习了鱼骨图和帕累托图等工具，这些能帮助他们以系统和有条理的方式来实施改善项目，并且帮助他们迅速地找到解决方案。此外，以下八个步骤能帮助他们发现未来改善的机会。

- 新的工作方法为后续改善项目铺平了道路：在颈部倒压工序时，实施及时生产形式的单件流生产。
- 该改善项目确定了许多额外的检查点。
- 团队成员发现，拥有数据会使管理者与操作工的交流更容易。

- 新的方法将黏合剂的浪费降到最低。
- 随着质量的提升，颈部倒压和鞋跟安装工序的生产能力也随之提升。
- 标准化操作员的作业，为执行作业提供了标准，有助于训练。
- 起初，外聘的制鞋顾问建议说，现在使用的背部成型机已经过时，不适宜使用。但这个改善项目的完成揭示出，该设备经过调整和维修后仍旧是可靠的。

节省

在试点领域的改善行为，每年给公司节省了 34 000 阿根廷比索。将此作业程序运用到其他后跟安装的部门时，预计每年可以节省总共 225 000 阿根廷比索。在当时，阿根廷比索与美元之间的汇率为 1∶1。

高层管理者的支持

该项目的成功很大程度上要归因于高层管理者的支持，主要体现在以下 3 个方面：

- 主持初期培训课程和会议。
- 参加改善团队工作会议，并参与细节方面的讨论。
- 参加团队工作完成时的正式陈述会，并鼓励其成员保持良好的成绩。

转变公司文化：向员工授权的Excel公司

Excel公司是一家向地面运输业提供产品的供应商，年销售额达6亿美元。Excel公司为众多整车制造商（OEM）供应部件，如重型卡车、公共交通和露营车辆。该公司是汽车OEM厂商的窗门系统的头号供应商。Excel运营着10家生产工厂，有大约4000名员工，其中21%的公司员工加入了工会。

此案例解决了如何为“现场改善之屋”建立一个坚实稳固的基础。它展现了Excel是怎样达成改变企业文化的任务的，其中的手段包括：弄清楚管理者与员工的角色差异；培训并向员工授权；建立各种基础设施来实施改善任务等。

面对改善的挑战

早在1992年3月，Excel在全球改善咨询集团美国分部的帮助下着手于改善流程。实施改善的动机显而易见。如果没有一个有纪律的流程来实现持续改善，Excel就会陷入危险，难以保持一个独立前进的经营实体的能力。在日益激烈的全球竞争环境下，为了满足顾客在质量、成本和交付上持续改善的需求，公司必须做出响应。

为了解决顾客需求，Excel在1993年3月成立了一个公司指导委员会。这个委员会是跨职能的，加入的成员包括：公司总裁、三个战略业务单位副总裁、人力资源部副总裁、运营部三个总经理、制造部总监、采购部总监以及价值管理部副总裁。

在经过一年的改善后，委员会在 15 次现场改善研讨会后看到了显著的成效，包括：生产率提高了 57%，在制品减少了 73%，制造周期缩短了 78%，占地面积减少了 44%。改善委员会意识到，现场研讨会释放了 Excel 员工的潜能。Excel 想找到一个方法，使得在研讨会期间通过参加现场小组所产生的潜能和热情，可以被转化到公司内部的日常生活中。而挑战是，如何使现场改善的文化制度化。委员会还希望确保，Excel 能长期地维持住改善流程。为确保这些，委员会计划使用公司和外部的改善咨询资源，来指导这个长期改善流程。

遵循着 PDCA 过程，Excel 打算以改善过程中富有经验的公司作为标杆学习的对象，以得到对这些公司是否获取了现场研讨会所激发的潜能和热情的深入理解。如果是的话，那他们是怎样做到的（见图 CS-23）。标杆管理研究揭示了维持改善关键的两个因素：管理层对重新规定责任的强力支持；授权给员工。在改善结果成功的公司里，管理者发现，改变公司文化非常必要，确切地说，就是从“自上而下驱动型”的文化转变到“支持型”的文化。

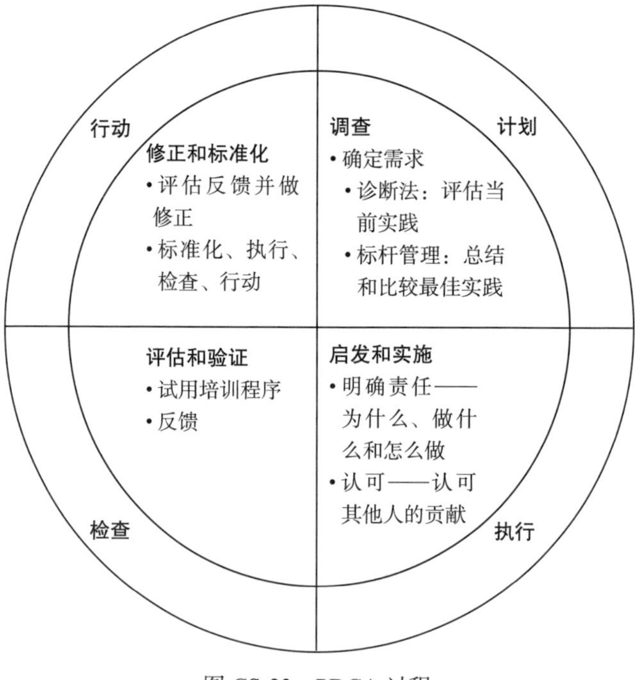

图 CS-23 PDCA 过程

Excel 的新挑战是，定义一个能帮助支持文化转变所必需的步骤或流程。通过重新规定公司的各个角色和责任，改善指导委员会解决了这个挑战（见图 CS-24）。改变公司文化的下一步是重新规定角色和责任。支持型流程将需要大量的培训和教育，来帮助管理者和其他员工更好地理解他们被重新规定的角色和责任。高层管理者需要认识到，为什么改变是必需的，并去引导这一改变。中层管理者需要明确，什么需要被改变，并支持文化上的这一改变。员工需要明确，改变应该怎样实施，并接受实施改变的责任。

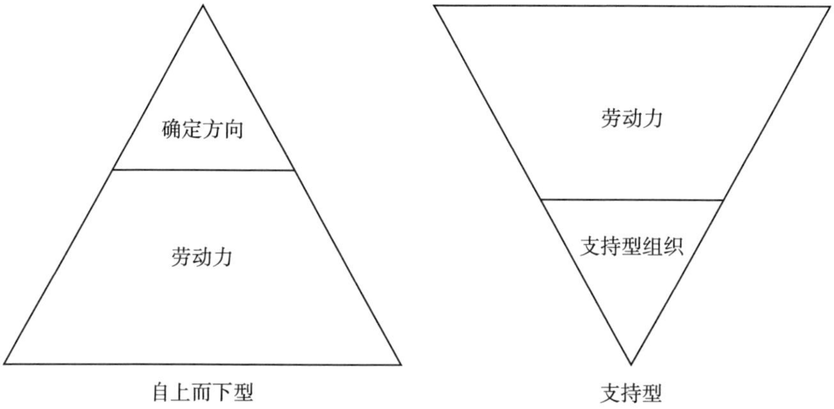

图 CS-24　改变公司文化的角色和责任

员工授权培训

Excel 从全球改善咨询集团美国分部和 Trinity Performance Systems 中聘请了一个专职的改善顾问团队，加上一个跨越多领域的 Excel 员工小组，来组成 Excel 2000 授权团队。它将来自各个领域的专家组织成了一个跨职能的授权团队，包括管理、设计、生产、质量和人力资源。要求 Excel 的 9 家工厂中，每一家里都有两个人参与进来。Excel 指导委员会小组成员被授权去设立一个培训目标（授权），制定接下来五年的授权培训的预算，设计一个培训课程体系，并作为材料规范格式及展示的顾问团。授权团队在接下去的 10 个月里每月碰面一次，每次会议持续 3 ～ 4 天。

Excel 知道，客户已经开始减少其供应商数量，并将在未来及的几年内还会继续减少。拥有1500家供应商的客户将只需要700家。所有的供应商使用诸如统计过程控制这样的工具，一些供应商还使用价值工程和改善，但很少有使用“员工授权”的。Excel打算在未来成为头号供应商，并且相信，授权可以使它实现这一愿景并得到竞争优势。

在各组织间，对员工授权的理解和定义不尽相同。在Excel，员工授权意味着每个人有权力和责任去改善他们自身的工作，前提是他们还是团队的一部分，有合适的数据，并遵循标准的改善流程。员工授权并不是参与性管理、共同决策制定、下推决策或“无所不为”的同义词。图CS-25显示了在Excel中授权的组成。

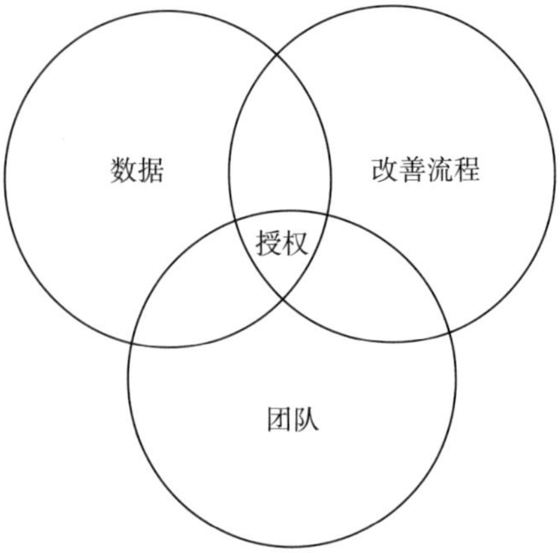

图CS-25　授权的组成部分

注：“授权”代表员工在团队中工作，用数据把事情按优先顺序排好，并指导贯穿整个改善流程的改善行动。

Excel 2000授权团队的使命是，为Excel工业公司配备一个教育系统，来向所有小组提供知识、技能和行为，以自愿接受他们标准过程的持续改善的权力和责任。Excel 2000授权团队开发了下面的培训模块来实现这一任务。

1. 团队启动（团队、管理人员和支持小组）
   （1）明确授权。
   （2）明确团队工作。
   （3）用数据说话。
2. 发起者（管理人员）
   （1）明确团队目标。
   （2）确定资源。
   （3）承诺支持团队。
3. 标准化工作团队——SDCA
   （1）将作业流程标准化。
   （2）规划出流程。

（3）培养团队。

4. 改善作业流程——PDCA

（1）明确附加价值。

（2）明确浪费。

（3）进行浪费巡视。

（4）引进数据收集工具。

（5）通过“用数据说话”确定流程改善。

此外，还设计有 9 个模块，来培训主管 / 教练去管理流程、培养员工和团队，以及集成系统等。

所有前述的培训促进了 Excel 内部向渐进式改善文化的转换。公司将通过建立团队，并授权他们标准化、改善、解决问题，以及在工作中创新，来实现文化转变，这样，结果就能更好地适应顾客的需求。SDCA/PDCA 过程以自然和跨职能的方式来培养这些团队。Excel 有一个完全承诺的和支持型的管理团队，并且这种支持和承诺是积极而不保守的。每个授权团队都配备了一个团队发起者。公司第一个这样的团队——Excel 2000 授权团队的发起者是一个工厂总经理。后来的团队是由工厂管理团队的成员发起的。发起者设立团队目标，分配并保证资源被应用于支持流程，指导团队教练和未来的发起者，并要说到做到。图 CS-26 描述了 Excel 中员工授权的过程。

额外培训的需要

正当 Excel 授权团队忙着为得到授权的生产车间工作团队开发培训材料的时候，另一个需求即用来支持改变公司文化的愿景的附加培训模块变得突出起来。而且团队发现，培训车间员工，第一线主管（教练）和管理人员只是整个过程的第一阶段。团队提出了一个三阶段方法，其中将包括整个 Excel 组织中的每个员工。团队认为，无论在生产现场还是公司总部，对支持功能的额外培训，将帮助集中所有员工的努力来支持被授权的车间工作单元，并更好地服务于 Excel 客户的需求。

授权过程的下一步是第二阶段：关于生产工厂支持功能的培训。这一培训将集中于培训这些功能性小组来支持授权团队。角色和责任将被明确。Excel 2000授权团队将为支持小组进行需求分析，明确差距并改进培训，以更好地支持车间授权小组并专注于顾客需求。第二阶段之后，第三阶段将从事关于公司支持功能的培训。

这一培训将专注于技术和管理团队，以支持被授权的制造工厂。

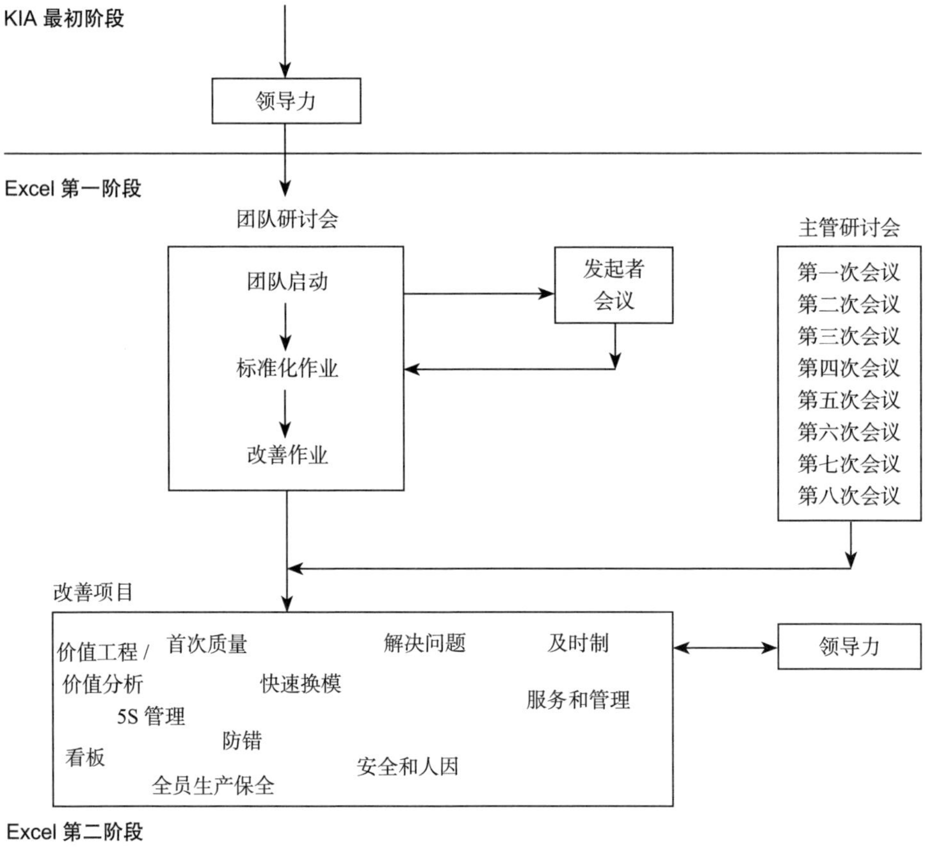

图 CS-26　授权员工的过程

行动和责任

Excel 的高层管理团队已经明确了为什么进行文化转变。全球竞争正向质量、成本和交付的持续改善施加更大的压力。如果不能满足客户的需求，将威胁到 Excel 作为一个独立实体的生存能力。

中层管理团队已经明确了在公司文化中什么需要改变。通过 Excel 2000 授权团队的努力，中层管理现在掌控着必要的流程、技术、工具和培训来释放和激发 Excel 员工的潜能。

Excel 的员工已经获得了定义如何实施改变和接受改变责任的能力。作为用数据工作并遵循标准化过程的团队的一分子，员工现在有权力和责任来改进自己的工作。

Excel 未来成功的关键，与高层管理、中层管理和所有员工之间的责任直接相关。高层管理的责任，将通过领导和支持这个流程的能力来评估。中层管理的责任，将通过教授流程和提供支持以建立信任的能力来评估。非管理员工的责任，将通过他们能实施改变和接受责任的程度来评估。

井上医院：医疗业服务质量改善

位于日本大阪的井上医院，是一家血液透析专科医院。该医院有22名医生和420名职工。血液透析住院部共有床位127张，门诊部有床位180张。这又是一个绝佳的案例，体现了数据收集如何对医院服务的改善起到至关重要的作用。

质量分析工具：惊吓报告

1985年，医院领导井上隆博士学习了在制造业广泛应用的惊吓报告。惊吓报告制度要求每当作业人员在现场发现任何对产品质量构成潜在危险的因素时，就必须提交一份“惊吓报告”，然后公司会根据这份报告实施改善。由于医院无法提前预知所有突发事故，所以井上隆十分重视收集惊吓报告上的信息来避免实际事故的发生。

通常，惊吓是由前一任务有关人员的粗心处理导致的，因此惊吓报告相当于指出了同事的错误。井上医院推行此项制度的目的，在于让每位医院职工谨记要确保顾客（患者）的安全，而非指责那些犯错的员工。在引入惊吓报告制度的时候，井上隆博士反复跟大家强调，确保医院的服务质量得到改善是医院的主要目标，并且为了实现这个目标，每个职工都要坦诚地面对错误。否则，达到改进的目标就毫无希望了。

医院职工还学习了海因里希安全法则。海因里希发现，每发生 330 个工业事故，其中 300 个事故并没有导致实际损失，29 个事故引起轻微损坏，只有一件是引起严重后果的事故（见图 CS-27）。海因里希认为，为了避免那一起严重的事故发生，轻微事故和没有引起损失的事故都要尽量避免。

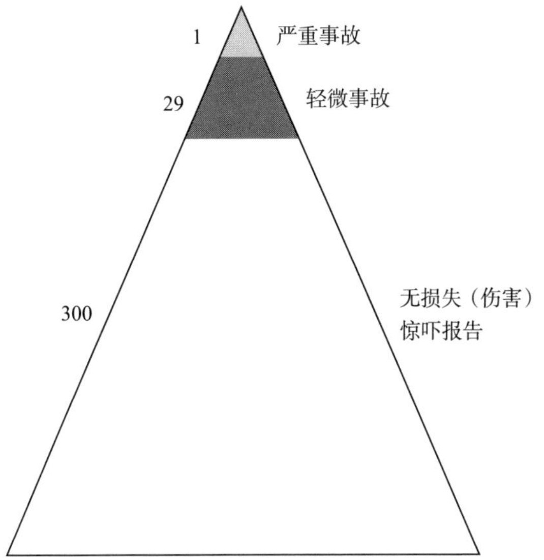

图 CS-27　海因里希安全法则的说明

井上医院根据海因里希模型对惊吓报告进行分类，并且制定了一些标准。在下列情况下，编写惊吓报告是必要的：

（1）混入空气。若透析的过程中空气进入患者的身体。

（2）出血。若出血量超过 10 毫升。

（3）血凝。若必须更换透析器的电路。

（4）泄漏。若任何医疗器具发生破裂。

（5）服用或注射了错误的药物。若患者服用错误或注射了错误的药物，即使没有引起伤害。

（6）拔针头错误。若针头从身体中完全拔出，即使没有导致出血。

（7）电路故障。若透析器需要更换。

（8）排水。若排水量比规定的量多或少 500g，或者排放时间超出预期时间

30 分钟以上。

医院规定，医护人员每天都要提交惊吓报告，这种做法极大地加强了护士和护理人员的安全意识。一开始，造成惊吓事故的人会问："这是谁写的报告？"有时医生自己也会听到这样的话。但随着时间的推移，医院职工已经把惊吓报告作为日常工作的一部分，以及一种审视和改进日常工作流程的方法。惊吓报告中所提及的大多数问题是因未能遵循正确的步骤而产生的，因此惊吓报告同样有助于员工审视自己的工作流程。

例如，有一次一名护士准备给患者注射止血剂，患者说："我不经常打针的。"护士检查记录后发现这位患者所说的是正确的。导致惊吓事故的原因是，这位护士第一次看护这位患者，但她并没有从之前照顾这位患者的护士那里得到任何关于这位患者的信息。通常，错误地注射止血剂并不会造成严重的后果，但是在井上医院，这会被视为事故。如果被定义为事故，那就必须要提交一份惊吓报告，同时必须想出一个防止该事故再发生的方法。

每天医务工作人员会在护士站收集报告，并将它们提交给医院的管理层。每个月，管理人员会对收到的报告进行总结，然后给员工发一份"本月业务质量小结"。每个科室应根据本月下发的业务总结报告实施相应的改进策略，并且上报备案。如果改进方案很复杂，并且实施起来需要较长的时间，那么就会被纳入医院的质量小组体系，并由多科室通力协作，以实现改善。

医院收到的其他惊吓报告案例包括：

- 在透析的初期，发现动脉室（artery chamber）是空的。这是因透析机启动失败而造成的。
- 没有启动出血开关（the heparin switch），这个问题是在第二次检查的时候发现的。幸运的是，没有造成血凝事故。
- 透析后拔出针头时的顺序不正确，发生了轻微的出血状况。
- 连续注射的操作方法制定错误，但在发现错误时，该注射方法还未被实际采用。

表 CS-7 展示了医院透析问题的发生率。

表 CS-7 医院透析问题的发生率

年份	疗程数	排水错误数	血凝	
			事故数	出血数
1991	63 522	88(0.14%)	21(0.03%)	27(0.04%)
1992	72 082	109(0.15%)	55(0.08%)	34(0.05%)
1993	73 240	147(0.20%)	75(0.10%)	14(0.02%)
1994	71 792	105(0.15%)	49(0.07%)	17(0.02%)

1993 年，医院总共收到 839 份惊吓报告（见表 CS-8）。

表 CS-8 惊吓报告各类别所占比例

用药或注射错误	41%
排水	23%
血凝	17%
混入空气	10%
出血	9%

质量小组

在井上医院的改善活动的另一个特点是在 1983 年开始实施的质量小组体系。表 CS-9 展示了质量小组的数量是如何随着年份增长的。

表 CS-9 质量小组的变化情况

年份	质量小组数量	涉及员工数量
1983	10	127
1985	18	132
1990	23	282
1995	41	429

质量小组主要解决的问题类型从多到少依次为质量、效率、安全和成本。从第一个质量小组建立开始，医院迄今已完成了 189 个改善项目。

医院的质量小组还解决了其他改进项目：

- 改进了临床诊断的体制。
- 改进血泵的故障安全开关以便更精准地捕捉透析装置中的异常。
- 减少剂量误差。
- 减少透析的等待时间。

- 减少开关空气检测设备时发生的错误。
- 优化药品库存数量。
- 减少 X– 射线薄膜损耗。
- 减少提供饮食过程中所发生的错误。

为了评估医院的改善效果，管理人员通常努力从以下渠道获得反馈信息：

- 患者的要求。
- 患者出院时的评价。
- 第三方监督。
- 应对事故的对策。
- 涉及死亡的案例。
- 特殊患者的症状。
- 患者直接发给院领导的信件。

医院鼓励其职工从患者的角度去体验医疗过程。1994 年，16 名护士体验了血液透析，一个行政人员使用了轮椅，两位秘书服用了泻剂，一名员工体验了胃镜检查。以下评论来自当时体验了上述经历的员工。

- 护士 A："我作为一名患者做了血液透析治疗。我预料到了针头插到血管中的疼痛感。但最难受的是 3.5 个小时一直伸着胳膊，这令肩膀和肘部的肌肉非常疼痛。我不能使用我的右手，这可不像躺在床上喝着茶吃着午餐那样自在。"
- 护士 B："我是右撇子，由于针扎在了我的右手上，我不得不用左手吃饭。我没办法吃中餐，只能吃饭团，这使我非常饥饿。我殷切希望，护士能够在注射时动作轻些，并尽量不要给病人造成痛苦。当我作为一名护士时，如果听到其他人说这样的话，通常我会感到沮丧，因为我已经尽力做到最好了。"
- 护士 C："当我躺在床上，我觉得非常不舒服。我觉得患者跟我的感受是一样的。当护士走过来对我说，'你还好吗？'我觉得我的痛苦仿佛减轻了。当你不再是护士而是一位患者时，你会觉得非常虚弱。无力地躺在床上时，看床边的任何人都会觉得他很高大，医生看起来都很健康！这跟你当护士的感觉是完全不同的。躺在床上看每个人都觉得他们很健康。所以我们与患者的谈话方式不能让他们以为在轻视他们。”

- 护士 D：“即使患者知道护士的服务很热情，他们似乎也不太愿意麻烦护士。如果我们能预料到患者的需求，并且主动到患者身边，这样会好点。我觉得，他们不应该顾虑要不要麻烦我们，另外，我们也应该主动去为他们服务。”
- 行政人员：“我已经体验了坐在轮椅上的感觉。我发现电梯的按钮太高，不方便去按。我们从来没有收到患者关于这个问题的反馈信息，当患者进不了电梯时，他们会请别人帮忙，而不是告知医护人员。”

除了体验患者经历得到第一手资料，医院还鼓励员工体验他们本职工作以外的工作。这能帮助他们更好地理解其他科室的日常工作，从而帮助他们加强多科室之间的团队合作。

利兰卡车公司的改善之旅

利兰卡车公司是英国主要的商用车辆制造商，该公司设计、开发和生产的各种民用和军用的卡车被销往全球各地。该公司成立于1993年，当时公司管理层从DAF BV买断了位于英国兰开夏郡的利兰装配厂的资产及相关业务。1998年，利兰卡车被PACCAR收购，而PACCAR之前在1996年收购了DAF卡车公司，因此将两家公司进行了重组。PACCAR生产方式的不断改善将成为公司追求卓越的重要推动力量。

总经理约翰·奥利弗在DAF BV破产前就加入了利兰卡车，他不仅参与了管理层收购(management buyout，MBO)利兰的过程，更带领公司通过改善来将公司的生产方式塑造成一个全新的精益生产方式，并因此获益良多，包括其实现了在所有欧洲卡车制造商中的最低成本。1995年，奥利弗在给我的报告中生动地描绘了利兰的经历：

20世纪80年代，我们在技术方面投资了大笔费用却毫无收效。而现在，我们开始强调员工奉献、团队合作、精简机构以及有效沟通。

最有效的成本压缩计划在计划开始时不会刻意削减成本本身，这是我们过去五年中学习到的经验。我们经常发现质量改善措施，不管是生产过程、产品或是作业的质量改善，都会产生非常可观的经济利益。越是忽视削减成本，最终却越能

节省成本，这句话也许有些武断，但很多时候事实确实如此。

就像前面的Excel案例那样，这个案例的重点是研究如何为“现场改善之屋”建立良好而牢固的基础，但是利兰使用了另一个方法。利兰的管理层将重点放在如何提高公司面对市场变化的适应性，减少管理结构层次，提高系统效率，以及引入新的措施以改变公司文化。

组织结构性改变

为了开始利兰卡车的改善过程，奥利弗启动了三个主要的公司组织结构的改变：引入业务单元；组织扁平化（削减过多的层级）；建立有效的系统（提高系统和流程效率）。

业务单元

1989年，约翰·奥利弗在利兰装配厂开始担任运营总监。当时，他发现员工士气很低落，大家对于利兰DAF的态度只能用“勉强接受”来形容。

奥利弗和其他经理下定决心要改善工作环境。有种观点认为，提高员工的工作满意度，就能提高员工的自尊，从而能使员工与公司更亲近。管理层认识到，改善工作环境的关键是建造符合员工工作需要的设施，而不是优化个人工作或任务的分配。“我们传统的管理等级制度和企业运作模式过于冗长，过于迟钝，过于缺乏人情味，过于官僚化，以致不能满足员工的需求，”奥利弗说，“如果我们真想改变，那么我们需要找到一个新的模式。”

最终，管理层想到业务单元的概念，业务单元是一个由代表不同职能的员工（包括工业工程师、计划员、质量技术人员、物流专员等）所组成的联络小组。业务单元的成员会在车间里，在生产线边工作，这样就能与车间一线员工进行直接而频繁的交流。业务单元成员（见图CS-28）将接受包括建立团队协作在内的人际交往培训，其目标是达到“管理法则101条”的要求。这些努力的结果就是，产品上的缺陷数从1986年的平均每辆车28个降到了1995年的4个。

“我坚信，如果我们当时以刻意降低成本的目的开始改善，肯定会失败，”奥利弗说，“对生产过程质量的执着追求，以及加强员工对公司的亲密感，使我们在改善之路上少走许多弯路。”

组织扁平化

传统管理结构为创建一个执行力强的组织造成种种困难。然而，任何一个向扁平化变革的组织都会对现状构成极大的挑战。没有一个组织不会抵触大的变革，因此永远没有一个“恰当的”时机来让组织从容做出改变。尽管如此，管理层意识到必须抛弃传统的多层组织结构。

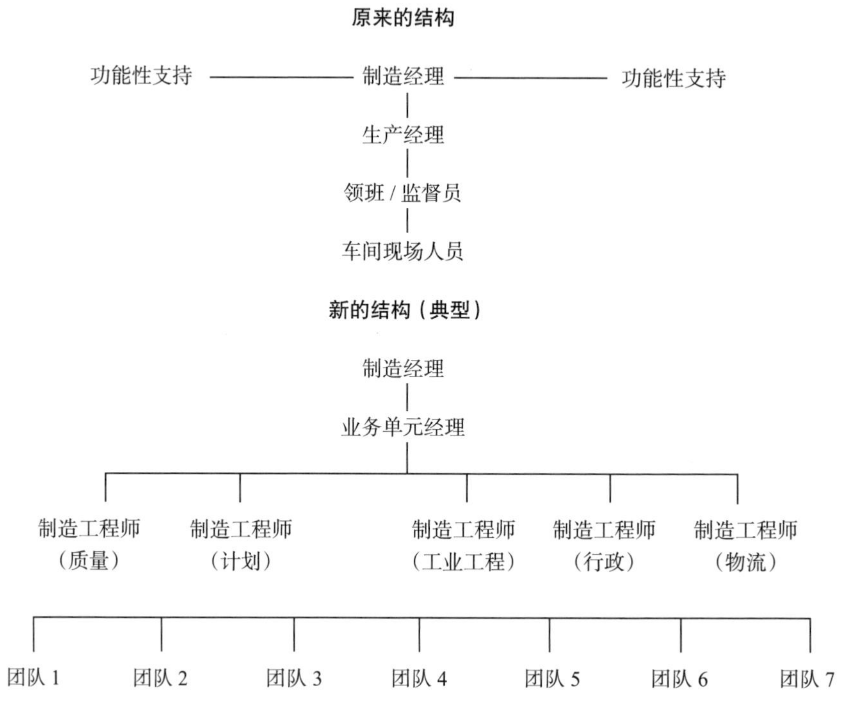

图 CS-28　利兰公司组织结构图

奥利弗说：“结果表明付出是值得的。在过去的两年，42% 的高层和中层管理位置被裁减。挣脱了过去森严的等级制度的束缚，作业团队的附加价值提高了 30% ～ 50%。员工个人影响范围的扩大——经理最初对此十分惧怕与抗拒，迅速提升了员工的自信、自尊和工作满意度。过去 20 年来一直日复一日做着同一件事的员工，终于体验到了精神重新焕发的感觉。”

建立有效的系统

管理层的第三项组织变革提高了系统和流程的效率。在这个方面，奥利弗的观察结果如下。

对更换和更新工具进行记录。当工具在流水线上损坏时，作业人员会请求其主管填写一个工具更换单。这个更换单会被送到仓库，凭此取得新的工具。这个过程的问题是，作业人员不总能找到主管。这可能引起下列问题：作业人员的工作没有按时完成；工具被共用；工具失窃。在有些情况下，作业人员会请求额外的备用工具，以保证他们不会遭遇这种尴尬。

结果是，每个人都得备用一个装满工具的箱子。更麻烦的是，当工具预算超支时，经理不得不在所有的更换单上签字。当然，这会造成更多的尴尬，因为如果找现场主管都有困难，就可以想象，找经理就更难。

这成为最先下放权力的地方之一。下面的故事让我们意识到了这种尴尬。

有一天我们刚从会议室走出，有一个作业员就找到我，并要求我在更换单上签字。我从他手中拿过更换单，看了一下他要的工具，当我签字时，提到这个工具花了公司10英镑。他非常理直气壮地回答我：“你搞错了，这个工具花了你19英镑。”我问他为什么，他说：“因为我花了1.5个小时找你，而每个小时就要花费6英镑。此外，我还不能按期完成我的任务。”这给了我们充分的理由来下放权力。

一个叫作“系统有效性”的改善行动，解决了管理过程透明性的问题。这次的改善目标也没有包括降低成本，但是对质量提出了一些要求。为了提高员工的参与度，我们首先组建了一个由作业员本身组成的自查团队。在5天里，该小组坚持写日记，描述每天做的事。参与者及其同事分析这些信息，以区分具有附加价值的作业活动和由于系统其他部分没合乎要求导致的活动。对于自我评估的新奇感，以及分析的挑战，大家都感到非常兴奋。

我们对于这次活动的期望并不过分——我们希望有一个更透明的管理体制，

我们想要挑战现状。我们最终超额完成了所有目标。30% 平时办公的文书工作消失了，与此同时，有关会议、议程、会议记录和报告的主持和各种名目繁多的文件也都跟着不见了，这些繁杂的文件只会扰乱我们的日常工作，没有任何价值可言。简言之，又是一个虽然没有刻意追求成本下降，却通过作业规模精简使得成本减少的例子。

我们开始的时候，目标是改善管理权限的分配、作业系统简化、信息透明性和可用性以及更高的客户满意度等。但是最终的绩效分析表明，在日常作业的常规费用上每年节省了 100 万英镑——节省的比率达到惊人的 83%。

改变文化

在日本有这么一种说法：如果雕刻佛像的人并不虔诚，那么这个佛像也就毫无价值。即使在利兰引入了业务单元、扁平化和系统有效性这些概念之后，管理层发现这些措施还是不足以将公司变成他们想要的样子。需要通过更多努力让员工参与进来，并赋予他们权力。这些努力被命名为“减小差距”工程开始为人所知。奥利弗说：

由不同职能和等级的工作人员组成的代表小组，解决了一些长期存在并且令人烦恼的问题。对国际主要竞争对手的访问，向代表展示了工作实践的行业标杆。

所有这些都是在上述的活动进行时同步发生的。另外，一个介绍单元式作业的小实验吸引了积极而广泛的关注。作业区域的管理者召集作业员，使其参加到从工厂布局到工艺流程设计的工作中。这背离了先前的实践，并引起了一些人员的注意，譬如那些参与成本降低工作的人员。

实验的结果令人吃惊：质量水平显著提高；不同工作区域之间来回走动的时间缩减了 80%；库存跌到了前所未有的低点；效率显著提高；与此同时，缺勤率从之前较高的 8% 降到了 2% 以下。

我们意识到这种改革力量，如果在公司里得以更好地发展，就会真的改变公司的文化。问题是，要怎么样做？不幸的是，甚至在业务单元、单元生产和组织扁平化等项目成功实施了18个月之后，我们都还没有达到赢得多数员工支持的基本要求。虽然一些作业质量提高了，但是仍不够根除工作中的不信任及怀疑。我们需要一些力量使全体员工团结一心，相互依赖，相互扶持。

调动员工积极性

意识到上述这一点，约翰·奥利弗打算鼓励员工主动改变公司。

在当地顾问的帮助下，我们给每个员工机会来表达自己的真实想法与顾虑，并将其制度化。提高员工主动积极性的主要好处是：

- 自主地表达意见或观点——关键字是“自主”。
- 可量化的结论指出了改进工作的重点。
- 组成具有代表性的样本，使得所有的作业团队都能参与进来。
- 来自独立顾问的反馈可以避免偏见与局限性。
- 但最重要的是，员工对提出问题和得出结论都有话语权，这很重要，因为他们知道那是他们的集体意见。

通过这个过程，我们尝试说服大多数员工，改变是不可避免的；说明这些改变是互惠互利的；使员工拥有对改变作业流程的话语权。

为了达到上述目的，改善小组设计了下列六个阶段性工作。

- 阶段一：在改善计划的展示和交流过程中，有必要让工会参与进来。
- 阶段二：通过深入的实地探访和小组讨论来明确改进需要。
- 阶段三：明确优先权和满意度。这个阶段包括要求员工想象自己在理想环境中的理想工作，明确4550个改进需求，并且按照他们的愿望对这些需求进行排名。
- 阶段四：分析。最终成果是画一个需求、优先权以及各个功能和部门的满意度的等级图。
- 阶段五：将数据反馈给改进小组。
- 阶段六：诊断。将不同的工作小组汇总在一个解决问题的模式之下。

过去，标准态度调查经常将一些由管理层设定的问题强加于员工身上，对如何设定却秘而不宣。而在现在这个过程中，如何调动主动性、明确需要、定义优先权以及不满意度等，都由员工自己负责，这样员工才是改善作业真正的主宰者。

对出色的工作表达认可

对员工的工作表达认可的第一步是听取他们的意见。而由于设计得过度复杂，过于官僚化，以及笼统粗糙，已经使之前的员工提案建议计划付诸东流。很显然，我们需要一个新的方法。就像约翰·奥利弗写的那样：

从头脑风暴的实践可以得出如此结论，就是员工提案建议活动背后的主要目的，是为了鼓励人们给出建议！这种观点并不荒唐。它教导我们，成功应该由员工积极、有建设性和有想象力地为公司思考的次数来衡量，而不是这些建议是如何成功地拯救公司。

我们创立了“再小也重要”的计划，每个给出建议并正式提交的员工会得到一枚价值1英镑的代金券，可用于全国连锁店。不管他们的建议可节省1便士还是10万英镑，只要它具有建设性，员工都会得到一个写有“谢谢”的代金券。

“再小也重要”计划从此开始蓬勃发展，并无须外部干预。计划实施过程中禁止财务往来，以确保对于之前的模型的争议不会再现。这对于传统标准和英国现有的改善实践来说，又迈进了一大步。

“再小也重要”计划的参与者范围进一步扩大，同时它也考验了经理主管与员工在日常工作中的关系。公司采用没有人情味和任务为先的管理理念已经多年，而现在，我们需要一个考虑更全面的管理模式，来凸显工作中员工关于人性化方面的需求。经理必须要在每个班次开始时问候员工，要称呼名字，彻底了解每位员工，而不仅仅是他的工作能力。要改变这些长期以来的习惯，并且以全新的角度来对待员工，管理者仅凭自身很难做到上述要求，他们需要帮助。

于是，“非正式个人认可标志”制度被建立。对每100名在成本中心或管理区域工作的员工，经理会得到25份标志，被用来分发给在接下来的一年中工作出色的人员，不管这份出色是持续的还是偶然的。第二年，标志变成了一个相当漂亮的金属卷尺措施。这项金属卷尺措施在工作激励方面取得了明显的效果，以往员工都担心被挑出工作中的错误，而现在，工做出色会成为一项荣誉，这显然在管理制度上迈进了一步。第三年，标志是一个巨大的压花运动包。它的大小很重要，因为它提高了认可过程的可见性。认可过程变成一个舒服的、可接受的日常生活的一部分。第四年，标志变成了一件公司的T恤。任何人想要占有这件衣服的唯一方法，就是凭借出色的表现脱颖而出。穿着公司的T恤是一种自豪的象征。

我们推动认可制度的主要动力，是对团队贡献的感恩。每3个月，公司就会进行团队季度积极提名奖的评选。我们又再次注意到，要避免认可与经济奖励挂钩。我们有足够的经验得出，刻意追求经济奖励只能贬低改善的价值。虽然被表扬的团队只收到一个简洁的证书以表扬他们的努力，然而大家都能体会到获奖者的自豪之情。我们会召开一个非正式但公开的典礼，以在形式上认可他们的贡献。获胜的团队将在一个很大的徽章上印上自己的名字。这是一个令人心里倍感舒适的过程，现在已经被植入到我们的企业文化中。

团队合作

奥利弗说，团队合作在利兰从一开始就是一种生活方式：

当我们在1989年开始改善时，我们心中有一家理想公司，这家公司的企业精神以团队合作的理念为基础。这种团队合作可以是单一功能的或多功能的，正式的或非正式的，横向的、纵向的或横纵混合式的。真正重要的是合作精神以及把团队当作工作核心的意愿。

大家开始积极参与。自主工作小组和他们的主要同事的工作进入正轨，展示了前所未见的效率。经过适当的支持、培训和帮助，多职能工作小组经常交出引人注目的成果，这些成果不受官僚体制和高层管理者的干预。特别团队经常活跃在工作一线，并且运用能够克服工作障碍的组织模式来处理问题。

员工参与和改善值得讨论，值得鼓励，而顺利执行才是真正严峻的考验。团队合作制是用来实践我们宣扬的精神的理想手段。

旅程开始

奥利弗这样总结他的评论：

上述的内容仅仅描述了一些为了促进员工参与而设计的方法。然而，我相信最重要的任务是持续攻坚克难，坚持引入新的思想以维持改善动力。利兰的改善之路才刚刚开始。

Matarazzo：压缩物流时间

Matarazzo 公司是阿根廷 Bunge & Born 集团的一员，该公司主要生产新鲜和干燥的通心粉以及其他种类的产品。成品会被送到集团所属的距离工厂 5 公里远的配送中心。本案例旨在说明如何通过资料搜集、现场运作观察和一些常识性方法来解决问题，以实现物流管理水平的大幅度提高。

该公司在实施改善之前，产品的运送通常在早上 6 时到下午 6 时之间。每趟运送时间（包括在工厂装货、在途运输、在配销中心卸货和返回工厂在内）平均约 3 个小时。运输队伍由 6 或 7 部卡车组成，每天运送 10 ～ 14 趟。更有甚者，运送人员还需要在周六加班，因为他们无法按时完成周一到周五所要求的运送量。

在装卸货时，司机常常要站在产品包装箱上，盖上或揭下帆布，由此，常常致使产品遭受损坏。另一大作业瓶颈是卡车必须过磅 4 次——工厂 2 次、配销中心 2 次（空车和满载各 1 次）。为了消除诸如此类的低效物流，并优化整个作业流程，他们成立了一个改善小组。

改善项目开始 6 个月后，该公司发现只需要 2 部卡车和 4 ～ 6 部拖车就能够完成原先的工作量。而且日工作时间减少了 7 ～ 11 个小时，每部卡车的作业时间减少了 22 分钟（改善 88%），并且每次装载成本减少了 35%。

该公司是通过下列的改善活动，才达成了这些成果。

- 优化了新的作业流程或作业方法。卡车在工厂里将一个装载好的拖车拖运到配销中心，并将此车留在配销中心（准备卸货），另将一个空的拖车拖回工厂，并将空拖车留下（准备装货），卡车司机又拖了一个装载好的拖车返回配销中心。
- 配销中心指定了两个卸货点供公司专用。
- 拖车加装了结构式的顶棚和活动式的帘幕，这样司机就不需要踩到产品上去了。
- 新装了一块标示板，以显示各卡车及拖车的重量，并包含了可能的搭配情况，这样装载重量只要过一次磅即可，比过去的每地过两次磅省事得多。

这些改善所节省的时间，使得每位司机由过去的每日运送 1 趟，增加到每日可运送 5 趟，而且员工也不需要在周六加班了。

下一步：在供应商方面的改善

在新作业程序采用后不久，来自物流和生产部门的员工组成了一个改善小组，该小组还包括各部门的质量控制与生产人员。改善的题目选定为：缩短供应商提前期。由于工厂收货工作的准备不是很到位，造成装卸货区长年阻塞，以致作业时间平均为 3.5 个小时。改善小组决定将此时间减低至 2 个小时以下。为达到此目标，改善小组主要从事了以下诸项工作：

- 制定一个供应商物资的收货时间排程，以消除瓶颈，并且能更有效地分派相关支持人员的工作。
- 就如何改善交运时间的安排向供应商提供专业建议。
- 依据业务需求，将供应商区分为紧要的和非紧要的两类，并设定优先级别。
- 设定卸货时间的目标，如果厂商能达到此目标，则对此供应商给予即时的服务回应。
- 监控每一项工作所耗用的时间，以及供应商花在厂内和厂外的时间。

项目实施6个月后，举行了18次小组会议，供应商的服务时间下降到平均70分钟。受此成就的鼓舞，小组又设定了新目标：将服务时间降到1个小时以内。

为了加强合作，公司内的多个部门，就对每件事情所需耗费的时间做了一份报告（包括供应商到达时刻、在厂外等待的时间、卸货时间、从工厂离开的时间）。供应商也很乐意收到这些资料，因为他们可以据此更精准地控制其运输，特别是对那些外包货运服务。这些资料，同时也鼓励供应商遵守事先制定的运输排程表。

2个月过后，供应商服务时间已降到了45分钟。当第二阶段目标达成后，小组开始全力去做标准化工作，并搜集资料以期稳定、控制和维持已达到的目标值。最后，为使所有的资料都可以交叉查核，并取代人工搜集资料，该小组开发出了一套数据库应用程序。该应用能够使员工立即获取诸多信息，如已完成的工作事项、按输入及供应商类别的分类信息、服务时间查询以及不同规划项目间的比较等。该数据库也允许小组依据需求做出各种不同的报表、汇总表和图表等。

Sunclipse 的浪费

坐落在加利福尼亚州商业城的 Sunclipse 公司，主要从事工业包装和瓦楞装运箱的销售和配送业务。公司总裁基尼·谢尔顿说："我们不是高科技行业，却是高活力行业。由于只需要较少的资金投入，任何一个与客户有良好关系的人，只要一张桌子和一部电话，就可以进入配送行业。他们甚至不需要拥有卡车来运送产品，只要去租用就行了，最近又有一家中国台湾企业进入到我们这个行业。这就是为什么相对于其他企业，我们需要更努力工作、更智慧地思考和更要使顾客满意的原因。"这个案例介绍了 Sunclipse 如何引入不同的方法，包括消除浪费，来提升企业的竞争力。

同事的参与

在过去几年里，公司引入了多种改善活动，吸引同事参与。Sunclipse 更喜欢用"同事"这个词来代替雇员，因为雇员隐含着劳资关系的对抗含义。在 Sunclipse，为使同事参与改善活动，有两个主要的工具。其中一个是改善机会表（见图 CS-29），同事可以在这个表上填写任何有关改善的想法，然后提交给自己的主管。如果主管无法解决这个问题，则需将这个问题送交给问题解决小组。另一个需要同事参与的是顾客满意度调查表，同样，同事也可以在表上填写顾客的任何抱怨和建议（见图 CS-30）。

改善机会表

日期：________ 记录者：________

以下情况是我想第一次就把工作做好时遇到的困难：

____
____
____
____
____
____
____
____
____
____
____
____

可选填

已经做了哪些：________
____
____
____
____
____

还可能做哪些：________
____
____
____
____
____

编号 #：________

图 CS-29 改善机会表

编号 #: ______________

顾客满意度调查表

日期: ______________

顾客: ______________________________

地址: ______________________________

电话: ______________ 客户号 #: ______________

联系人: ______________ 销售代表 #: ______________

客户投诉原因:

□交货慢	□质量不符	□价格不符
□退货	□税金和转售	□规格不符
□存货期太长	□产品不符	□未跟踪服务
□报价 / 询问未回复	□退订	□地址不符
□样品延误	□发票未收到或不符	□约定错过
□态度（好 / 坏）□赠品		□其他（请写于下方）

详细描述: ______________________________

____

____

要求采取的措施: ______________________________

____

____

签发: ______________

问题根源: ______________________________

____

____

____

需实施的改进措施: ______________________________

____

____

____

____

____

完成者: ______________ 日期: ______________

图 CS-30 顾客满意度调查表

持续改善

Sunclipse 的每个部门都有一个策划各种方案的改善推动员，来确保同事对持续改进的支持。每个部门还有一个质量改善小组，每两周开一次会，来检查还未解决的问题和讨论如何实施改善方案。

浪费里程表

Sunclipse 在加利福尼亚的 St.Hart 部门，是生产瓦楞纸产品的部门。该部门对于消除浪费和无附加值的作业特别强调，改善推动员帕特·阿诺德引入“浪费里程表”来可视化地展示同事的改善成果。一张美国地图被贴在显眼的位置，任何时候同事提出一个能减少浪费的建议，他的改善成果就会被转换成里程值，并标记在地图上。该方法的目标就是，以该部门所在地为旅程的起点，最终能够横穿整个国家。在地图旁边的，是一系列已经实施的改善措施和相应的里程值。

希望树

Sunclipse 在 Kent H. Landsberg 的 Orange 分部，主要业务是行政管理、配送、仓储和销售。当该部门首次引入提案建议制度时，同事都非常积极地参与，并且提出了大量的想法。但几个月以后，改善推动员斯坦西·辛德发现，最初的热情已经被惰性所取代。在意识到需要一个更可行的方式后，辛德提出了一个名为“希望树”的方法。他制作了一张结构简单的表，让同事能在上面随意表达自己的希望。

在辛德的办公室里放了一棵橘子树。当有一个建议提交时，就将一根粘在“我希望……”表上的白色丝带拆下来挂在树上。当人们开始实施这个想法时，这根挂在树上的白色丝带被替换为橙色的花朵。当这个问题被解决时，这朵花又被替换为橘子。质量改善小组现在又在思考让同事参与改善项目的下一个步骤了。

这个部门的每位主管都被要求提交一份月度报告，该报告包含上个月在其所辖范围内处理的浪费数量。在每两个月一次的例会上，主管需要朗读自己提交的报告，并交流当下对于消除浪费方面的信息。

让销售人员参与改善

Sunclipse 的 Kent H. Landsberg 业务部门，任务不仅仅是销售自己公司的产品，同时也销售其他制造商的产品，是企业成功的关键部门。然而，对于如何让销售员也参与到改善的过程中来，管理者一度感到很困难。

这些销售代表坚信，既然自己的工作是提高销售额，那么他们就已经参与了改善。同时销售代表也提供了很多不能来参加问题解决会议的借口，如自己很忙，手上全是订单，需要输入系统以及将产品发给客户，在他们的理念中，自己不会给公司带来任何有关质量的问题。在某些时候，他们甚至认为地球是围绕自己在转的。

最后，管理层决定回到根本去——从内部顾客的声音开始，用数据来使销售人员信服。管理层了解到，销售人员发出的许多语音邮件缺少以下一项或几项的信息：

- 顾客姓名
- 采购订单
- 采购员姓名
- 采购数量
- 运送方式

在接下来的每两周一次的销售会议上，公司 80 名销售代表被告知，上个月从他们那发出的订单中，有 700 份的信息是不完整的。但这些销售人员仍旧认为“肯定是其他人做的”。然后，每个销售人员都收到了一个封好的信封，里面包含有他们自己所发出的信息不完整的订单。当他们打开信封后，现场出现了长时间的寂静。这是第一次，他们认识到自己也是需要改变的。到了下个月，信息不完整的订单数降到了 289 份。

目前，信息系统部门与销售部门正在合力开发一个数字化寻呼系统，该系统包含有当出现错误时能采取补救行为的机制。他们已经开发出了一个在线传真监控系统。同样，当发现错误行为时，它能够采取相应的补救措施。

这些部门的同事也开发了一个数据收集系统，能够允许他们更有前瞻性的处理客户订单。举个例子，当一台为顾客生产特定产品的设备发生故障时，改变后的交货时间会通过数字化寻呼系统传送给销售人员，然后他们就能够及时地通知顾客这项改变。

奖励员工努力：Q 券

Sunclipse 改善活动的另一项特色是名为 Q 券的员工奖励系统。Q 券可能奖励给那些参与质量改善过程和以下一项或几项的同事：

- 完成一次有关质量的教育或培训课程。
- 提交一份导致改进措施实施的改善机会表。
- 工作流程的改善。
- 通过问题解决小组解决一个问题。
- 某项措施的实施。
- 达到部门目标。
- 公司质量委员会，改善行动小组，质量改善小组或其他有关质量的委员会，如“质量是件趣事”委员会的成员。
- 其他由于部门改善小组的自由发挥产生的质量相关贡献。

Sunclipse 与一个商品赎回公司有协议，员工可以用他们获得的 Q 券来兑换所选择的产品或相应的服务。员工能从一个专门的目录中选择产品或服务，范围从价值 5 美元的产品到的加勒比海两周游。

格雷格 · 布劳尔是 Sunclipse 的副总裁，同时也是培训总监和全公司改善项目的负责人。他给我讲了下面的故事：公司一位卡车司机需要每天在他日班的最后阶段运送一批产品到仓库。但当他运达时，仓库并没有准备接收他的产品，所以每次他都要在卡车上等很长时间。而每次当他可以开始卸货时，一般都到了夜班的时间。这位司机每周都能因此领到平均 20 个小时的加班费。被这项资源浪费所困扰的他，向公司提了个建议，如果仓库能够安排一位夜班工作人员来卸货，那么他就能够将卡车留在仓库而自己回家去。

这个建议给这名司机带来了价值 380 美元的 Q 券。在最后决定装一台全新的彩色电视机之前，他和他的家庭非常享受地仔细阅读了奖品目录。布劳尔说："他非常高兴的同时，我们也很快乐。而且你一旦开始实施改善，那么就很难停止下来。一切都是自然而然发生的。"

Tokai Shinei Electronics：环境维持、自律和标准化

本案例揭示了在运用了现场改善的两大支柱——环境维持和标准化的情况下，质量将获得显著的提升。Tokai Shinei Electronics 是一家只有 100 多位员工的电子公司，刚开始作为一家企业的独家供应商，为其提供印制电路板。起初，该公司内部没有研发的能力，制造产品需完全依赖于客户提供的工程图。

总经理田中觉得，很难在 Tokai Shinei Electronics 的所在地——一个坐落在日本名古屋北部的乡镇，找到合适的工人。教育问题是阻碍田中找到满意员工的主要问题。由于不能找到拥有良好教育背景的工人，所以他认为，新员工需要参加“统计质量控制”和“电子学”等诸如此类的课程。于是他请当地高中老师来给员工讲解电子方面的知识。然而，事实证明，这些课程对于员工来说太难了。所以又请了初中老师来授课。但上了几节课后，老师就不愿再教了。然后，田中又请了一个质量控制方面的顾问来授课，但顾问很快就不再去工作现场，而更喜欢去田中的办公室聊天，因为在工作现场没有人能听懂他所讲的课。

对于使用外部资源来对员工进行培训，田中屡遭挫折。突然有一天，他意识到自己以前一直在寻求第三方来教导他的员工，而实际上这类工作正是他这个总

经理的职责。他忽略了应该与员工分享他对于公司的愿景和使命，以及他所有的想法。意识到了这点以后，他需要采取行动来宣传和分享他的想法，因此他决定与员工一起举办研讨会。

1988年，在田中的倡导下，公司成立了相互学习研讨会。在每个月的第一周，公司都会举办一个为期两天的学习研讨会。员工轮流参加，并要求每位员工每年至少参加一次。

周六则专门用于讨论大家集中关注的问题。田中发现，当员工讨论与自己有直接利益关系的问题时，比上“电子学”和“质量控制”课程时来得有热情。员工积极参与，同时对所讨论的问题表现出负责任和关心的态度，并且他们也想出许多可行的解决方案。在周日，员工则到附近的野餐场地，一起烹饪和享用美食，这些活动大大增加了同事间的友情。

在学习研讨会举办期间，该工厂正好进行了重建，并增加了一间专用于学习研讨会的教室。客座讲师有时也被邀请来分享他们的想法，研讨会甚至也对社区居民开放。

当前，在学习研讨会上主要讨论的问题包括管理计划、设备采购、招聘和奖金等。公司的财务报表和每月的绩效表也会被提及。其他在研讨会上讨论的问题还包括娱乐、安全、沟通和财务管理等。

当地一家有着非常成功的全国性网络汽车零部件供应商的总裁键山也应邀前来进行演讲。键山有一个独特的管理哲学——管理应始于环境维持，终于环境维持。在环境维持的原则下，每天亲自打扫厕所就成了他坚定的行为。

田中对于键山的演讲印象非常深刻，因此他决定立刻将自己的想法付诸实施。第二天一早，他早起前去临近的神社打扫广场。在神社的附近有一家糖果店，所以神社广场上布满了小朋友丢弃的糖果包装纸。在清理完这些垃圾后，田中开始着手打扫公共厕所，因为这个厕所非常脏，以至于镇区有关部门都决定将之关闭。田中随即去到镇政府并说服当局重开这些设施，并允诺每天早上都会清理一次。

田中曾听键山说，环境维持会导致人们去改变他们的行为，他现在惊讶地发现这是真的。他的孩子也帮助参与了打扫厕所的工作。他的孩子会说：“今天这个厕所真脏。实在是太好了！”他们说这个话的意思是，对于别人使用他们清理过的厕所感到非常满足，并且也非常开心能够再一次去打扫。田中意识到，让别人开心是使自己开心的动力源泉。

田中发现，一旦糖果包装纸被捡起，厕所被清理干净后，小朋友就不会再乱扔垃圾，并且人们会努力去保持厕所免于弄脏。田中从这次经历中学习到自律不是自发产生的，而是在参与一些利人利己的活动过程中形成的，如清扫厕所。

除了员工的教育问题之外，另一个长时间困扰田中的问题是员工的自律性。在公司创立之初，管理者很难雇到完全遵从指令去完成既定工作的员工。曾经有一个操作工被发现在应该工作的时候跑去抽烟。在被主管训斥后，他竟然恼羞成怒地用锤子敲击设备。田中意识到，当人际关系与自律性尚且存在缺陷时，技术与技能方面的教育是完全无用的。田中开始意识到在他的公司里，自律应该作为所有活动实施的起点。因此，他提出三大支撑自律性的活动：环境维持、相互问候和礼节。

田中引进了员工自律的三大支柱后，他惊讶地发现员工在人际关系方面取得了巨大改善，并且员工对于其他质量问题的关注度得到了增强，设备故障率显著下降，员工对于客户的态度也获得改善，公司同社区的关系同样得到了改善。换句话说，员工中正在发起一场观念性革命。自律还有助于将不合格产品率降低至一半。

田中启动了环境维持的全面计划，Tokai Shinei Electronics 现在的上班时间是早上 7:30，在上班开始时，每位员工卷起袖子共同清扫工厂地面、办公室、过道、厕所，甚至包括停车场上的汽车和在公司一公里半径内的路面。每个员工都要在日常工作开始前集中精神进行 15 分钟的环境维持。

当我在 1995 年的 7 月参观工厂时，首先注意到的是停车场，干净得让我以为是汽车经销商的停车场。销售人员尤其希望他们的车子看起来干净，这样客户就能够看到。同时我也发现，现场也毫无脏污残留的痕迹。虽然在 Tokai Shinei Electronics 的车间内会使用诸如硫酸等化学品，但在地上找不到一点残留液体。在实施清扫制度前，操作工需要穿靴子和围裙工作，以防踩到地面上的化学液体。而现在员工只需要穿拖鞋和正常的工作服就可以了。

员工对他们直接参与的环境维持经历，提出了以下一些评论：

- 在与其他人一起清扫时，我能够与之前从没有机会交流的同事沟通，并且能够感觉到同事之间的关系越来越亲近。
- 在刚开始，当发现自己的地方比其他人干净时，我会感到非常骄傲。但是现在，无论何时发现其他场所更脏时，我会自愿帮助一起清扫。我曾经以为保持自身清洁就是最好的，但现在我为先前的幼稚想法感到羞愧。由于清扫工作，我才真正地长大成人。清扫确实是一件奇妙的事。
- 我学习到为了提升自己，首先必须去帮助其他人改进。我开始相信无论帮助别人做了什么，都是我应该做的，虽然有时很费劲。我认为我变得更有耐心了。
- 当销售人员和生产人员一起清扫时，我们能够互相沟通，理解各自的难处。
- 我变得更依赖和热爱设备及建筑之类的实物，并且能迅速注意到设备上的某个点会更容易弄脏等诸如此类的异常情况。
- 清扫经历使原先将各自视为对手的销售、工程和生产人员有可能通力协作。
- 我希望这些由共同清扫所获得的积极效果并不仅仅有助于我们工作，还能对个人的家庭生活产生影响。

即使在公司为提升自律而实施了环境维持和其他活动后，田中仍感觉存在不足之处。在1994年年底，田中告诉改善顾问，除了质量问题，另一个主要问题是员工一天内的工作效率波动很大，早上的工作效率最低，随着时间的推移逐渐变得忙碌起来，到了接近下班时最忙。他说同样的倾向也存在于每个月的生产进度，即每个月开始时生产缓慢，到了月底则为了满足客户订单而加速赶货。

顾问的建议则是：鉴于已经在设备上投入了相当大的资金，并且雇用了一定数量的员工，设备和人员应该能在任何时候满足全部产能。所以，一定是工作量的不均衡分配占用了大量的资金。工作量的不均衡分配是由一些不合适的体系或工作流程所造成的。因此，你为何不处理这些问题呢？最大的问题在于，你默认了生产中存在不均衡分配问题，认为它是不可避免的并且从来不过问。所以你需要做的第一件事就是进行一场“意识革命”。

顾问继续说：“例如，为什么在早上刚开始工作时进度很缓慢？肯定是由于没有进行充分的开机准备从而导致机器运行缓慢。为什么你不改变一下工作流程呢？设备开机准备能在前一天下班前完成。换言之，目前的作业标准与工作流程需要重新评审，如果工序的操作不能标准化，那么就没有办法来建立适当的生产线平衡。”

田中决定采纳顾问的建议，并宣布马上对现有标准进行重新评审。公司在很多地方都有标准，但这些标准是由工程人员制定的；现场操作工被要求毫无怨言地去执行。通常工程师在制定这些标准时，并没有事先去检查它们是否适用于现场。

在田中与顾问会面的同一周的周六和周日，所有员工被召集起来一同参与标准的评审（员工通常在周末参加研讨会）。员工在现场展示了带来的现行标准书（作业顺序表）和过去记录的问题。为了对工作顺序、方法和工具进行评审，员工组建了 3 人及 3 人以上的团队。一位老练的操作工人按照往常的作业流程来执行一项任务，而此时其他的员工在一旁观察。在必要时，旁观者可以依据作业标准来纠正老练操作工的动作。然后第二个操作工试着按照第一个人示范的顺序进行操作。如果第二个操作工人遇到困难，员工则讨论如何能使流程得到简化，并相应改进标准书。

出于技术原因，在每道工序都有许多关键作业步骤需要观察，这些关键步骤会被列入新的标准中去。因此，新标准指定的每一条内容需要被反复观察。新标准的另一个特征是，先前由个人主观决定的参数要尽可能地数量化。操作同样也被简化，这样一来操作工只需按设备上的开关即可。

对于这些标准的评审会议一直持续到了周日，无论是管理者、工程师抑或是老练的操作工都参与其中。这两天的研讨会使员工确定了当前作业流程中存在的问题。员工学习到，使潜在问题可视化是改善活动的基础。他们也发现，虽然最初的作业标准是由工程师或生产管理者制定的，但正如操作工对工作程序的逐步深入理解，随着时间的推进，许多任务的本质已经发生了很大的变化。标准评审显示，不同产品所需的作业速度不一样，同时速度也因人而异。管理者发现，采用一种标准化的作业速度能极大地提升效率和改善生产线平衡。

在接下来的几周里，员工开始实施新的作业标准。3个月以后，在正常的工作时间，他们召开了一次时长为2个小时的标准评审研讨会，这次连临时工也参与其中。这次评审研讨会有助于减少因粗心而导致的错误，并使操作工人对于他们自己的工作更有信心。这次研讨会也对员工中的“观念革命”起到促进作用。

曾经一度认为自己的角色是在现场教导和引导员工的工程师，现在也与员工一起做更实际的事，那就是建立标准。以下是那些参与标准评审研讨会的操作工的一些评论和总结。

- 今天，我写了一份作业顺序标准书。迄今为止，我在这里已经工作了10年，一直依赖个人经验和感觉来工作。对于我来说，要将我所做的用文字记录下来并不是一件容易的事。有一些中国汉字我不会写。我不能将我所做的转化为汉字，我感到非常无助以至于都头痛了。
- 对于我的日常工作，我发现在早上几乎没工作可做。然而，到了下午4时，则有大量的工做出现。所以我们需要平衡分配工作量。自从事检查工作以来，我只能站着工作到下午5时，因为对于细小部件的检查非常累。所以，请重新安排工作量，能够使我按时回家。谢谢你们给我这个机会来评审自己的工作。
- 我感觉到我现在做的工作无法被别人代替。通过今天的研讨会，使我了解到如果我能根据设定好的流程来工作，那么当我缺勤时别人也知道如何去做。
- 不管我们做的是什么工作，我觉得最重要的就是我们的态度。我也意识到了士气对于工作的重要性。
- 我过去认为我知道自己在做什么。一旦我开始将它记录下来时，我惊奇地发现许多熟悉的作业过程从我脑海中溜走，另一方面我也重新审视了一些作业内容。同样，我惊奇地发现，帮助一些因为不认识足够的汉字而导致无法写下他们评论的同事，是一次奇妙的沟通机会。
- 所有参与者都完全忘却时间，全身心地投入到任务中。这是一次奇特的学习经历。

- 我们给设备按钮贴上标签，这样所有人都可以来操作它。对于那些不知道如何操作工作范围以外设备的员工来说，作业顺序表和按钮标签是非常有帮助的，甚至我乐观地相信，那些新雇用的员工也能很容易地使用这些设备。

一位主管总结道：

今天的主题是如何制定合理的作业标准来消除浪费、不均衡和不合理。我意识到，直到现在，我仍然在让操作工用他们自己主观的方式工作。每当操作工手艺发生波动时，产品的质量就会发生偏差，同时关键参数也没有被观察。当负责的操作工缺勤时，无法找到其他人来顶替这项工作。因为这些原因，我意识到制定标准作业的重要性。而且，我也意识到与自己员工沟通采取正确流程的困难性。从现在开始，我会坚持将作业标准当作工作的基本规定。每当有问题出现时，我应当找出问题的根源；检查是因为员工没有遵循作业标准而引起的，还是由于标准不合适所造成的，或者标准是否没有包含关键作业步骤。因此制定作业标准应当是改善的起点。

在 Tokai Shinei Electronics 第一次周末标准评审研讨会的 6 个月之后，不良率已经降至以前的 1/4，并且加班时间也减少了。更重要的是，虽然在这段时间里销售量下降了，利润却不降反升。这是因为以前老练的操作工做的工作，现在被临时工取代了。而且夜班也由临时工负责。什么能够使员工发生这种转变呢？那就是工作程序的标准化。在没有投入新设备和雇用新员工的情况下，Tokai Shinei Electronics 实现了上述这些改善。

解决工作现场的质量问题：Tres Cruces 安全性的改善

如果我们能在日常工作中做到两点（遵守现场改善的五项基本原则；有计划地对日常工作进行观察与分析），那么就可以避免许多在工作现场发生的问题。一旦生产现场出现了任何问题，负责人就得第一时间赶往事发现场，在那里停留 5 分钟，并不断地问“为什么”，直到找到问题的根本原因。在上述解决问题的过程中，亲自去现场察看是关键，只有这样才能在一定时间内找到问题解决的最佳方案。几乎所有在现场发生的问题都可以用上述“去现场”的方法来解决。然而，还有一些问题的解决过程可能要花费一定时间，并且需要凭借收集到的现场数据。

本案例向我们展示了 Tres Cruces 冷藏公司是如何来解决安全问题的。Tres Cruces 位于阿根廷，其生产的产品有无衣香肠、火腿和意大利香肠。据统计，在 1993 年 1 月至 1994 年 5 月，该公司共发生生产事故 27 起，公司共用了 78 个工作日来解决这些事故。公司成立了一个工作小组，由三名工人以及一位管理人员组成，专门负责接收原材料。他们要设计一个确保作业质量的安全体制，以此减少肉类卸载和运输过程中发生的事故（该公司每天处理的肉类多达 100 吨）。

工作小组首先去了解最近关于生产事故的一些情况。因为在之前缺乏系统性收集数据的方法，所以他们只能找到 1993 年及以后的数据。工作小组发现，在

52% 的事故中工作人员表皮被挫伤，在 33% 的事故中有人员受伤，剩下 15% 的事故造成其他不同形式的损伤。

为了更深入地了解事故的情况，也为了准确地找出最频发事故的原因，工作小组成员之间展开了头脑风暴会议。该工作小组设计了一种“惊吓报告”，每当发生一起惊心动魄的事故后，作业员要在接下来的 4 周内书写这份“惊吓报告”，这将成为分析事故的有效数据。

在日本，“惊吓报告”时常被用来报道发生在企业现场的险情（以图 CS-31、图 CS-32 为典型案例）。图 CS-33 记录了每 4 周 Tres Cruces“惊吓报告”的数量及类型。有了以上这些资料，改善小组就能够更深入地了解一些频发事故的情况以及发生频率，同时把相关数据用帕累托图来描绘（见图 CS-34）。

惊吓报告

姓名：__________

主管：__________

1. 时间：

　年________　月________　日________

　地点：

　发生：

2. 改善想法

　如果你有好的点子，请把它们写下来。

---

1. 我是这样解决问题的。时间：________

我将这样解决问题。时间：________

2. 我不能解决上述问题。时间：________

图 CS-31　日本企业一份典型的“惊吓报告”

一旦工作组掌握了事故的性质以及发生频率，他们就可以着手分析可能导致事故的原因了。为此，工作组设计了因果图（见图 CS-35）。

安全分类（安全、运输、质量、能源、资源、全面生产维护、生产等）

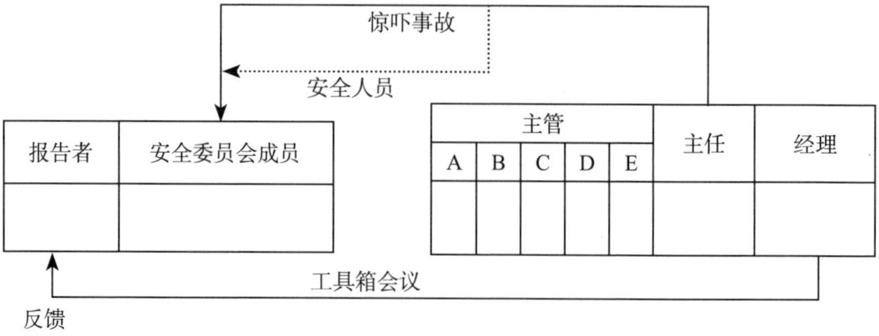

惊吓报告
工具箱会议报告

时间	日期：________ 工作前　工作中　工作后　休息时
地点	
人和物	
发生事件	（问题主要方面） 1. 几乎夹到手指　2. 几乎堵塞　3. 几乎被打 4. 几乎被切　5. 几乎被烧　6. 其他
原　因	
主观的意见和建议	采取措施（人、物或两者兼有） 未采取措施（将要由______实施）
参与者	负责人：　流程： 领导等：　姓名：

图 CS-32　日本企业一份典型的“惊吓报告”

惊吓报告						
时间 / 事件	第一周	第二周	第三周	第四周	小计	比例（%）
猪身掉落	///	////	//	卌	14	9
切伤	卌 //	卌 ////	卌 卌	卌 卌	36	24
牛身掉落	卌 卌 /	卌 ////	卌 卌 /	卌 卌 /	42	27
冷冻原料掉落	///	卌	卌	卌	18	12
在卡车地板上打滑	///	////	//	卌	14	9
牛身损坏	//	///	///	/	9	6
牛身移位	////	///	//	///	12	8
其他	///	/	//	//	8	5
总共					153	

图 CS-33　Tres Cruces 惊吓报告中的数据和类型

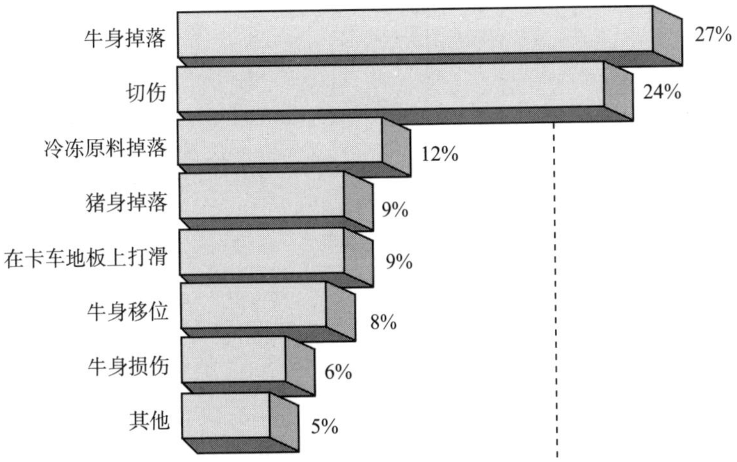

图 CS-34　利用帕累托图找出问题主要原因

改善行动

在经过调查研究之后，Tres Cruces 的工作小组采取了以下十种改善措施：

（1）整修电子起重机。

（2）要求供应商在装车前将食物原材料四等分。

（3）要求供应商砍下猪头后再将猪肉装车运送。

（4）在卸载牛肉时关闭装载猪肉的货箱。

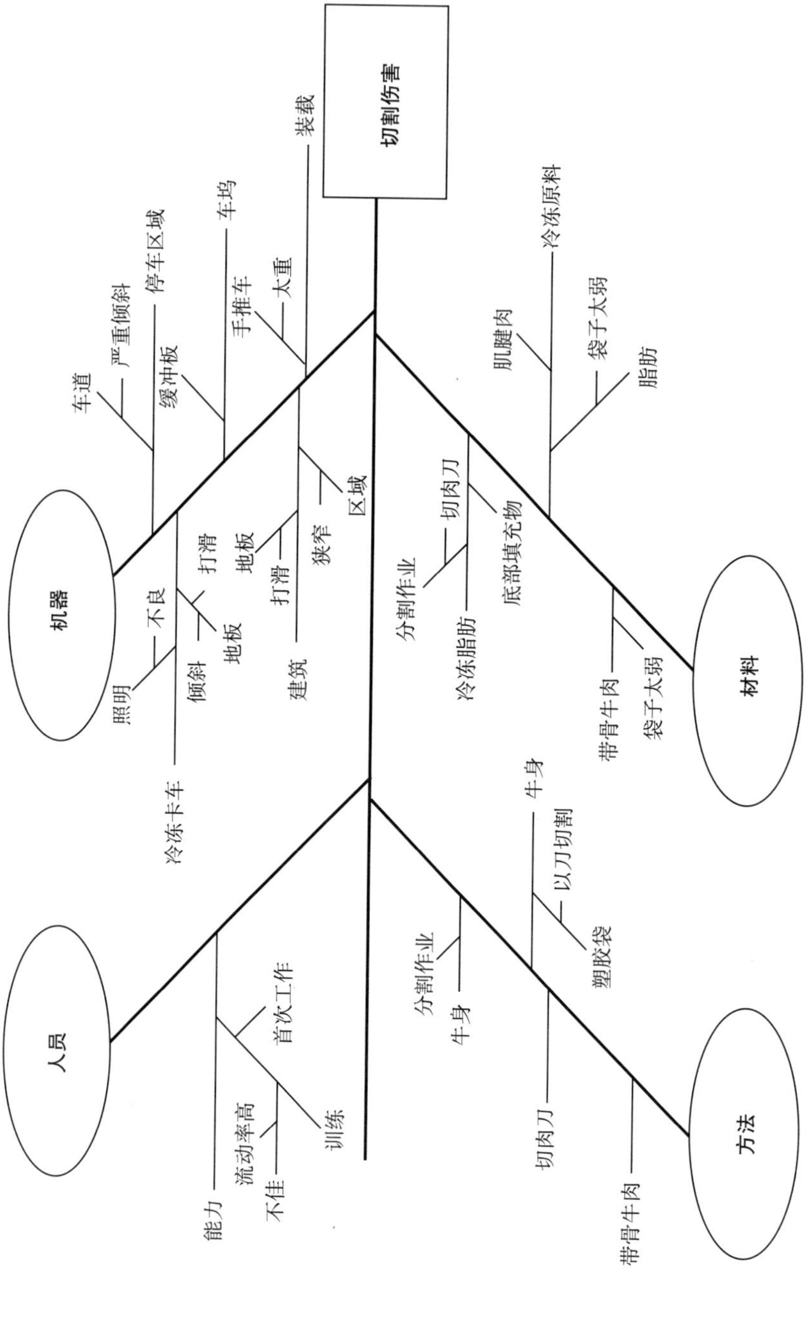

图 CS-35 利用鱼骨因果关系图可以看出问题的性质和关系

（5）给予工人安全设备，如减震头盔之类。

（6）更换电子起重机的挂钩。

（7）在卸货处增设防护罩。

（8）改进清扫卡车地板的方法。

（9）去除在冷藏货车内的畜体清洗环节。

（10）选用恰当的运送带来分别从冷藏货车中运出肥肉、精肉以及带骨牛肉。

“惊吓报告”的数量从 1994 年 5 月开始有所下降，这一现象表明，改善行动取得了一定成果（见图 CS-36）。

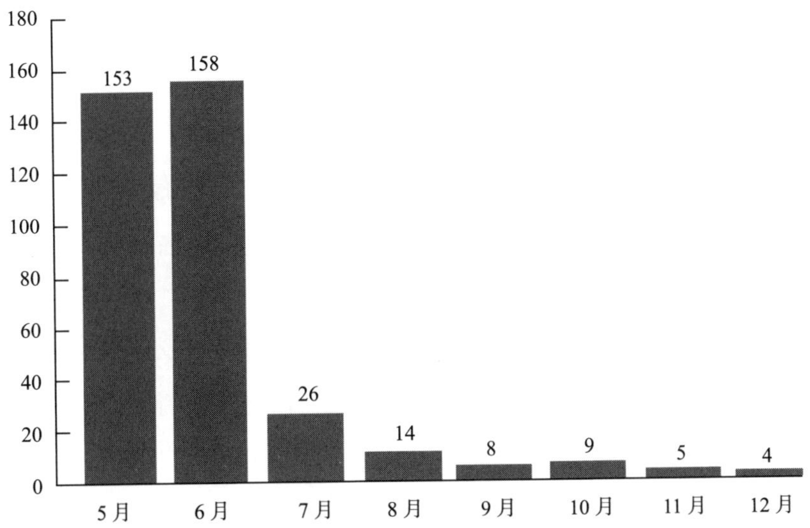

图 CS-36 “惊吓报告”数量显著下降

标准化

作为改善行动的一部分，下述工作内容或作业步骤被标准化：

- 惊吓报告。
- 由供应商负责将食物原料四等分。
- 清扫该部门地板的方法。
- 传送带的使用。

后继行动

继标准化后，改善计划还包括下列行为：

- 悬挂式运输系统的可行性研究。
- 直接将冷冻肥肉从货车送入冷藏库的可行性研究。
- 改进仓库布局以增加牛肉的储藏空间。

找到解决现场问题的可行之道

管理者总想着要借助外部资源来解决现场问题。例如，当面临诸如 Tres Cruces 那样的安全问题时，管理者经常会寻求安全问题专家的帮助以获得补救办法。

但是 Tres Cruces 的管理者会完全凭借自己的力量，在现场现物原则以及收集到的数据的基础上解决问题。我相信，Tres Cruces 的管理者面对大部分问题时都会找到解决方法，其实只要他们不厌其烦地去现场咨询一线工人，并不断地思考为什么，直到找到问题的根本原因，同时获得相关数据，那么，解决问题的方法就已经近在咫尺了。因为在列出导致问题的原因后，他们能针对性地制定并且实施相应的措施。

Tres Cruces 这一案例非常清楚地表明，只要管理人员带头重视改善，开始收集相关数据，并在自身提高方面严于律己，员工就会跟着提高对问题的认识程度，并且会抱以更大的热情来寻求问题的解决之道，以期能将工作做得更好。Tres Cruces“惊吓报告”的数量在短期内直线下滑就是上述观点最佳的佐证。

改善行动具有传播效应。Tres Cruces 原材料储存仓库的工作团队因为改善而取得了巨大收益，该团队工作的失误率在 1994 年同比下降了 79%。有鉴于此，其他部门也立即做出回应并开始着手从事改善活动，如从事肉制品去骨工作的部门在 1995 年第一季度的事故率也同比下降了 60%。

在从事改善活动的过程中，Tres Cruces 的员工也提出了不少有价值的观点：

- 应该把选择恰当的改善项目放在工作的首要位置，在本例中，收货仓库以及去骨工作部的历史记录数据在公司范围内最为糟糕，而且两者的事故发生率同样高居榜首。

- 员工从年初到年末始终坚持努力改善，并且意识到，持续改善是他们获得成功的基础之一。
- 员工意识到，缺乏有效数据以及对现有数据认识得不深刻，是阻碍他们进行改善的两大障碍。所以前几年发生的事故必须一一经过调查，同时要收集数据，在数据的基础上构建一个系统，使之能够预测未来可能发生的事故。
- 使所有员工都参与进来，接受改善训练，并激励他们从事改善活动。
- 工作团队开始从根本上对问题（事故）进行分析，并能从以前解决问题的方法中汲取意见。
- 看到管理人员对待生产安全一丝不苟的态度，员工就会对管理人员建立起信任感。
- 管理人员要重视“惊吓报告”的作用，并且要教导员工如何运用这些“惊吓报告”来预防潜在事故。
- 使员工充分参与改善是建立员工积极性的重点，在 Tres Cruces，主要的潜在生产危害的名字都由员工命名。
- 在 Tres Cruces 新的管理体制下，每当员工发现生产过程中存在潜在的不足，就能参照有关规定来应对处理。
- “惊吓报告”每周都会被核查，对于引起潜在危害或者事故的主要原因，还会应用帕累托图来加以分析。
- 公司两次获得保持零事故的最长时间记录（时长为 167 天），1994 年与 1995 年各有一次。
- 在改善期间，工作环境变得更好，事故发生率降低，同时其他各方面都取得了一定的改善。所有这些改善都促进了生产率的提高。

术语表

acceptable quality level，AQL **可接受的质量水平** 或译为“允受质量水平”，是客户和供应商之间达成的协议，允许供应商提交的货物中有一定百分比的不良品，但供应商应支付相应的罚款。

ask why five times **问五次“为什么”** 参见 five whys。

check *gembutsu* **检查现物** 为了确定问题背后的根本原因，对现场有形的实物进行检查。

conformance **符合性** 或译为“一致性”，是对于某产品或服务已经满足相关规格、合同或法规要求的一个肯定性指示或判断。

control chart **控制图** 一个有上下控制界限的图，图上绘出了一系列样本或者分组的统计指标值。该图经常画有一条中心线，以帮助判断所绘指标值朝任意一侧控制界限偏离的趋势。

cost **成本** 当用在 QCD 的语义环境中时，该词通常指的是成本管理，而不是成本削减。成本管理指的是，通过对各种资源的恰当管理以及消除各种类型的浪费，而使得总体成本降低。

cross-functional management **跨职能管理** 指为了实现 QCD 而进行的一种多部门联合的管理活动。

cycle time **周期时间** 指操作员加工一件产品所需要的实际时间。

delivery **交付** 当用在 QCD 的语义环境中时，该词指的是同时满足客户对交付时间和数量的要求。

don’t accept it, don’t make it, don’t send it **不接受、不制造、不流出** 是现场实施的一个常识性的口号，它对应的质量理念是，质量是任何 QCD 活动的第一优先环节。举例说明，不接受前道工序传递过来的不良品，不在自己的工作中制造不良品，如果发现制造出来的是不良品，则不要传递到下一道工序。

failure tree analysis **故障树分析** 运用此图表，可以通过识别因果关系和问题发生的概率，来分析和提前避免安全和可靠性方面的问题。

five golden rules of *gemba* management **现场管理的五大法则（金科玉律）** 是现场实施改善时最实用的提醒：①当问题发生时，首先去现场；②检查现物；③在问题发生的地方首先采取暂时处置措施；④查找和消除问题背后的根本原因；⑤标准化，防止再发生。

five Ms 5M 是管理现场资源的一个方法，全称是人力（manpower）、设备（machine）、物料（material）、方法（method）和测量（measurement）。

five Ss 5S 是一套维持良好工作环境所用的点检表，可以在现场实现更好的秩序、效率和纪律性。它由日文里5个S头的词*seiri*（清理）、*seiton*（整顿）、*seiso*（清扫）、*seiketsu*（清洁）和*shituke*（教养）发展而来，在英文里被译为sort、straighten、scrub、systematize和standardize。在某些公司里，又被称作5C作战，对应5个C开头的单词：clean out、configure、clean & check、conform和custom & practice。

five whys 五次为什么 也有译为"五个为什么"（该译法容易引起误解），是一种问题解决时使用的根本原因分析方法，即反复地问"为什么"，直到问题背后的根本原因已经被正确地理解了。

flow production 流动制造 或译为"流水式制造"，是及时制生产方式的主要支柱之一。根本流动制造的要求，设备按照加工工艺的顺序来布置，以使得工件在各加工步骤之间可以不受干扰和不停滞地流动。

FMEA 失效模式和后果分析 英文全称failure mode and effect analysis，是一种分析工具，通过对决定最终产品绩效的各组成部分的失效模式的后果进行分析，进而对新产品的潜在设计缺陷进行提前预测和消除。FMEA也被用于新生产设施的设计评估，被称为流程FMEA。

FTA 故障树分析 参见failure tree analysis.

gemba 现场 日语，原意是"真正的地方"——在管理方法论中被赋予"工作场地"或"价值被创造的地方"这样的含义。在制造业，通常指的是生产车间。

gembutsu 现物 现场发现的有形的物体，如工件、废品、夹具、工具以及机器等。

go to the gemba 去现场 是现场改善的第一项原则。它提醒管理者，任何时候异常事件发生，或者任何时候管理者想要了解业务的现状，都应该立刻去现场，因为现场是所有信息的发源地。

Heinrich's law 海因里希法则 是一项关于事故和伤害的发生概率的法则。海因里希如此表达：

严重伤害：轻微伤害：无伤害=1:29:300

这个方程表达了，当你看到一个人因为事故发生而被严重伤害时，同样的事故可能已经轻微地伤害了29个人，与此同时，可能有300人同样经历了这类事故，但很幸运地未被伤害。

***Hiyari* KYT (*kikenyochi* training) 惊吓培训** 是提前预测危险以及采取措施予以避免的一种方法。

***Hiyari* report (scare report) 惊吓报告** 是由工人填写、提交给主管人员的书面报告，报告的内容关于不安全的情况，可能导致质量或安全方面的问题。

Ishikawa (fishbone) diagram **石川图** 或译为“鱼骨图”，是一种由石川馨（Kaoru Ishikawa）教授首先提出的图表，用于展示原因（过程）和后果（结果）之间的关系。该图表常用于确定问题的真正原因，是问题解决的七种基本工具之一。

ISO 9000 Series Standards **ISO 9000系列标准** 是关于质量管理和质量保证的一套国际标准，用于帮助公司将质量系统要素形成书面制度并实施，以确保产品对规格要求的符合性。

jidoka (autonomation) **自働化** 是一种任何时间缺陷产品被生产出来时，自动停止机器的机制。这种机制在导入及时制生产方式时非常必要。

jishuken **自主研** 全称为“autonomous JIT study team”，即自我管理的及时制学习团队。在20世纪60年代早期，自主研最早被设立，以在丰田集团各公司的现场开展及时制实施活动。

JIT (just-in-time) **及时制生产方式** 是一种用以通过消除公司内部流程中的各种浪费，以及及时交付产品以满足客户要求，追求最佳质量、成本和交付水平的生产方式。最初由丰田汽车公司开发，也被称作“丰田生产方式”“精益生产方式”“看板系统”。

JK (*jishu kanri*) **自主管理** 指的是在生产线经理的引导下，工人参与到改善活动中来，并将它作为日常活动的一部分。它不同于工人自发组织和自我进行的“质量小组”活动。

junjo **顺序补货系统** 是一种根据生产线或物料使用点的使用顺序，而准备和运送物料的物流系统。在日语里，*junjo* 的意思是“顺序”。

kaizen concepts **改善的核心概念** 是实施改善时必须理解和实践的主要概念，包括：

· 改善和管理
· 流程与结果
· 遵循 PDCA 和 SDCA 原则
· 质量第一
· 用数据说话
· 将下一道工序当作顾客

kaizen story **改善案例** 是一种标准化的问题解决流程，适用于组织里的各个层面。一份改善案例包括八个步骤：①选择主题；②理解现状，设定目标；③分析数据，以识别根本原因；④制定对策；⑤实施对策；⑥确认效果；⑦标准化；⑧对改进后的流程进行评估，并开展下一步的工作。

kaizen systems **改善系统** 是为了达到世界级水平必须建立的几个主要系统，包括：

· 全面质量控制（全面质量管理）
· 及时制生产方式
· 全面生产维护
· 方针展开（也称“策略部署”）
· 提案建议系统
· 小团体活动

kanban **看板** 是及时制生产方式中用于管理批量性生产的一种沟通工具。看板，在日语里的意思是“信号板”，代表生产线上一个给定数量的某种部件或产品，用于指示相应给定数量的物料运送。每当所有的部件都已被用完，看板就被送回原地，在那里它就成了再生产相应数量的指令。

kosu **工数** 制造操作可以被划分为机器工时和人员工时，工数指的是在某个特定工序上加工一个单位的某产品所需要的人员工时数量，它的计算方式是：该工序的工人数量乘以完成该工序所需的实际时间，除以所生产的产品件数。工数被用来衡量操作员的生产率。工数削减量是衡量现场的生产率改进活动效果主要指标之一。

morning market **早市** 是现场的一种日常管理活动，包括检查前一天生产的不良品（现物）以求根据现场现物原则，以便相应的对策能够尽早得到采纳。这种会议的参加者是现场员工（不包括办公室人员），是每天早上要进行的第一件事。

muda **浪费** 在现场管理中指的是各种不创造价值的活动。在现场，仅有两种类型的活动：创造价值的活动和不创造价值的活动。在现场改善中，各种活动的首要目的就是消灭各种类型的不创造价值的活动。在以下领域中消除浪费能给 QCD 带来显著的改进：过量生产、库存、不良品、加工、等待、搬运和时间。消除浪费是实现改进的一种低成本、常识性方法。

mura **不规律** 或“变动性”。

muri **疲劳** 或“负荷过重”。

one-piece flow **单件流** 在生产时仅允许一个工件在工序间流动，以使浪费最小化，是及时制生产方式追求的目标。

pareto chart **帕累托图** 是将原因按照从最主要向最次要的顺序进行排序的一种图示化方法。它基于帕累托原则，首先由朱兰提出。80/20 原则认为，80% 的结果是源于 20% 的可能原因。帕累托图是问题解决的七种基本工具之一。

PDCA (plan-do-check-act) 是实现持续改进（改善）应遵循的基本步骤。

pull production **拉动式生产** 是及时制生产方式的基本要求之一。前道工序仅生产下道工序消耗掉的数量的产品。

push production **推动式生产** 是拉动式生产的对立面。前道工序不考虑下道工序的实际需要，而是根据自己的能力尽可能多地生产，然后不管是否需要都将生产出的产品送到下道工序去。

QA best-line certification **最佳质量保证生产线认证** 是一种公司内部的认证系统，对在某一特定工序上达到的世界级质量保证水平予以发证认定。

QCD (quality, cost, and delivery) **质量、成本、交付** 被认为是管理的终极目标。如果管理层在实现 QCD 方面获得了成功，则客户的满意和公司的成功都将随之而来。

QCDMS 在现场，有时会在 QCD 后面加上士气（M，morale）和安全（S，safety），作为管理追求的目标。

QFD (quality function deployment) **质量功能展开** 是一种首先识别客户要求，然后向回将要求落实到设计、工程、生产、销售和售后服务等阶段的管理方法。

QS 9000 ISO 9000 系列的美国版本，由美国汽车工业“三大”公司要求它们的供应商实施，参照了 ISO 9000 的要求。QS 9000 有一些额外的要求，尤其是对标准和纠正措施的持续改进。

quality **质量** 在QCD的语义环境中，质量指的是交付给客户的产品或服务的质量。在此情况下，质量指的是对规格和客户要求的符合性。从广义上说，质量指的是产品或服务在设计、生产、交付和售后服务等各阶段中的工作质量。

quality circles **质量小组** 指质量改进或自我改进的学习小组，由较少数量的员工（10名或以下）组成。

scare report **惊吓报告** 参见*hiyari* report。

SDCA (standardize-do-check-act) 是维持现行状态应遵循的基本步骤。

simultaneous realization of QCD **同步追求QCD** 最高管理层必须确保，公司各个层面的工作应追求QCD目标。最终目标是同步地实现QCD，但首要的是，在这三者之中要有优先顺序，而质量应该被排在第一位。

small group activity **小团体（小组）活动** 生产现场的团体活动，解决他们自己工作现场出现的问题。这些团体（小组）通常由5～10名现场员工组成，他们的活动通常与质量小组相同。然而，小团体活动并不一定只开展质量改进、成本降低、全面生产维护和生产率改进之类的活动，还可能会开展娱乐性活动或其他社交活动。

standardization **标准化** 是现场改善活动的三大基础之一，意味着将做某项工作的最佳方法记录下来。

standardized work **标准化工作** 是对人员、设备和物料的最佳组合方式。标准化工作的三个基本要素是节拍时间、工作顺序和标准在制品库存。

standards **标准** 做某项工作的最佳方式。从形式上说，它是一系列由管理层制定的政策、规则、指示和程序，作为使所有员工都能执行好工作并确保结果良好的指南。

statistical process control (SPC) **统计过程控制** 运用统计技术对流程进行控制。通常和统计质量控制可以互换使用。

statistical quality control (SQC) **统计质量控制** 运用统计技术对质量进行控制。通常和统计过程控制可以互换使用，但是其包括的内容除统计过程控制外还有验收抽样。

storeroom **储藏室 / 库房** 在现场存放在制品库存或原材料的地方。储藏室与通常的仓库不同，因为只有标准化的库存才可以存放在储藏室里。

suggestion system **提案建议系统** 在日本，它是个人导向型改善的重要组成部分。日本式的提案建议系统强调士气高涨所带来的效益，而在西方式的系统中更重视员工参与带来的经济或财务利益。

takt time **节拍时间** 是生产者为满足客户的订货要求，必须生产一件产品的理论时间。节拍时间的计算方法是将净可用生产时间除以该段时间内需要生产的产品数量。

three ks 3K 在日语里，3K指的是对现场的三个传统印象——危险（*kiken*）、脏污（*kitanai*）和劳累（*kitsui*），这与以现场为中心的管理理论（强调现场是真正创造价值的地方，以及是达成QCD目标的想法的源泉）形成强烈对比。

three Ms 3M *muda*（浪费）、*mura*（不稳）

和 *muri*（无理）这三点是帮助工人和管理者识别待改进区域的改善检查点。

three Ms in the gemba **现场3M** 是现场需要管理的三种主要资源：人力（manpower）、物料（material）和设备（machine）。这个3M有时被扩展成5M，额外加上的两项是方法（method）和测量（measurement）。

total productive maintenance (TPM) **全面生产维护** 又译为“全面设备维护”和“全面生产保全”等，它以整个设备生命周期里的效率最大化为目标，强调所有层级、所有部门里的所有人参与，激励员工通过开展小团体活动以及自主性活动做好工厂的设备维护工作，包括一些基本要素，如设计一个维护系统，基础的工作环境维持方法的培训，问题解决技能，追求现场的零故障以及零事故目标。工人的自主维护是TPM最重要的元素之一。5S则是TPM的入门手段。

total quality control (TQC) **全面质量控制** 是一种有组织的质量改善活动，要求让公司的所有人参与，从管理者到工人，并以一种全面整合的方式，朝着实现每个层面的改善这一目标进行。TQC的假设是，这些活动将最终导致客户满意度的提高和公司经营的成功。在日本，术语全面质量管理使用得更加普及，正逐渐取代全面质量控制一词。

total quality management (TQM) 参见TQC（total quality control）。

two-day *gemba kaizen* **两日现场改善** 是一种在日本日产汽车公司及其供应商处开展的现场改善活动形式。首先选定一个特定的流程，一个由内部改善顾问、工程师和生产线管理者组成的小组在现场花费两天的时间，运用及时制和其他相关的点检表工具，实现改善目标。

value analysis (VA) **价值分析** 是一种成本降低的工具，由通用电气公司的迈尔斯于1947年首创。它的目标是通过产品设计、生产工程、质量保证和制造等部门的跨部门合作，从设计和设计评估等环节入手，实现材料和部件成本的降低。VA也被用作竞争性标杆管理的一项工具。

value engineering (VE) **价值工程** 是美国国防部于1954年提出的一项成本削减的方法和管理实践。在日本，VA和VE几乎目的相同（参见“价值分析”）。

visual management **可视化管理** 是一种有效的管理方法，能以一种清晰、可视的方式，为工人和管理者提供信息和现物（实物），因此，操作的现状和改善的目标能为每一个人理解。这也有助于大家迅速地发现异常。

yokoten **横展** 通过与其他区域的人们共享的方式，将某个区域的改善经验进行横向扩展。

致　谢

1986年，我写了第一本书《改善：日本企业成功的奥秘》。那之后，我开始讲授“改善”。10年之后，诞生了《现场改善：低成本管理方法》。而又经过了15年，《现场改善》的第2版出版。其间世界发生了很多改变，我也很幸运地能看到，在过去30年里，改善理念对世界各地的个人和组织产生了变革性的影响。

我希望能表达对每一位正在践行改善观念的人的认可和感谢。本书收录了许多改善案例和解释，它们是实践持续改进工作的许多工人、工程师、行政人员、护士、官员、管理者及专业人士的成果，也是我们在世界各地的客户现场实施改善的成果。这本书的确可谓团队合作、协同和工作中的改善精神的最佳成果。

我要向那些在本书第1版的案例写作中提供帮助的人表示感谢：Kevin Meyer、Arthur Byrne、Iwao Sumoge、Joao-Paulo Oliveira、Natacha Muro、Fernando Coletti、Nestor Herrerra、Gary Buchanan、Valerie Oberle、Darla Hastings、Shoji Shiratori、Yutaka Mori、Yoshikazu Sano和Katsuo Inoue。

除了那些在书中出现名字的人，我还要特别感谢如下几位：久留米大学的Zenjiro Sawada教授，他的著作《工厂管理的可视化控制》给我提供了关于构建“现场管理之屋”的灵感；宫崎大学工商管理学院的院长Ichiro Majima为本书写作提供了诸多有价值的信息；改善顾问Kenji Takahashi、Yukio Kakiuchi以及其他多位和我们一起在世界各地客户现场工作过的人。

我还要再一次向我在全球改善咨询集团的同事表示深深的感谢，因为他们的工作使得我书中所提出的想法在实际工作中成为可能。我要感谢那些将各自的经验和故事记录下来的客户方的管理者，包括 Antonio Costa、Daniel Simoes、Vinod Grover、Sebastian Reimer、Jayanth Murthy、Bruno Fabiano、David Lu、Mike Wroblewski、Julien Bratu、Jefferson Esocobar、Aakash Borse、Chris Schrandt、John Verhees、Wijbrand Medendorp、Brad Schmidt、Ruy Cortez、Alexandra Caramalho 以及 Euclides Coimbtra。我也要感谢 Jon Miller，他负责本书的修订工作。

我必须要感谢 StollerStrategies 公司的 Jacob Stoller，他的编辑、采写和创意技能，对于本次修订工作成功完成贡献良多。

最后，我要感谢我的妻子 Noriko，她非常耐心，并陪我到世界各地旅行，也要感谢在本书修订工作中提供了帮助的人：Patty Wallenburger 在写作过程中提供了文字录入方面的帮助；麦格劳 – 希尔出版公司的 Pamela Pelton、David Fogarty 和 Judy Bass，他们提出了出版第 2 版的想法，并使之最终成为现实。

全球改善咨询集团

全球改善咨询集团（Kaizen Institute）1985年由今井正明创立，是传播和实践改善精神方面的先驱和全球领导者。它的全球化专业团队专注于建立一个使每个人，在每个地方，每一天都能够改善的世界。

全球改善咨询集团引导各种组织（公立的或私营的）在全球市场追求更高的绩效——更容易、更快、更好以及更低的成本。全球改善咨询集团的专家向客户提出挑战，要求并帮助他们培养能够使企业方方面面的改进成果得以持续的领导者，这最终将引导世界转变成为全球改善咨询集团愿景中的践行改善的世界。

全球改善咨询集团的主要服务包括但不限于如下项目。

咨询和实施

- 和客户一起，实施长期改善。
- 运营系统的设计和实施。
- 突破性改进项目和经营重组。

教育、培训和会议

- 管理培训、学术以及在线培训课程设计。
- 改善实践者、教练和管理者的等级认证。
- 现场和非现场的培训、研讨会、讲座、公司会议以及领导者专场培训。

参观考察和标杆学习

- 向日本和世界各地一流企业最佳实践的“改革”标杆学习。
- 建立同行间的学习和考察交流网络。

更多资讯，请访问 www.kaizen.com。

精益思想丛书

ISBN	书名	作者
978-7-111-49467-6	改变世界的机器：精益生产之道	詹姆斯 P. 沃麦克 等
978-7-111-51071-0	精益思想（白金版）	詹姆斯 P. 沃麦克 等
978-7-111-54695-5	精益服务解决方案：公司与顾客共创价值与财富（白金版）	詹姆斯 P. 沃麦克 等
7-111-20316-X	精益之道	约翰·德鲁 等
978-7-111-55756-2	六西格玛管理法：世界顶级企业追求卓越之道（原书第2版）	彼得 S. 潘迪 等
978-7-111-51070-3	金矿：精益管理 挖掘利润（珍藏版）	迈克尔·伯乐 等
978-7-111-51073-4	金矿Ⅱ:精益管理者的成长（珍藏版）	迈克尔·伯乐 等
978-7-111-50340-8	金矿Ⅲ：精益领导者的软实力	迈克尔·伯乐 等
978-7-111-51269-1	丰田生产的会计思维	田中正知
978-7-111-52372-7	丰田模式：精益制造的14项管理原则（珍藏版）	杰弗瑞·莱克
978-7-111-54563-7	学习型管理：培养领导团队的A3管理方法（珍藏版）	约翰·舒克 等
978-7-111-55404-2	学习观察：通过价值流图创造价值、消除浪费（珍藏版）	迈克·鲁斯 等
978-7-111-54395-4	现场改善：低成本管理方法的常识（原书第2版）（珍藏版）	今井正明
978-7-111-55938-2	改善（珍藏版）	今井正明
978-7-111-54933-8	大野耐一的现场管理（白金版）	大野耐一
978-7-111-53100-5	丰田模式（实践手册篇）：实施丰田4P的实践指南	杰弗瑞·莱克 等
978-7-111-53034-3	丰田人才精益模式	杰弗瑞·莱克 等
978-7-111-52808-1	丰田文化：复制丰田DNA的核心关键（珍藏版)	杰弗瑞·莱克 等
978-7-111-53172-2	精益工具箱（原书第4版）	约翰·比切诺等
978-7-111-32490-4	丰田套路：转变我们对领导力与管理的认知	迈克·鲁斯
978-7-111-58573-2	精益医院：世界最佳医院管理实践（原书第3版）	马克·格雷班
978-7-111-46607-9	精益医疗实践：用价值流创建患者期待的服务体验	朱迪·沃思 等